21世纪经济与管理教材

旅游管理系列

旅游学教程

李冠瑶　刘海鸿　主编

北京大学出版社
PEKING UNIVERSITY PRESS

图书在版编目(CIP)数据

旅游学教程/李冠瑶,刘海鸿主编. —北京:北京大学出版社,2005.8
(21世纪经济与管理教材·旅游管理系列)
ISBN 978 − 7 − 301 − 09424 − 2

Ⅰ.旅…　Ⅱ.①李…②刘…　Ⅲ.旅游 − 高等学校 − 教材　Ⅳ.F590

中国版本图书馆 CIP 数据核字(2005)第 084427 号

书　　　名:	旅游学教程
著作责任者:	李冠瑶　刘海鸿　主编
责 任 编 辑:	梁鸿飞　刘云艳
标 准 书 号:	ISBN 978 − 7 − 301 − 09424 − 2/F·1161
出 版 发 行:	北京大学出版社
地　　　址:	北京市海淀区成府路 205 号　100871
网　　　址:	http://www.pup.cn
电　　　话:	邮购部 62752015　发行部 62750672　编辑部 62752926
	出版部 62754962
电 子 邮 箱:	em@ pup.pku.edu.cn
印　刷　者:	北京飞达印刷有限责任公司
经　销　者:	新华书店
	730 毫米×980 毫米　16 开本　18 印张　320 千字
	2005 年 8 月第 1 版　2008 年 3 月第 2 次印刷
印　　　数:	5001—8000 册
定　　　价:	28.00 元

未经许可,不得以任何方式复制或抄袭本书之部分或全部内容。
版权所有,侵权必究
举报电话:010 − 62752024　电子邮箱:fd@ pup.pku.edu.cn

前言

进入21世纪后,旅游在全球范围内正在成为现代人类社会重要的生活方式和社会经济活动之一。尤其是20世纪90年代以来,旅游业已发展成为继石油业、汽车业、房地产业之后世界经济中的重要支柱产业。

中国旅游业在改革开放中崛起。最近二十多年来,在政府宏观政策的扶持下,旅游企业迅速转变职能,显示出勃勃生机。中国已展现出亚洲旅游大国的鲜明形象,正朝着建设世界旅游强国的目标挺进。

根据国际国内旅游发展态势,旅游观念的变革与创新,以及旅游实践对从业人员基本素质和专业水平的要求,我们总结以往高校应用性教材建设的成功经验,编写出了这部有特色的、高质量的《旅游学教程》。

本书作为旅游专业的专业基础课教材,其重要任务是阐明旅游的特点和本质,揭示旅游活动的产生、发展同社会政治、经济、文化发展的关系;旅游活动的基本要素以及各要素之间的关系;旅游业的特点、结构、组织和社会经济作用;旅游活动的社会、经济和文化影响;旅游组织和旅游政策的重要意义。本书探讨的是旅游活动的一般规律,是旅游学专业理论与方法的综合与概括,对旅游学各分支学科和专业课具有普遍的指导意义。

本书在编写过程中坚持教材内容的科学性和创新性,突出教学方法上的互动性和参与性。在教材编写体例安排上,吸收国外MBA和MPA教材的特点,每一章均安排有知识要点、技能要求、练习与思考、案例分析、小组讨论等,并注意了各章节内容在全书中的地位、逻辑关系和侧重点。本书既可作为高等院校旅游管理专业本科生教材,也可作为旅游企业中高级管理人员的培训教材和业务参考书,还可作为热爱旅游专业人士的参考读本。

编 者

2004年12月10日于山西财经大学

目录

第一章　总论 …………………………………………………… (1)
　知识要点 ………………………………………………………… (1)
　技能要求 ………………………………………………………… (1)
　第一节　旅游的基本含义 ……………………………………… (1)
　　一、旅游的本质与社会属性 ………………………………… (1)
　　二、旅游的定义 ……………………………………………… (6)
　第二节　旅游活动的构成 ……………………………………… (11)
　　一、旅游活动的要素 ………………………………………… (11)
　　二、旅游活动的特征 ………………………………………… (15)
　第三节　旅游的基本类型 ……………………………………… (18)
　　一、旅游类型划分的方法 …………………………………… (18)
　　二、按地理范围(地域特征)划分的旅游类型 ……………… (19)
　　三、按活动内容划分的旅游类型 …………………………… (21)
　第四节　旅游学研究的对象与任务 …………………………… (34)
　　一、国外旅游研究概况 ……………………………………… (34)
　　二、我国旅游研究的发展 …………………………………… (36)
　　三、旅游学研究对象与研究内容 …………………………… (38)
　　四、旅游学的科学体系及与相关学科的关系 ……………… (41)
　　五、旅游学研究的方法论思考 ……………………………… (44)
　本章提要 ………………………………………………………… (45)
　案例分析 ………………………………………………………… (47)
　练习与思考 ……………………………………………………… (48)
　小资料 …………………………………………………………… (49)

第二章 旅游的产生与发展 (50)

知识要点 (50)
技能要求 (50)
第一节 旅行活动的产生 (50)
　　一、原始社会人类的迁徙 (51)
　　二、社会分工与劳动剩余物的出现 (52)
　　三、人类旅行的出现 (53)
第二节 奴隶制社会旅行的发展 (54)
　　一、奴隶制社会国外旅行的发展 (54)
　　二、奴隶制社会中国旅行的发展 (55)
第三节 封建社会旅行的发展 (56)
　　一、封建社会欧洲旅行的发展 (56)
　　二、中国封建社会旅行的发展 (57)
第四节 近代旅游和旅游业的开端 (59)
　　一、近代旅游现象出现的背景 (59)
　　二、托马斯·库克的主要活动及其意义 (60)
　　三、中国近代旅游的开端 (63)
第五节 现代旅游发展状况 (66)
　　一、战后旅游迅速发展的原因 (66)
　　二、国外现代旅游发展状况 (67)
　　三、中国的现代旅游 (69)
本章提要 (71)
练习与思考 (72)
小组讨论 (72)

第三章 旅游者 (73)

知识要点 (73)
技能要求 (73)
第一节 旅游者的概念 (74)
　　一、国际旅游者 (74)
　　二、国内旅游者的定义 (79)
　　三、旅游者的特点 (81)
第二节 决定个人旅游需求的客观因素 (82)
　　一、收入水平 (82)

二、余暇时间 ………………………………………………… (84)
　　三、其他客观因素 …………………………………………… (87)
第三节　决定个人旅游需求的主观因素 ……………………… (88)
　　一、旅游动机和旅游需要 …………………………………… (88)
　　二、旅游动机的类型 ………………………………………… (91)
　　三、形成旅游动机的具体因素 ……………………………… (93)
　　四、研究旅游动机的意义 …………………………………… (96)
第四节　不同类型旅游者的特点 ……………………………… (97)
　　一、消遣型旅游者 …………………………………………… (97)
　　二、差旅型旅游者的特点 …………………………………… (99)
　　三、家庭及个人事务型旅游者的特点 ……………………… (100)
本章提要 ………………………………………………………… (100)
练习与思考 ……………………………………………………… (101)
案例分析 ………………………………………………………… (101)
小组讨论 ………………………………………………………… (102)

第四章　旅游资源 ……………………………………………… (103)
知识要点 ………………………………………………………… (103)
技能要求 ………………………………………………………… (103)
第一节　旅游资源的概念 ……………………………………… (104)
　　一、旅游资源与旅游对象 …………………………………… (104)
　　二、旅游资源在旅游活动三因素中的结构功能 …………… (107)
第二节　旅游资源的分类与特点 ……………………………… (110)
　　一、旅游资源的分类 ………………………………………… (110)
　　二、旅游资源的特点 ………………………………………… (115)
案例分析 ………………………………………………………… (118)
第三节　旅游资源的开发 ……………………………………… (119)
　　一、旅游资源开发的概念 …………………………………… (119)
　　二、旅游资源开发的原因 …………………………………… (120)
　　三、旅游资源开发的目标和内容 …………………………… (121)
　　四、旅游资源的评价及开发项目的可行性研究 …………… (123)
　　五、旅游资源开发的原则 …………………………………… (125)
案例分析 ………………………………………………………… (129)
小组讨论 ………………………………………………………… (130)

第四节 旅游资源的保护 …………………………………… (130)
一、旅游资源进行保护的必要性 …………………………… (130)
二、旅游资源遭受破坏的原因 ……………………………… (131)
三、旅游资源的保护 ………………………………………… (132)

第五节 旅游景点 ……………………………………………… (135)
一、旅游景点的概念 ………………………………………… (135)
二、旅游景点的类别 ………………………………………… (136)
三、旅游景点在旅游业发展中的重要作用 ……………… (138)
四、景点经营中应注重的主要问题 ……………………… (140)

第六节 旅游区(点)及旅游线路的形成 ……………………… (142)
一、旅游地 …………………………………………………… (142)
二、旅游地的规模和范围 …………………………………… (143)
三、旅游线路的类型和设计原则 …………………………… (144)

本章提要 ………………………………………………………… (146)
练习与思考 ……………………………………………………… (147)
案例分析 ………………………………………………………… (148)
小组讨论 ………………………………………………………… (149)

第五章 旅游业 …………………………………………………… (150)
知识要点 ………………………………………………………… (150)
技能要求 ………………………………………………………… (150)

第一节 旅游业的性质 ………………………………………… (151)
一、旅游业的定义 …………………………………………… (151)
二、旅游业的构成 …………………………………………… (152)
三、旅游业的行业特点 ……………………………………… (154)
四、旅游业的作用 …………………………………………… (155)

第二节 旅行社 ………………………………………………… (156)
一、旅行社的定义 …………………………………………… (156)
二、旅行社的分类 …………………………………………… (156)
三、旅行社的作用 …………………………………………… (158)
四、旅行社的业务性质 ……………………………………… (159)

第三节 旅游饭店 ……………………………………………… (160)
一、旅游饭店的分类 ………………………………………… (160)
二、饭店的等级 ……………………………………………… (161)

　　　三、旅游饭店的产品及其特点 …………………………………… (162)
　　　四、旅游饭店的作用 ………………………………………………… (164)
　　　五、饭店业的集团化经营 …………………………………………… (164)
　　　六、我国旅游饭店业的发展 ………………………………………… (168)
　第四节　旅游交通 ……………………………………………………… (169)
　　　一、旅游交通的作用 ………………………………………………… (169)
　　　二、旅游交通的类型 ………………………………………………… (171)
　　　三、影响旅游者选择旅游交通方式的因素 ………………………… (173)
　第五节　旅游服务 ……………………………………………………… (174)
　　　一、服务是旅游业的核心产品 ……………………………………… (175)
　　　二、旅游服务的概念 ………………………………………………… (175)
　　　三、旅游服务的特点 ………………………………………………… (176)
　　　四、旅游服务质量管理 ……………………………………………… (177)
　第六节　旅游产品 ……………………………………………………… (178)
　　　一、旅游产品的概念和构成 ………………………………………… (178)
　　　二、旅游产品组合与开发 …………………………………………… (180)
　本章提要 ………………………………………………………………… (180)
　练习与思考 ……………………………………………………………… (181)
　案例分析 ………………………………………………………………… (181)
　小组讨论 ………………………………………………………………… (183)

第六章　旅游组织 (184)

　知识要点 ………………………………………………………………… (184)
　技能要求 ………………………………………………………………… (184)
　第一节　政府在旅游业发展中的主导作用 …………………………… (184)
　　　一、充分发挥政府在旅游业中的主导作用 ………………………… (185)
　　　二、旅游产业宏观管理与协调的基本手段 ………………………… (186)
　　　三、政府对旅游业管理行使的有效措施 …………………………… (187)
　第二节　国家旅游组织 ………………………………………………… (190)
　　　一、国家旅游组织及其设立形式 …………………………………… (190)
　　　二、国家旅游组织的职能 …………………………………………… (191)
　第三节　我国的旅游组织 ……………………………………………… (191)
　　　一、旅游行政组织 …………………………………………………… (192)
　　　二、旅游行业组织 …………………………………………………… (195)

  第四节 国际旅游组织 …………………………………………（197）
   一、世界旅游组织(WTO) ………………………………………（197）
   二、太平洋亚洲旅行协会(PACIFIC SALA TRAVEL ASSOCLATIOM,
    简称 PATA) ……………………………………………………（201）
   三、国际旅游联盟(ALLIANCE INTERNATIONAE DE
    TOURISME-AIT) ………………………………………………（201）
   四、世界旅行社协会联合会(UNIVERSAL FEDERATION OF TRAVEL
    AGENTS,ASSOCIATION-UFTAA) ………………………………（202）
   五、妇女旅游组织国际联合会(IN TERNATIONAL FEDERATION OF
    WOMEN'S TRAVEL ORGANIZATIONS,IFWTO) ……………（202）
   六、国际饭店业协会(INTERNATIONAL HOTEL ASSOCIATIONIHA) ……（203）
   七、国际旅游科学专家协会(INTERNATIONAL ASSOCIATION OF
    SCIENTIFIC ESPERTS INTOURISM) …………………………（203）
   八、其他机构 ……………………………………………………（203）
  本章提要 ………………………………………………………………（204）
  练习与思考 ……………………………………………………………（205）
  案例分析 ………………………………………………………………（205）
  小组讨论 ………………………………………………………………（207）
  案例分析 ………………………………………………………………（207）
  小组讨论 ………………………………………………………………（209）

 第七章 旅游市场 …………………………………………………（210）
  知识要点 ………………………………………………………………（210）
  技能要求 ………………………………………………………………（210）
  第一节 旅游市场的概念及内容 …………………………………（210）
   一、旅游市场的概念 ……………………………………………（210）
   二、旅游市场的构成要素 ………………………………………（211）
   三、旅游市场的特点 ……………………………………………（213）
   四、旅游市场的作用 ……………………………………………（215）
  第二节 旅游者流动规律 ……………………………………………（217）
   一、旅游者的流向、流量与流速 ………………………………（217）
   二、旅游客流规律 ………………………………………………（218）
  第三节 市场细分 ……………………………………………………（221）
   一、市场细分的标准和作用 ……………………………………（221）

　　二、旅游市场细分的依据 …………………………………………… (223)
　第四节　中国旅游业的客源市场 ………………………………………… (227)
　　一、海外来华客源市场 …………………………………………… (227)
　　二、国内旅游市场 ………………………………………………… (231)
　　三、出境旅游市场 ………………………………………………… (233)
　本章提要 …………………………………………………………………… (237)
　练习与思考 ………………………………………………………………… (237)
　案例分析 …………………………………………………………………… (238)
　小组讨论 …………………………………………………………………… (242)

第八章　旅游影响 ………………………………………………………………… (243)
　知识要点 …………………………………………………………………… (243)
　技能要求 …………………………………………………………………… (243)
　第一节　旅游的经济影响 ………………………………………………… (244)
　　一、制约旅游经济影响发挥作用的因素 ………………………… (245)
　　二、旅游对经济发展的积极影响 ………………………………… (246)
　　三、旅游对经济的消极影响 ……………………………………… (250)
　　四、旅游经济乘数效应 …………………………………………… (253)
　第二节　旅游的社会文化影响 …………………………………………… (254)
　　一、旅游对社会文化的积极影响 ………………………………… (254)
　　二、旅游对社会文化的消极影响 ………………………………… (256)
　第三节　旅游的环境影响 ………………………………………………… (259)
　　一、旅游对环境的积极影响 ……………………………………… (259)
　　二、旅游对环境的消极影响 ……………………………………… (260)
　第四节　旅游可持续发展 ………………………………………………… (261)
　　一、可持续发展的提出 …………………………………………… (261)
　　二、旅游可持续发展 ……………………………………………… (262)
　　三、旅游业可持续发展的目标 …………………………………… (262)
　　四、可持续旅游发展的实现途径 ………………………………… (263)
　第五节　旅游容量 ………………………………………………………… (264)
　　一、容量的概念 …………………………………………………… (264)
　　二、旅游饱和与旅游超载 ………………………………………… (265)
　本章提要 …………………………………………………………………… (267)
　补充阅读 …………………………………………………………………… (267)

  案例分析 …………………………………………………（269）
  案例分析 …………………………………………………（270）
  小组讨论 …………………………………………………（271）
  练习与思考 ………………………………………………（271）
主要参考文献 ……………………………………………………（273）
后记 ………………………………………………………………（275）

第一章 总论

> **知识要点**

通过本章的学习,掌握
- 旅游的定义、各类定义的异同性。
- 旅游的本质与属性。
- 旅游活动的构成要素、特征、性质及衡量旅游活动发展状况的指标。
- 旅游的基本类型、划分方法。
- 旅游学研究对象。

> **技能要求**

通过本章的学习,能够
- 在错综复杂的旅游现象和盘根错节的关系中真正揭示旅游活动的内在规律。
- 客观地、实事求是地评价各学术观点。
- 对于有争议的问题,能提出不同观点的理论依据。
- 能独立思考,提出自己的见解。

第一节 旅游的基本含义

一、旅游的本质与社会属性

(一) 旅游的本质

旅游作为人类社会生活的一项重要活动,源远流长。但在19世纪上半叶以前,旅游活动仅限于社会上层的享乐活动以及以经商贸易为主的旅行活动,并没有普遍的社会意义,还不能称之为现代意义的旅游。而现代旅游是一种大众旅游。旅游已发展成为一种全民性的活动,成为现代人们物质和精神生活的必要组成部分。作为一种大规模的社会文化活动,旅游活动区别于人类其他活动的根本性质可以归结以下三点:

1. 旅游是人类一种高层次的消费活动。旅游是一种高层次消费活动,并正在发展成为人们生活中的一种基本需要。从社会生产发展的角度看,旅游发展的基础是经济的发展,只有当社会生产力发展,人们收入水平不断提高,闲暇时间增加时,旅游才能成为大众性的活动。而从人类需要发展的角度看,随着人类社会的发展,人类会产生多种多样的需要。既有为了生存和发展的物质需要,又有为了享受的精神需要。而且,随着社会生产力的日益发展,人们对物质需要和精神需要的层次也会不断提高。旅游需要作为人的总体需要的一个组成部分,属于精神需要的范畴,是人们的物质需要如衣、食、住、行等基本满足之后,进而产生的一种追求高层次享受的精神需要,是一种高级的消费活动。并且随着社会生产力的发展,旅游正在发展成为人们生活中的必要组成部分。

2. 旅游是人类一种积极而健康的交往活动。人具有自然属性和社会属性作为社会生活的主体,人总是处在一定的社会关系之中,是社会关系的体现者(如生产、政治、经济、文化、民族、宗教与家庭关系等),因此,人与人的交往是人类历史发展的固有现象,也是人类社会中一种最基本的社会活动。人类通过交往可以交流思想与情感,增进相互了解与理解,从而建立与协调一定的人际关系。在现代社会,科技发展不仅提高了人们的生活水平,也变革了人们的生活方式,社会交往的意义也愈加重要。而在人类多种多样的交往方式中,旅游是一种较为理想的开放式的交往形式。在旅游活动中,每个人都是主动和自由的,可以不受地域、种族、性别、年龄、政治制度、宗教信仰等的限制。每个人都可以抛却自己角色的羁绊而还原为一个原来的自我,自然、淳朴。并且旅游的场景与氛围也易于使人们沟通与交往,产生其他交往形式所达不到的良好效果。因此,旅游是人类一种积极而健康的交往活动。

3. 旅游是人类一种以审美为特征的消闲活动。追求美是人类文明的主要特征。在旅游活动中,通过美的感受——游览名山大川、欣赏文物古迹、体验风土人情等,达到陶冶情操,愉悦身心,增长见识的目的。旅游活动的审美情趣是丰富多样的,自然景观给人以自然美,人文景观给人以艺术美和社会美,从而满足人们不同层次的审美需求。因此,旅游从本质上说还是一种审美活动。而旅游这种审美活动作为人们物质生活水平与文化生活追求提高的表现,必须以闲

暇时间为前提。旅游是众多消闲活动的再组合，旅游者在目的地停留期间，除了吃、喝、拉、撒、睡这些满足人的生理需要的活动之外，所有其他活动几乎都是消闲行为，包括观光、游览、与人交往、看电影、看电视、听广播、听音乐、阅读、聊天、室内消遣、体育锻炼、观看节目演出、参加俱乐部活动等等。旅游最基本的形式是游览观光，而消遣型旅游则是现代旅游最重要和普遍的旅游类型。所以说，旅游是人类一种以审美为特征的消闲活动。

（二）旅游的社会属性

从旅游发展的历史演变看，旅游活动涉及了社会生活的众多层面，体现了多种社会现象和社会关系。因此，有必要进一步阐明旅游发展与人类社会发展的相关关系，即旅游的社会属性。

1. 旅游是人类社会经济发展的产物

旅游的产生与发展是和社会经济的发展密切相关的，它是人类社会经济和文化发展到一定阶段的产物。社会生产力的发展水平决定了各个时代旅游的规模、内容、方式和范围。在人类社会初期，由于生产力十分低下，人类的生存无时不处在饥饿和自然灾难侵袭的威胁之中，客观上不具备旅行的物质基础，当然更谈不上旅行的主观愿望与动机。尽管也经常发生从一地到另一地的迁移活动，但都是出于生存的需要，不是真正意义上的旅行和旅游。从原始社会末期和奴隶社会初期，出现第三次社会大分工，人类因经商而产生外出旅行的愿望起，直到19世纪工业文明出现以前，在这漫长的几千年中，人类社会经历了奴隶社会和封建社会，但都是属于农业社会时期，生产力发展缓慢，社会经济发展水平低下。因此旅行活动的规模有限，只有社会上层和少数富有者才能享受旅行；旅行活动内容单一，经商和宗教旅行居主导地位；这一时期交通工具十分落后，以自然力、人力和畜力为动力来源，旅行活动也局限在很小的范围内，洲际或国际等长距离旅游几乎很难实现。

到了19世纪后半叶，工业革命大大推动了社会生产力的发展。工业革命还促进了城市化的进程，由此也极大地改变了人们的生产与生活方式，使旅游活动发生了质的变化。旅游在社会生活中的地位日渐重要；由于社会财富和人们生活水平的提高，参加旅游的人数增多，旅游开始成为具有现代意义的社会现象；火车和轮船成为主要交通工具并大大改善了交通条件，使旅游的规模和范围发生了巨大的变化；作为经济产业的旅游业开始形成。

第二次大战以后，国际政治形势相对稳定，世界经济得以迅速恢复，一系列科技发明和创造推动了社会经济迅猛发展。随着人们收入水平提高，闲暇时间增多，旅游需求日益发展。而另一方面旅游业不断发展壮大，旅游设施不断现代

化,旅游供给也日趋完善,为旅游者提供了物质基础,增添了旅游的魅力和色彩。这一切都促使旅游迅速普及世界各地,成为大众性社会活动。

由此可见,旅游的产生和发展是社会经济发展的必然产物。社会经济的发展水平决定着旅游发展的水平,而旅游的发展反过来又促进了社会经济的繁荣。

2. 旅游是社会政治、文化的产物

旅游活动作为一种社会现象,首先是作为旅游者的人的活动。尽管旅游者旅游活动的动机不同,活动形式和内容也多种多样,但都属于人们一种暂时或短期性的特殊生活方式,总体上属于社会文化范畴。因此,旅游活动是以人员流动与交往为特征,涉及经济、政治、文化等许多方面的社会活动。旅游在增进各国人民相互了解和友谊,缓和国际关系和维护世界和平方面,是一个积极的现实的因素。同时,旅游还有助于改善和提高东道国的国际形象。旅游也因此被称为"民间外交",受到世界各国政府的高度关注。正如1980年世界旅游组织(World Tourism Organization,WTO)在《马尼拉宣言》中所指出:"旅游的经济利益,不论是如何的实际或重大,不是,也不能构成国家决定促进这一活动的惟一标准。"并且每年都提出一个以和平、自由、友谊和促进等内容为主题的宣传口号,来体现旅游的发展功能。比如:

1980年,旅游为保存文化遗产,为和平及相互了解作贡献。
1984年,旅游为国际谅解、和平与合作服务。
1986年,旅游——世界和平的促进力量。
1989年,旅游者自由往来,创造团结的世界。
1992年,旅游通过社会经济一体化,增加各国人民相互了解的途径。
2000年,技术与自然:21世纪旅游业面临的双重挑战。
2001年,旅游业:为和平与文明之间的对话而服务的工具。
2002年,生态旅游:可持续发展的关键。
2003年,旅游业:一种消除贫困、创造就业与社会和谐的驱动力。
2004年,体育与旅游:增进互相了解、文化与社会发展的动力。
资料来源:中国旅游网。

此外,由于国际旅游活动的开展要跨越国界,需要考虑国家关系以及办理护照、签证等出入境手续,这些都使旅游活动涉及政治方面的问题。

旅游作为一种社会文化活动可以说处处都打上了文化的烙印。旅游者外出旅游是源于人的精神需要,旅游者要依据一定的社会文化背景才能产生;而旅游资源都不可避免地反映了一定的社会文化环境;旅游设施和旅游服务则在内容和形式上展现了东道社会精神文化和物质文化。譬如民族历史、生活方式、风俗习惯、文学艺术、建筑、服饰、饮食等。正所谓"山不在高,有仙则名;水不在深,有龙则灵",旅游资源自身就是凝聚着人类精神文化神韵的"神仙",是旅游地社会文化环境的体现。因此,旅游业既是一定社会文化环境创造出来的物质和非物质的旅游媒介,又是一定社会文化环境的自我表现形式。

澳大利亚推出土著人旅游业发展战略

土著人是澳大利亚的原住民,有自己独特的文化和传统,加上土著人居住的独特自然环境,其旅游资源非常丰富。根据澳大利亚时代报(The Age)布里斯班报道,最新的澳洲当地旅游调查结果显示:大约80%的外国旅客对于参观以澳洲原住民为主题的风景名胜有极高的兴趣。另外,也有超过三分之一的游客,希望学习澳洲原住民的文化。旅游的动机是寻找保留古老文化的民族或居民,以了解他们的文化、风俗和习惯。

为了缩小地区差距,澳大利亚政府选择以旅游业作为提高土著人居住地区经济发展水平的突破口,并推出了"土著人旅游业发展战略"。澳大利亚政府在规划上给予了土著人地区大力支持,要求各地方政府在制定当地旅游发展规划时,必须统一考虑土著人旅游发展计划,把土著人旅游列入当地社区、州和全国旅游计划的一部分。在强调土著人自力更生的同时,澳大利亚联邦和州政府也根据不同情况给予补助,联邦银行还提供优惠政策,向土著人发放低息和无息贷款。澳大利亚政府非常注意把开发旅游与保护文化遗产结合起来。

资料来源:张国洪,《中国文化旅游》,2001年11月,南开大学出版社。

3. 旅游是现代社会生活发展的必然产物

旅游作为人类社会生活的一项重要内容已有很长的历史。在现代社会,随着社会经济的高度发展和人们生活水平的不断提高,旅游已成为人们现代生活的必要的组成部分。世界旅游组织(World Tourism Organization, WTO)在《马尼拉宣言》中明确提出旅游也是人类社会基本需要之一,为了使旅游同其他社会基本需要协调发展,各国应将旅游纳入国家发展的内容之一,使旅游度假真正成为人人享有的权利。人们通过旅游,短期改换一下生活环境,或欣赏山水风光,或体验风土人情,不仅可以愉悦身心,陶冶情操,而且还可以开阔视野,增长见识,都可以获得精神和物质上的享受。所以,在现代社会,人们生活水平日益提

高,物质需求得到一定满足的情况下,旅游已发展成为人们日常生活中的必要组成部分。经济发达国家的情况已经充分证明了这一点。虽然旅游的发展和普及程度由于受社会经济水平的影响而各国不一,但是实践表明旅游的发展与普及已是大势所趋。

据世界旅游组织预测,到2020年,全球将接待16亿人次的国际旅游者,国际旅游消费将达到2万亿美元,国际旅游人数和消费平均增长率将分别达到4.35%和6.7%,远远高于世界经济平均增长3%的幅度。

在中国,随着经济的发展,人们生活水平稳步提高,参加旅游的人数逐年增加。国内旅游的发展速度很快,由1985年的2.40亿人次,发展到1999年的7.19亿人次,2001年达到7.48亿人次,2003年达到8.70亿人次(因"非典",比上年下降0.9%),已形成世界上人数最多的国内旅游市场。

中国的出境旅游经历了一个从无到有,从"出境探亲游"到"公民自费出国游"的发展过程,截止至2004年9月1日起,可以正式开展中国公民组团旅游业务的国家和地区达到54个,并开展了几乎与所有毗邻国家的边境旅游。赴香港、澳门地区的旅游规模也在不断扩大。1994年至2003年中国累计出境旅游近1亿人次,年均增长13.87%。其中2003年出境旅游总人数达2 022万人次,首次超过日本1 700万人次左右的出境旅游规模。中国巨大的出境旅游市场已引起全球瞩目,成为我国对外关系与交流往来进程中新的亮点和重要生力军。

这说明,旅游在中国正在发展成为广泛的大众性活动,旅游正在成为人们日常生活的重要内容。

> 据有关部门测算,2000年底,中国人均国内生产总值超过了800美元;居民消费的"恩格尔系数",城镇居民和农村居民分别由1999年的41.9%和52.6%降至40%和50%左右的水平。这标志着从2001年起,中国人民生活水平基本达到小康水平。比照国外旅游业的发展进程,即人均年收入达到500美元至800美元是旅游消费的急剧扩张期,中国公民外出旅游已经具备了一定的经济基础,而三个"黄金周"的推出,则更成为旅游热的助推剂。

二、旅游的定义

(一)旅游定义的形成

旅游是从早期旅行发展而来的。作为人类社会生活的一项重要内容,旅行的起源非常久远。但就全球看,由于世界各地、各民族的发展历史进程不同,因而人类的旅行活动究竟源自何时,并无统一的年代界定。从历史考察来看,腓尼基人、中国人和印度人可能是最早的旅行者,大约在公元前四千年左右他们就到处周游进行贸易交往。由于人类早期的旅行主要是出于经商和贸易的需要,旅行的目的和内容单一,旅行人数、规模和范围有限,社会影响也较小,因此,在相当长的时期内,"旅行"一词没有明确的科学意义上的界定,只是作为一个日常用语。在中国的文献中,与旅游相近的还有"观光"一词,《易经》上曾有"观国之光"一语,意思是考察、观看一国的风貌人情。在中国古代,"旅"和"游"是两个各自独立的概念。古书曰:"旅者,客寄之名,羁旅之称。失其本居而寄他方,谓之旅",它指一个人在空间上从一个地方到另一个地方的移动过程;而"游"即遨游,也即游览的意思。《礼记·学记》中有"息焉游焉"一语。此外,还有"闲暇无事谓之游"一说。这表明中国先民对于外出游览活动必须是在业余时间进行的观念是很强的。"旅游"一词在中国最早出现在南朝梁诗人沈约的《悲哉行》一诗:"旅游媚年春,年春媚游人。徐光旦垂彩,和露晓凝津。时嘤其稚叶,蕙气动初频。一朝阻旧国,万里隔良辰。"从沈诗看,"旅游"一词在当时就已含有外出旅行游览的意思了,是"旅行"和"游览"两种活动的有机统一。在现代汉语中,"旅行"和"游览"二词可以大体相通,这是中国对"旅游"这个概念最通俗的表述。然而,严格地说,旅行和旅游是有区别的。旅游是有动机内涵的,是旅行和游览的统一体;而旅行仅仅是一个为完成某个动机的一般空间流动过程。因此,有旅游必定有旅行,有旅行却不一定有旅游。旅游者同时是旅行者,旅行者却不一定是旅游者。在汉语中,"旅游"亦被称为"观光",但严格来说,观光的含义更接近游览。在旅游这个实践范畴里,旅行只是游览所凭借的手段和形式,而游览才是旅行的目的和内容。游览仅是旅游的一部分,游览只有和旅行结合起来才能被称为"旅游"。这也是旅游同一般参观游览,即"观光"的根本区别。所以,尽管现代交通工具日渐舒适,但绝大多数旅游者都希望把更多的时间花在游览目的地而不是旅途中,故旅游界有句行话叫"旅速游缓",这是处理旅行与游览两者关系的正确原则。

现代英语中 tourism 这个词汇,最早出现在 1811 年出版的《牛津词典》,用于指因消遣目的而离家外出的旅行和逗留。以前是用 travel,而 travel 又是由 travail 转换过来的,其原意是阵痛、艰苦、困难和危险。在中国历史上也有类似的情况,人们总是把旅游看成是一种困难危险的事情,俗话说:"在家千日好,出门一时难",故而亲朋好友常祝愿外出的人"一路走好"、"一路顺风"、"一路平安"等。这些情况表明,在过去由于外出旅行要受到食、住、行等条件的限制,要碰到严寒酷暑,要遭受天灾、人祸、野兽侵袭等的威胁,人们对旅游产生畏惧心理。

旅游活动虽然历史悠久,但旅游活动的大规模兴起则是在近代社会的产业革命之后,特别是第二次世界大战结束之后,随着科学技术和社会生产力的发展,旅游已成为现代人社会生活的必要组成部分。旅游作为一种大规模的社会文化和社会经济现象,对社会生活产生了巨大的影响,开始有学者就旅游活动及旅游业发展进行研究,旅游学科逐步形成发展起来。"旅游"作为旅游学研究的对象,对其概念进行明确界定,不仅是旅游研究的必要,而且也是旅游学科赖以形成的根本。

(二)国内外学者及研究机构关于旅游研究的定义

给旅游以明确的科学严密的概念,不仅具有理论上的重大意义,而且对旅游的实践活动也具有重要的意义。但是由于旅游活动涉及面广泛而复杂,也由于人们对旅游进行研究所基于的目的不同——理论的、统计的、市场的、管理的,等等,因而对旅游概念的认识仍然有着不同的理解。

旅游概念存在着分歧的另一个重要原因是,旅游存在着两种不同的活动形式,即以消遣度假为目的的消遣型旅游和以工商事务为目的的差旅型旅游。两种旅游活动目的、活动内容、活动特点等都有较大差异。因此,如何用一个严密精练的表述把二者统一在"旅游"的科学概念里,的确有很大难度。

1. 旅游定义的类型(见表1-1)

表1-1 国内外学者及研究机构关于旅游研究的定义

主要观点	学者及机构	主要特点
1. 旅游狭义的理解是那些暂时离开自己的住地,为了满足生活和文化的需求,或个人各种各样的愿望,而作为经济和文化商品的消费者逗留在异地的人的交往。	蒙根·罗特〔德〕	强调旅游是人与人的交往
2. 旅游是非定居者的旅行和暂时居留而引起的现象和关系的总和。这些人不导致长期定居,并且不牵涉任何赚钱的活动。	汉泽克尔、克拉普夫〔瑞士〕	强调旅游活动中必将产生的相关经济关系和广泛社会关系——旅游内涵的综合性
3. 旅游发生于人们前往和逗留在各种旅游地的流动,是人们离开他们平时居住和工作的地方,短期暂时前往一个旅游目的地运动和逗留在该地的各种活动。	伯卡特·梅特利克〔英〕	强调旅游的重要特征是流动以及旅游具有异地性和暂时性
4. 旅游是人的运动,是市场的运动而非一项产业的运动,总之,是流动人口对接待地区及其居民的影响。	里考瑞什〔英〕	强调旅游活动的本质是人的流动以及旅游对东道社会的重要影响。

(续表)

主要观点	学者及机构	主要特点
5. 旅游是暂时在异地的人的空余时间活动,主要是出于休养;其次是出于受教育、扩大知识和交际的原因的旅行;再次是参加这样或那样的组织活动以及改变有关的关系和作用。 旅游是一种消闲的活动,它包括旅行或离开定居点较远的地方逗留。其目的在于消遣、休息或为了丰富旅行者的经历和文化教育。	让·梅特森〔法〕 维也纳经济大学旅游研究所〔奥地利〕	强调旅游的基本目的是消遣和增长知识
6. 旅游是人们离开通常居住和工作的地方,暂时前往目的地的旅行和在该地停留期间所从事的活动,以及旅游目的地为了满足旅游者的需要而创立的各种设施。	Coopet, Fletchet, Cilbtrt, Wanhill〔英〕	强调旅游者的活动以及由旅游活动而引发的目的地的旅游供给
7. 旅游是在吸引和接待旅游及其访问者的过程中,由于游客、旅游企业、东道政府及东道地区的居民的相互作用而产生的一切现象和关系的总和。	罗伯特·麦金托什,夏希肯特·格波特〔美〕	强调旅游所引发的各种现象和关系,即旅游的综合性
8. 旅游是为消遣而进行的旅行,在某一国家逗留时间至少超过24小时。	马丁·普雷〔美〕	强调旅游者的逗留时间至少超过24小时
9. 旅游是非定居者出于和平目的的旅行和逗留而引起的现象和关系的总和。这些人不会导致在旅游地定居和就业。	李天元(中)	强调旅游的综合性、暂时性和非就业性
10. 旅游是个人以前往异地寻求愉悦为主要目的而度过的一种具有社会、休闲和消费属性的短暂经历。	谢彦君(中)	强调旅游的根本目的在于寻求愉悦体验,两个最突出的特征是异地性和暂时性

资料来源:苏勤,《旅游学概论》。北京:高等教育出版社,2001年版,第2—3页。

2. 对上述定义的分析

(1) 定义的共性

综合以上人们对旅游定义的不同表述,我们可以看到人们至少在以下三个方面已经取得共识:

① 旅游是人们离开自己的定居地,去异国他乡访问的活动。这一点反映了旅游活动的异地性。

② 旅游是人们前往旅游目的地,并在那里作短暂停留的访问活动。这种短期停留有别于移民性的永久居留。这一点反映了旅游活动的暂时性。

③ 旅游是人们的旅行和暂时居留而引起的各种现象和关系的总和。它不仅包括旅游者的活动,而且涉及这些活动在客观上所产生的一切现象和关系。这一点反映了旅游现象的综合性。

（2）定义的差异性

从上述对旅游定义的不同表述中,可以看到不同学者对旅游认识和研究的出发点和侧重点不同。大体可归纳为两种,一种是从旅游者的活动角度出发,强调旅游者的活动目的、活动性质、活动时间；另一种是从旅游者活动与旅游目的地的关系的角度出发,强调旅游者的旅游活动及其所引发的各种现象和关系。

两种表述各有其合理性。因为旅游首先是作为旅游主体的人的活动——即旅游者的旅游活动导致了各种旅游需求,旅游者的活动进而产生了旅游供给即旅游业的活动。但旅游又不仅仅是旅游者的活动,旅游的内涵是综合性的社会现象。旅游者往返于出发地与目的地的旅游活动和在目的地逗留期间的访问活动,由此会引起广泛多样的经济现象、社会现象、文化现象乃至政治现象。而旅游者、旅游企业、目的地政府以及目的地居民之间也会因不可避免的直接或间接接触而产生错综复杂的关系。

在这个意义上,作为旅游学的研究对象,旅游的定义不应仅仅是指旅游者的活动,而应将旅游业的活动以及旅游的影响等因旅游者的活动而引发的各种现象和关系也包括在内,从而构成旅游学的研究领域。只有这样,才能全面和深入地认识和研究旅游,揭示旅游的本质和客观规律性。

在上述各种旅游定义中,以两位瑞士学者汉泽克尔(Hunziker)和克拉普夫(Krapf)的表述较为科学和影响广泛。在他们合著的《旅游总论概要》(1942年)中给旅游下的定义,由于对旅游这一概念概括全面,表述精练,得到了较为广泛的认同。并且于20世纪70年代为"旅游科学专家国际联合会"(AIEST)所采用,所以又习称为"艾斯特"(AIEST)定义。这一定义的深刻之处在于,它较为全面地揭示了旅游的内涵和基本特征。旅行和逗留"引起的现象和关系的总和"的表述不仅包括了旅游者的活动,而且也涵盖了由此产生的各种社会现象和社会关系,反映了旅游内涵的综合性；"非定居者"的表述体现了旅游活动的异地性；"旅行和暂时居留"及"这些人不会导致长期定居"说明了旅游活动的暂时性,并且规定了旅游活动的非定居性或非移民性；"不涉及任何赚钱的活"则说明了旅游活动的非就业性。

(三) 旅游定义的界定

综合以上分析,依据现代旅游发展的客观实际,我们将旅游的定义归纳为：旅游是人们出于和平的目的,离开常住地到异国他乡访问的旅行并暂时居留所引起的现象和关系的总和。

这个定义的要点在于：

1. 人们对旅游的参与和追求，体现出人们对自然、自由、生命、生活、文化以及世界上一切美好事物的热爱。旅游在增进各国人民相互了解和友谊，缓和国际关系和维护世界和平方面，是一个现实的因素，已成为人们社会生活中不可缺少的高级需要形式。

2. 旅游者的旅游活动与旅游企业及东道主社会不可避免地接触，引发了一系列错综复杂的社会现象和社会关系。旅游活动作为一个综合性的社会现象，它所涉及的社会关系极其广泛。

3. 旅游是通过旅行和停留的动与静的组合来进行的，故而体现出异地性、流动性和暂时性的自身特征。

对话一　甲：暑假期间你干什么了？
　　　　乙：我跟几个同学去山西旅游了。

对话二　甲：你是做什么工作的？
　　　　乙：我是搞旅游的。

对话三　甲：你是学什么专业的？
　　　　乙：我是学旅游的。

在以上三组对话中，分别都使用了旅游这个词。根据每一组对话的语境或对话的内容，大家都会明白其中旅游一词的含义所指。第一组对话中的旅游显然指的是旅游活动；第二组对话中的旅游指的是旅游行业或旅游业；至于第三组对话中的旅游，则是指旅游专业或旅游学。

资料来源：李天元，《旅游学概论》。天津：南开大学出版社，2003年版，第43页。

第二节　旅游活动的构成

一、旅游活动的要素

旅游是涉及多方面的综合性社会文化现象，它由旅游者、旅游资源和旅游业组成。其中旅游者是旅游的主体，旅游资源是旅游的客体，旅游业是媒体。主体、客体和媒体之间相互依存，相互制约，紧密结合，共同构成旅游这一复杂的综合体。

（一）旅游者

在旅游活动的构成要素中，旅游者是旅游活动的主体。旅游者是旅游活动的首要和主导因素,因为旅游首先是人的活动,是人们离开其常住地的外出旅行及在目的地停留期间所从事的全部活动。也因为旅游者的旅游活动与旅游企业及东道主社会不可避免地接触,才引发了一系列错综复杂的社会现象和社会关系。因此,没有旅游者就不会有旅游活动,也不会有旅游的社会现象。

旅游者旅游活动规模的不断扩大,使得外出旅游的人群形成为一个具有足够规模的市场,产生出可借以经营的多种商业机会,进而促进了旅游业的产生与发展。而旅游业作为一个"市场导向的行业",从它产生的那一天起,它的一切开发和接待服务工作无一不是针对和围绕旅游者的需求而提供的。旅游活动的发展历史证明,旅游实践是先有旅游者的旅游活动,而后才有旅游业的经营活动。作为旅游活动主体的旅游者的数量、消费水平、旅游方式等,影响和决定着旅游业的发展水平及其内部构成。

而旅游资源作为旅游活动开展的对象,其开发和利用也直接受到旅游者的客源结构、旅游流向以及旅游活动变化规律的影响和制约。一个地区的旅游开发通常也就是以客源市场为导向、以旅游资源为依托的开发。

旅游者作为旅游活动的主体,表现的是处在一定社会关系之中的、具有一定社会文化背景的人。旅游者来自不同的国度,属于不同的民族,具有不同的生活方式和不同的思想情感。它们离开常住地前往异国他乡的过程中,不可避免地要与东道主社会的人群接触交往,而产生一系列复杂的社会关系。而这种接触与交往既是旅游者访问异国他乡的客观结果,同时也是旅游者外出旅游的重要动机之一。许多旅游者外出旅游就是要体验异域风情,了解他乡文化。

简言之,旅游者就是离家外出到异国他乡旅行和访问的人。但是,一个人能否成为旅游者还受多种主客观条件制约。就主观因素而言必须具有旅游动机;而客观因素则包括必须具有一定可随意支配的收入和闲暇时间。此外,还有其他一些客观条件。一个人只有同时满足个人旅游需求的主观条件和客观条件才能成为现实的旅游者,实现其旅游活动。

(二)旅游资源

在旅游活动的构成要素中,旅游资源是旅游活动的客体。旅游资源是吸引旅游者、激发旅游者旅游动机的直接因素,也是旅游业借以创收的前提。因此,旅游资源是一个国家和地区旅游业赖以存在和发展的最基本的条件。就旅游者的旅游活动来看,当一个人具备了外出旅游的客观条件,并且也产生了旅游需求的时候,他首先考虑的是到何处去,做何种旅游才能满足自己的旅游需求。而此时,异国他乡的自然因素、人文因素,不同的地域组合和表现特征就成为吸引旅游者前往的决定性因素。显然,如果没有旅游资源所构成的具有吸引力的环境,旅游者便不会前来访问,旅游活动也无从开展。尽管旅游者也会考虑旅游地的生活条件和服务水平,但这些都是旅游者旅游活动所派生出来的次要需求。而旅游资源由于自然和人文要素的组合不同而各具特色,既不可移动,又不可替代,只有亲临其境,亲历其事才能真切感受,获得真正的精神满足。

所以,旅游资源是旅游活动的客观对象。一个国家和地区,旅游资源的特色和丰富程度是其旅游业发展成功的客观基础。而对旅游资源的利用与开发水平也直接影响到一国或一地区旅游活动的规模、类型以及发展水平。

旅游资源作为旅游活动的客体,其构成要素多种多样。自然因素、人文因素或其他任何因素以及由它们共同组合所形成的综合体,均可构成对旅游者具有吸引力的环境,成为旅游资源。旅游资源的表现形式也是多种多样的,它广泛存在于客观世界之中。

新加坡的旅游资源利用

新加坡有一个外国游客必去的风景区,叫做圣陶沙。原来是个荒岛和军事区,经过多年的开发,现在已经成为花园之国中的花园,是人工造成的胜地。其中有"海底世界",游人通过地道进入海中的大玻璃房屋中,可以看到精心饲养的各种鱼类在身旁和头顶游弋,似乎可以用手摸到。有"珊瑚馆"、"奇石馆",陈列各色各样的珊瑚和奇奇怪怪的石头。有"蝴蝶馆"、"昆虫馆",集中了世界重要标本。有"亚洲风格村",把亚洲各国民间典型建筑集中在一条河的两旁,一国一村,村内有各种民俗表演,置身其中,等于遍游亚洲各地。有海滨浴场、游泳场、沙滩排球场。还有古炮台、蜡像馆,再现了日本侵占新加坡直至投降的历史过程。有新加坡移民史蜡像,再现当年各族人民开发新加坡的奋斗史和艰苦生活,是对青年进行爱国主义教育的重要场所。此外,还有各种现代消闲度假设施,如音乐喷泉、演出厅、舞厅、餐馆、旅馆等等。可以一日游,也可以长期休假。目前利用率非常高,游客终年不断,设施正在扩充。

新加坡利用地处赤道的优越条件,建立了很好的植物园,集中了各种名贵植物,培育了品质很高的兰花,作为国花。经过技术处理,可以保鲜很长久,因而出口日本和欧美。植物园是免费开放的。还有原始森林公园,也是免费开放的,尽可能保持原有植物和动物生态环境,绝不人为地破坏。原始森林园区,只修路不盖房或少盖房。游人进去,会见到猴子拦路,蟒蛇横穿,松鼠乱跳。新加坡动物园据说是东南亚最大的动物园,与众不同的是半

开放式,动物活动圈很大,似乎在野外而不在园中,当然,猛兽是与人隔离的。有些动物,游人可以拍照,可以喂食(当然是公园所卖之饲料);动物可以做各种表演,如大象、海豚表演。在亚洲最大的飞禽公园,不但飞禽品种多,而且不少已驯化,有爱鸟者俱乐部,养鸟人自发聚集定期表演,还有各种爱鸟讲座,传授各种鸟类知识。还有鳄鱼园,虽然没有泰国鳄鱼园大,但也很有特色。

新加坡四面环海,利用海滩开辟了许多新旅游区,如东海岸公园、西海岸公园、白沙度假村。这些地方原来都是荒滩、沼泽,杂草丛生,人迹罕至。经过修整的树木、花草、厅台馆舍、曲径小道,加上各种体育和文娱设施,变得美丽极了。可以游泳、可以垂钓、可以划船、可以赛艇。国内外游人都喜欢光顾。还有一些大型水池,是饮用水的水库,也被利用为游览地,但严格保护水质清洁,不得污染。在这些公园里,还有各种雕塑,历史人物的塑像有孔子、屈原、岳飞、文天祥、林则徐等,还有花木兰、关羽的像,正准备增加古印度哲人、马来民族英雄等各民族的塑像,对群众进行历史文化教育。

新修建的园林有华族的裕华园,是中国式的园林,有牌坊、拱桥、石舫、苏州园林、宝塔等。许多中国来的工艺品展览往往在这里举行。如盆景、竹编、竹雕、纱灯、刺绣、蜡染等。新近建成的唐城,是唐代长安的缩影,有城门、城墙、大雁塔、大明宫、长安的街道、店铺,其中的店员一律着唐装,还有唐代的歌舞表演、迎亲表演,比香港的宋城大得多。

新加坡还兴建了国立的博物馆、艺术馆、科学馆,这些地方也是旅游点。虽然国家小,历史短,规模也不大,但是,政府和人民并没有忽视旅游资源的利用,而是尽可能地向本国人和世界来客展示自己的成就。这种独立自主意识,是殖民地时代无法比拟的。

资料来源:www.linktrip.com。

(三) 旅游业

旅游活动构成要素中,旅游业是旅游活动的媒体。旅游业把旅游者和旅游资源联系在一起,使旅游活动顺利开展,成为实现旅游活动的条件和手段。旅游业是旅游发展的产物,也是旅游发展的推动者。在近代旅游业产生之前,旅游活动主要是一种自发的、少数人参加的活动,旅游主体和客体直接联系;旅游者外出旅游活动大多表现为漫游探险等方式,缺乏对旅游客体的了解和认识;同时也没有基本的旅游设施和旅游服务,旅游者旅游活动缺乏组织性并且存在诸多不便。因此,早期旅游活动规模小、范围小。而旅游业诞生之后,它在旅游者和旅游资源之间起着一种媒介和桥梁作用,通过旅游业提供各种旅游供给以及对旅游市场进行组织,使得旅游活动方便易行,从而大大推动了旅游发展。

不难看出,旅游业诞生之后,完成旅游活动的要素已不再只是旅游者和旅游资源,旅游业在客源地与目的地之间以及旅游动机与旅游目的的实现之间架起了一座便利的桥梁。利用旅游业提供的规范化的旅游模式完成旅游活动,已成为广大民众中占支配地位的旅游形式,而旅游业的发展和规划,也成为旅游目的地的旅游开发工作的重要组成部分。旅游业作为旅游活动的媒体,已经成为推动旅游活动开展最积极、最活跃的一个因素。

二、旅游活动的特征

旅游作为人类社会的一项重要活动,有其本身的基本特征:审美性、享受性、异地性、暂时性、综合性。

(一)审美性

旅游是一种综合性的审美活动,它集自然美、艺术美、生活美为一体,熔风光、文物、古迹、建筑、雕刻、绘画、书法、音乐、戏剧、风情、美食于一炉,可以满足人们多种多样的审美情趣。而且旅游活动本身就是一种审美的社会实践,是一种生动形象、自然具体的审美教育活动。审美性贯穿旅游活动的各个要素。

从旅游主体看,审美追求是旅游者普遍的旅游动机之一。旅游者的旅游形式和内容可能会千差万别,但有一个共同点就是为了陶冶情操、愉悦身心,获得美的享受。旅游活动的行、游、住、食、购、娱等每一个环节都能给旅游者以美感。

从旅游客体看,旅游资源是美的载体。旅游资源同其他资源的区别,就是在于它有着美学的特征,具有观赏价值。旅游资源蕴涵着丰富的自然美、社会美和艺术美,对旅游者产生极大的吸引力。

从旅游媒体看,旅游业是创造美和生产美的行业。旅游业不同于一般产业,它生产以服务为核心的综合性产品,通过生产和提供美的景观、美的商品、美的艺术、美的服务,以满足旅游者的高层次的物质文化需求——审美需求。

(二)享受性

旅游需要是人们对物质生活需要得到基本满足之后产生的,一种追求高层次享受的精神需要。"求新、求乐"是旅游者心理的共性。旅游的目的各种各样,但其基本目的是为了游览、消遣和娱乐。人们往往把旅游当成一种短期的特殊的生活方式来享受——游览名山大川、欣赏文物古迹、体验风土人情、享受优质服务,最终达到的是高层次的物质和精神享受。

在日常的社会生活中,人们在工作之余和劳动之余也会有休息和享受的时间,参加诸如观光、游览、体育健身、看电影、听音乐、访友、下饭馆等活动。旅游活动的享受是把这些休闲活动的精华集中起来,再次展现在旅游者的面前,使其在较短的时间内充分享受到休闲的欢娱性。

（三）异地性

旅游是人们离开自己的常住地去异国他乡访问的活动,可见旅游是在异地环境中实现的。每个人都生活在一定的时间和空间,这一定的时间和空间既是人们认识客观世界的基础,也是其认识客观世界的限制。出于"求新、求乐"的心理动机,人们借助旅游以开阔眼界,增长知识,这是旅游异地性产生的主观基础。而另一方面,对旅游者产生吸引力的旅游资源,由于与旅游目的地的时空环境紧密相连,具有地理上不可移动的特点,旅游者只有克服空间障碍,离开其常住地前往旅游目的地才能实现旅游活动,这是旅游异地性产生的客观前提。一个地区的异地性越强,其对旅游者产生的吸引力就越大。

（四）暂时性

旅游在时间上的特点,就是人们前往旅游目的地,并在那里做短期停留的访问活动。这种短期停留有别于移民性的永久居留,表现为旅游的暂时性。对于大多数旅游者而言,旅游是其利用社会工作之余的闲暇时间所从事的活动。其动机或是为了恢复体力、愉悦身心,或是为了扩大眼界,增长见识,但不论出于何种动机的旅游都是一种短期的生活方式。因为闲暇时间只是人全部时间构成中的一小部分,而休闲娱乐也只是人们在工作之余才能从事的活动,旅游是人们暂时性的行为。

努力塑造东方文明的新形象

舒适优雅的物质条件是旅游事业的硬件,周到方便的服务精神是旅游事业的软件。新加坡对这两方面都很下功夫。后者尤其是令人注目。

清洁、安定、文明、高效率,是外来游客的共同印象。

新加坡的街道、商店、餐馆、旅店、公园、戏院、政府部门、民居……都整齐清洁,每块草地都是修剪过的,每一条街区都有人负责清扫。街道上看不见烟头,更看不见痰迹。乱扔果皮纸屑者罚款,在地铁及有冷气的巴士车中、办公室内抽烟要罚款,居民从楼上向楼下扔废弃物要罚款,乱丢旧家具也要罚款。餐饮不洁要吊销营业执照,而且罚得很凶。如乱扔烟蒂罚款等于一个普通工人一个月的薪金。严是必要的,到全社会都成了习惯,受罚的人也就少了。我的一位朋友在新加坡两年半,没有看到因烟蒂受罚的,但乱扔垃圾受罚则时有所闻。罚的办法就是让违反者清扫垃圾三天。

> 安定。没有乞丐,禁止行乞。极少打架吵嘴现象。我朋友只看到一次争吵。出租车不坑人、不宰人、不拒载。没有交通民警,人们自觉遵守交通秩序。实际上新加坡的警察比例比别的国家多,他们很负责,很有礼貌,不只处罚违规者,也帮助有困难的人,旅游区尤其可以放心。
>
> 文明。机场服务连年被评为世界第一,巴士、地铁、商店、旅馆都是笑脸迎客。巴士司机总是主动告诉外地人何处下车、何处换车。问路总是热情相告,甚至带你找人找地方,如果被问的人不懂华语或不能回答,总是为你找到懂华语或能够回答的人。商店不坑害顾客,不顶撞顾客;有欺骗顾客的商店将被列入黑名单,登报甚至告知旅客不要去购物。小贩一律在室内,不得在马路上摆摊,旅游点的售货处都是有执照的,很少有乱向旅客兜售货品或追逐销售的现象。许多商店是明码标价,也有一些商店可以讨价还价,如工艺品。在新加坡各种场合,可以看到许多华文标语与牌匾,写着"敬业乐群"、"宾至如归"、"老吾老以及人之老,幼吾幼以及人之幼"、"有朋自远方来不亦乐乎"等中华古训,中华优秀文化传统得到了很好的继承和发扬。
>
> 新加坡法制严密。一方面给外来旅客许多方便,热情周到;另一方面,决不给任何外国人以特殊的权利。所有入境者必须与新加坡人一样遵守同样的法律,违法者同样处罚。如1999年发生的美国恶少涂抹汽车的事件就是。外国人去的地方,本国人也能去,本国人外国人一视同仁,一样收费。新加坡人有很强的自尊心,不允许外国人有侮辱本国的言论和行为。华裔新加坡人对我们中国人特别亲切,所到之处,总是遇到亲人般的接待,这也许就是天生的割不断的民族情愫吧。

资料来源:www.linktrip.com。

(五) 综合性

旅游已经成为现代人社会生活的基本而必要的组成部分。由于旅游规模日益扩大,使旅游成为一种非常广泛的社会现象,导致旅游者和目的地居民之间形成大规模群体性的社会交往,引发一系列社会文化问题;而随着旅游规模扩大所带来的各种借以运营的商机,旅游业也应运而生,并为旅游者提供各种物质条件和旅游服务,引发一系列社会经济问题;旅游目的地政府出于政治、经济和社会动机的考虑,都对旅游予以充分关注。目前世界上许多国家都把推动旅游活动,开发和发展旅游业纳入本国社会经济发展内容之中。所以,旅游已不仅仅是旅游者离开常住地前往异地的旅行和访问活动,而且是有广泛和深刻影响的综合

性社会现象,这种综合性表现为旅游者、旅游企业、目的地政府以及目的地居民彼此之间所产生的错综复杂的关系。

> 现代旅游的综合性表现在两个方面:(1)现代旅游是包括吃、住、行、游、购、娱等多项内容的综合活动。人们不再是单纯为了游山玩水、观光游览而外出旅游,而是把品尝风味、享受美食、体验豪华而富有异乡情调的生活环境、体验现代化的交通工具、购买土特产、领略神奇而梦幻般的娱乐境界等多种需求结合起来,形成自己的旅游动机。(2)现代旅游的发展依赖于各行各业的综合发展,如旅行社业、旅馆业、商业、交通运输业、建筑业、文教、卫生等。旅游是那样紧密地将许多行业联系在了一起。

第三节 旅游的基本类型

一、旅游类型划分的方法

二战以后,随着世界经济迅速振兴与发展,世界旅游业也取得了极大进展,并已成为当今发展势头最为强劲的产业。1998年全球国际旅游人次达到6.35亿,全球国内旅游人次达到60亿,旅游活动遍及全球各地。但就每一个个体的旅游者而言,由于他们各自的旅游动机不同,旅游的形式和内容也千差万别,旅游活动方式表现出明显的差异性和多样性。随着时代的进步和时尚的变化,还不断有新的旅游活动形式被创造出来。因此,无论在旅游理论研究方面还是在旅游业经营管理方面,都需要对旅游活动的类型进行必要的划分,以透彻认识和分析不同类型旅游活动的特点。但是由于旅游是一种综合性的社会现象,并且不同类型旅游活动之间也存在着大量的交叉和联系,因此,关于旅游的类型,目前尚无统一的划分标准。人们往往根据自己的研究目的和角度,选用不同的划分标准,因而所划分的旅游类型也各异。根据旅游类型的多角度划分,可以归纳出以下几个类型:

(一)按地理范围划分,有国内旅游、国际旅游、洲际旅游、环球旅游等等;

(二)按距离远近划分,有短程旅游、远程旅游等;

(三)按目的归属划分,有消遣旅游、公务旅游、个人和家庭事务旅游等;

(四)按组织形式划分,有团体旅游、散客旅游等;

(五)按计价方式划分,有包价旅游,非包价旅游等;

(六)按费用来源划分,有自费旅游、公费旅游、奖励旅游、社会旅游等;

（七）按享受程度划分，有豪华旅游、标准旅游、经济旅游等；

（八）按旅行方式划分，有航空旅游、铁路旅游、汽车旅游、游船旅游、骑车旅游、徒步旅游等；

（九）按活动内容划分，有观光旅游、度假旅游、公务旅游、商务旅游、生态旅游、购物旅游以及形形色色的专项旅游等。

显而易见，旅游者的旅游动机和目的决定着旅游活动的类型。正是由于动机的多样性和综合性，才导致任何一种旅游类型都不是单一的、绝对的，都与其他旅游类型发生交叉和联系。旅游类型的划分只是一种手段，其目的是研究和分析不同旅游类型的特征。了解常用的旅游类型划分标准是必要的，但更重要的是根据自己的研究需要选用恰当划分标准，并且对所划分出来的旅游类型进行深入分析，这是对旅游活动进行类型划分的意义所在。

我们重点讨论的是按地理范围标准和按活动内容标准划分的旅游类型的需求和行为特点。

二、按地理范围（地域特征）划分的旅游类型

按地理范围（地域特征）可把旅游活动分为国内旅游和国际旅游两个基本类型。

（一）国内旅游

国内旅游是指人们在居住国境内开展的旅游活动，通常是指一个国家的居民离开自己的常住地到本国境内其他地方的旅游活动。但按照世界旅游组织（World Tourism Organization，WTO）的解释，常住性外国人在所在国境内进行的旅游活动属国内旅游。例如，常住我国的外国使、领馆人员、外国专家、记者等在我国境内进行的旅游活动，对我国而言，仍属国内旅游。

根据在旅游目的地的停留时间，国内旅游活动又划分为过夜旅游和不过夜的一日游。世界各国对国内旅游的界定和统计口径不一致，因此，国内一日游活动是否纳入国内旅游统计之中，各国的做法也不一样。

综合考察旅行距离、旅游消费水平等，国内旅游还可具体分为地方性旅游、区域性旅游、全国性旅游三种形式。

地方性旅游，通常是指当地居民在本省、区范围内进行的旅游。区域性旅游是指居民离开常住地到邻近省、区进行的旅游。全国性旅游主要是指跨省、区的旅游。

（二）国际旅游

国际旅游是指跨国旅游，即一个国家的居民跨越国界到另一个或几个国家

或地区去的旅游活动。包括入境旅游和出境旅游。入境旅游是指其他国家或地区的居民前来本国或本地区的旅游；出境旅游则是本国或本地区的居民到其他国家或地区的旅游，也称出国旅游。就我国目前情况而言，无论是港澳台地区居民前来大陆地区旅游，还是大陆地区居民前往港澳台地区旅游，均属国内旅游。但是，由于台湾同祖国大陆尚未统一，香港、澳门仍作为特别行政区实行高度自治的情况，港澳台同胞来大陆旅游需支付外币，从而给大陆地区带来外汇收入，因此，在我国的旅游统计中，把港澳台同胞来大陆地区旅游视为入境旅游，而把大陆地区的居民前往港澳台地区列为出境旅游。

根据在旅游目的国停留时间的长短，国际旅游可划分为过夜的国际旅游和不过夜的国际一日游。在一些相互接壤的国家，这种国际一日游游客是一个重要的客源市场。但是，在国际旅游统计中，一般都不包括国际一日游人次，而把国际一日游游客的消费作为国际旅游收入统计在内，因为这些国际一日游游客在目的地的消费很难从当地的国际旅游收入中分出。

国际旅游还可具体分为跨国旅游、洲际旅游和环球旅游等几种形式。

（三）国内旅游和国际旅游的关系

国内旅游和国际旅游作为两个不同的旅游类型，彼此之间既有联系又有差别。国内旅游是国际旅游的先导，而国际旅游则是国内旅游的延伸与发展。国内旅游在旅行距离、旅游时间、旅游费用、旅游的方便程度等方面比较容易得到满足，因此，国内旅游的发展先于国际旅游的发展。随着国内旅游的发展，在旅游设施、旅游服务、旅游管理等方面逐步由低级到高级，由简单到复杂，为国际旅游的发展奠定了物质和精神基础，国际旅游进而发展起来。从需求方面来看，旅游活动是由近及远渐进地发展的，这也是旅游活动发展的普遍规律之一。现今国际旅游业发达的国家，大都是在其国内旅游业的发展与成熟奠定了经验与物质条件的基础上发展起来的。

由于国内旅游需求比较容易得到满足，因此，在当今世界旅游活动中，国内旅游一直占据着绝大部分比重。据世界旅游组织估算，在每年全世界旅游总人次中，国内旅游占90%以上。即使在一些旅游发达国家，国内旅游也占绝大部分比重。但是，由于国内旅游的经济作用与国际旅游有所不同，尤其是国际入境旅游可以给东道国增加外汇收入，所以大多数国家的政府都偏重支持本国国际入境旅游的发展。

国际旅游与国内旅游的根本差别在于是否跨越国界。此外，二者在消费水平、逗留时间、便利程度、经济作用等方面还有一些具体差别（表1-2）。

表1-2　国际旅游与国内旅游的比较

	国际旅游	国内旅游
消费水平	较高	较低
逗留时间	较长	较短
便利程度	手续繁杂（涉及出入证件、海关报关验关、货币兑换等），大多有语言障碍	手续简单，较少语言障碍
经济作用	财富在国家之间转移，增加接待国外汇收入	财富在国家内部地区之间转移，不能创汇

资料来源：苏勤，《旅游学概论》。北京：高等教育出版社，2001年版，第12页。

三、按活动内容划分的旅游类型

由于旅游者旅游动机的多种多样，导致旅游活动的内容和形式也千差万别。我们可以根据旅游者旅游的主导动机以及旅游活动所表现的共性特点，将旅游分为下列几种基本类型：

（一）观光旅游

观光旅游是以观赏游览自然风光、城市风光、名胜古迹为目的的旅游。通过观光旅游获得美的享受，愉悦身心，调节体力。这是世界上最古老、最常见、最基本的旅游类型。

观光旅游的基本特点是：

1．知名度高、吸引力大的旅游目的地往往成为旅游的热点。例如，美国和加拿大交界的尼亚加拉大瀑布，日本富士山，澳大利亚大堡礁，中国长城、黄山，意大利罗马，法国巴黎，埃及金字塔等，每年都吸引着国内外游客，成为世界级旅游热点。

2．旅游者以观赏游览为主，流动性大，在旅游地逗留时间不长，且重游率较低。

3．旅游者消费水平不高，对价格往往比较敏感。旅游者旅游活动自由度较大。

4．受气候自然条件影响较大，观光旅游淡旺季十分明显。

5．是旅游最基本的类型，也是世界旅游方式的主体，观光旅游者在旅游市场中所占比例最大。

观光旅游作为旅游活动最基本的类型，其产品种类很多。传统观光旅游产品主要有自然风光、城市风光、名胜古迹。但随着旅游需求的日益增长，旅游市场竞争也日趋激烈，世界各国为适应旅游市场的需求竞相开发新的观光旅游产

品,其中主要有:

(1) 微缩景观。即以较小的比例人工再现实际景观。如深圳的"锦绣中华"。

(2) "外国村""外国城"。指将体现异国风格的民居或名胜,照样或微缩建造起来供游人参观的景观。如深圳的"世界之窗"。

(3) "旅游村"或"时代村"。指仿建本国古代社会某个阶段具有典型意义的村落或民宅等,并恢复那个时代生活习俗,让游人亲身体验那个时代社会风情及民间习俗,以增加旅游情趣。如深圳的"中华民俗村"。

(4) 国家公园。国家公园是一国政府为保护本国珍贵的植物、动物和自然景观而设立的旅游区域。如美国黄石公园是以间歇泉为主要特征的公园,喷泉多达160处,其中驰名全球的"女巨人泉"每天喷射一次,水柱高达几十米。

(5) 主题公园。是围绕某一个中心主题而规划、设计的公园形式。其突出特点是除了观光和娱乐之外,还具有寓教育于主题之中的功能。欧洲人笼统地把主题公园看成是娱乐公园。主题公园的发源地——美国以土地—资本密集、季节性就业为典型特征;亚洲主题公园的发展注重与当地文化相结合,强调老少同乐。目前最受欢迎的主题排名是:教育展览、珍禽异兽、植物园林、原野丛林、外国文化、历史陈列、河流探险、生活娱乐、水上乐园、动物表演与花卉展览。迪斯尼是世界上最成功的主题公园。它在美国普遍成功,在日本也很成功。

美国华盛顿的昆虫公园,每年接待100多万游客;斯里兰卡科伦坡有一座蝴蝶公园,园中养育了36种不同类型的蝴蝶,还陈列了250多种蝴蝶标本;新加坡有个著名的"裕廊鸟类公园",园内放养420种名鸟,共8 000多只;哥斯达黎加有一座海龟公园,每年8—10月是旅游旺季。夜半时分,游客可观望成群结队的海龟来沙滩刨坑下蛋。印度的加尔各答市有一座世界独一无二的老鼠公园,园内养着数千只又肥又大的老鼠供人参观。美国佛罗里达州有一垃圾公园,园内所有娱乐设施都是用垃圾为原料制造的,旨在启发少年儿童:垃圾并非无用。比利时的布鲁塞尔有一个盲人公园,园内有灌木花卉,盲人只要按一下道旁柱上的按钮,录音机立即用四种语言对公园作详细介绍。

---

(6) 野生动物园。园内集中了世界各地珍禽异兽,环境按野生动物栖息的环境设计,游客乘导游车近距离观赏野生动物的近似大自然的动物园。

(7) 海洋观光。例如水族馆、海洋动物表演、海底观光等。如香港海洋公园、大连圣亚海洋世界等。

优秀旅游城市·大连

　　大连市位于辽东半岛南端,东濒黄海,西临渤海,北依东北三省,南与山东半岛隔海相望,介于北纬38度43分—40度10分、东经120度58分—123度31分之间。大连是中国北方重要的港口、工业、贸易和旅游城市。海、陆、空交通四通八达。大连港与150多个国家和地区的港口有航运往来,大连国际机场已开通50多条国内国际航线,大连铁路与中国东北铁路网相连。大连至沈阳的沈大高速公路将大连与辽宁中部城市紧密相连。大连全地区海岸线长1 906公里,其中陆地海岸线1 288公里,海岛岸线618公里。大连市辖6个区,3个县级市和1个县。大连依山傍海,景色秀丽,是中国著名的海滨旅游城市和避暑、疗养、休假胜地。她面向烟波浩淼的太平洋,临海处海湾较多,礁石错落,地貌奇特,构成了以蓝天、碧海、白沙、黑礁为特色的幽雅明丽的海滨风光。从大海上遥望大连,景色更加精彩迷人,一千多公里的海岸线上撒满了一个个绿宝石状的岛屿,有闻名世界的蛇岛和鸟岛等等。大连还有美味绝伦的海鲜,水洁沙优的浴场,欢快飞奔的游艇,这一切都令人神往。大连气候宜人,最适宜旅游的季节是夏天。主要景区景点有旅顺口风景区、金石滩风景名胜区、仙浴湾风景区、冰峪风景区以及海王九岛、虎滩乐园、大连圣亚海洋世界等等。大连城市交通发达,市容整洁漂亮,膳宿、购物、娱乐场所遍及城区,便利了人们的各项旅游、娱乐活动。大连盛产水果和海珍品,享有"苹果之乡"的美称。大连素有"田径之乡"和"服装城"、"足球城"的盛誉。每年举办的大连赏槐会、大连国际服装节、中国大连出口商品交易会和大连国际马拉松赛等大型活动已形成规模,享誉国内外。面积12 573平方公里。

资料来源:www.ctnews.com.cn。

　　值得指出的是,无论是传统观光旅游产品还是新开发的观光旅游产品,都十分注重其文化内涵。并且观光旅游产品仍处于不断发展之中。

　　(二)度假旅游

　　度假旅游是指利用假期进行休养和娱乐的旅游。通过度假旅游,适时改换环境,探求新的经历,调节身心节律,消除紧张与疲劳。度假旅游产生时间虽不太长,但发展很迅速。特别是二战后,随着社会经济发展,人民收入提高,闲暇时间增多,以及交通条件改善,度假旅游目前已十分普及,形式也十分多样。

度假旅游的基本特点是:

1. 度假旅游地一般都是自然景色优美、气候温和宜人、旅游设施完善、交通便利、服务优质之地。

2. 度假旅游的地点相对固定。度假旅游者一般活动范围不大,往往局限于住地及周围地区。

3. 度假旅游更强调休息、消遣。要求齐全完善的体育、娱乐、餐饮和住宿设施。

4. 旅游者以休养和消遣为主,在旅游地逗留时间相对较长,且重游率比较高。

5. 一般不需要导游,旅游者自由安排活动。

6. 度假旅游者对住宿设施一般要求卫生、经济,而更多的希望有多种体育、娱乐设施及风味餐饮,以供安排每天的消遣活动。

度假旅游产品种类较多,以往多是"3S"休闲型(阳光、沙滩、海洋),即传统长盛不衰的海滨旅游。海滨旅游最早兴起于加勒比海地区,以后逐渐扩展到欧美和亚太地区。由于海滨旅游可以避暑、避寒和充分享受阳光浴、海水浴,有利于开展水上运动和海底观光,还可以领略当地的田园风光和民俗风情,因此,海滨旅游流行于世界各地,而且涌现了一批著名的海滨旅游度假地。例如,西班牙的"太阳海岸",法国的"蓝色海岸",意大利的亚得利亚海滨,美国的夏威夷、迈阿密、关岛,泰国的帕塔亚,澳大利亚布里斯班的"黄金海岸"等。

随着度假旅游者需求的日益现代化,度假旅游产品的发展也越来越丰富。其中主要有:

(1) 乡村旅游。即到农村去直接接触大自然,领略田园风光,体验民俗风情。乡村旅游在欧洲最为盛行。不仅有风光秀丽的雾灵山庄,还有年代久远的古城堡,让人们尽享郊野情趣。在我国,近年来对"吃农家饭、住农家院、享农家乐"的山村风土民情度假旅游特别感兴趣。大批游客到陕北的窑洞、傣家的竹楼、闽南客家的土楼、江南水乡的民居、草原的蒙古包去小住。在游山玩水之后,住进农家小院,吃一顿农家饭,享受一下山村农家的乐趣,那宽敞的住处、幽静的环境、乡村田野的浪漫风情,以及玉米面饼子、棒渣子糊糊、小米绿豆稀饭等美味,是都市人平常所体会不到的。

(2) 森林旅游。指到森林中开展游乐、休息等各种活动。目前,世界上一百多个国家已建立了森林公园和森林保护区,用于发展森林旅游。我国1997年底已建有各类森林公园874处,总面积达748万公顷,年接待游客5 000万人次以上。

> 广西雅长林场建于1954年,总面积72 396公顷,地跨广西百色市的乐业和田林两县,是广西最大国营林场。多年来一直以出售木材为主要经济来源。随着国家环境保护政策的调整,这里成了水源保护林,雅长林场失去了主要经济来源。
>
> 雅长不仅有丰富的森林资源,而且植物种类繁多,受大地造化,林区内不仅分布有千姿百态的天坑群和溶洞群,还有极具研究价值的远古动物化石分布和茂密、奇特的森林景观。雅长充分利用这一优势,开展旅游开发,把办好森林公园当成振兴林区经济的主要工作来抓。从2003年下半年开始,雅长林场启动了旅游开发,拉开了黄猄洞国家森林公园建设的序幕。以黄猄洞为中心的雅长旅游产品吸引了众多目光。2004年8月25日以重点突出黄猄洞天坑历史文化品位、地域风情、体验最刺激速降极限运动和丰富多彩的艺术内涵为特色的黄猄洞文化旅游艺术节在广西雅长林场举行,这标志着广西最大的林场——雅长林场已完全从过去的砍伐木材转向开发旅游市场产品了。雅出成为广西森林旅游示范基地,城乡人民文化娱乐和健身保养的好去处,使森林的生态、社会林场的产业结构和职工的经济收入得到协调发展。美丽的自然风光和精彩的节目吸引了上万名游客前来观光。林场的900名正式职工中有三分之一的人员从事旅游业,森林旅游已成为雅长林场经济增收的新亮点。

资料来源:"广西最大林场转产办旅游",《中国旅游报》2004年9月1日第3版。

(3)度假村或度假区。是指在环境优美,度假条件优越的地区如乡间、森林、海滨、湖畔等兴建各种体育、娱乐设施及住宿设施,提供良好管理和周到服务,有一定规模的度假旅游地。20世纪80年代以后度假区开发朝着设施大型化、开发立体化、游乐专业化发展。世界普遍推行度假区综合开发模式,即度假区的建设要合理规划,逐步实施,从而实现度假区在经济、环境与社会三方面平衡发展。

> 旅游度假区的类型,以往多是"3S"(阳光、沙滩、海洋)休闲型,现在更多的是体育运动型、主题教育型、历险型等。目前度假区开发有两种趋势:主题式与运动式。许多海滩度假区及滑雪度假区属于运动式。度假区开发面临的挑战是选择具有自然美景的新地点,结合文化景观来吸引游客。像地中海俱乐部选址标准是:优美的自然环境、未污染的海滩、合适的基础设施、距国际机场在1小时车程以内。国际上一些旅游专家在帮助一些国家制定度假区规划时,一般都把乘坐飞机2小时左右可以到达的地域划为度假旅游的主要客源圈。目前世界上最受开发者青睐的区位有毛里求斯与科摩罗群岛、加勒比地区、太平洋的马里纳斯群岛、墨西哥西海岸及班加半岛的洛斯卡博斯地区;在亚太地区有泰国、夏威夷、印尼、马来西亚、澳大利亚,以及香港地区、韩国、新加坡和台湾地区。由于欧洲受到污染的影响,地中海越来越失去魅力,使亚太度假区的欧洲市场猛增。
>
> 度假区是一个自足的系统,这要求开发者必须提供完备的设施与服务,包括吃、住、行、游、购、娱,使游客能较长时间滞留,并对闲暇活动、体育、消遣、文化、艺术、工艺有广泛地选择,必须在质与量上或种类多样化上满足游客的需求。

(4) 野营旅游。即在野外安营。是近些年来在城市居民中兴起的一种旅游方式。

(三) 文化旅游

文化旅游是以精神文化和物质文化为主要考察对象的旅游。通过对异国他乡文化艺术、风土人情、生活方式等的了解,扩大视野,丰富知识。在现代,由于科学技术的高度发展和教育的普及,人们的受教育程度日益提高,文化旅游的需要也越来越强烈。现代大众旅游的发展实践表明,相当大数量旅游者的旅游动机都包含有探新求异的文化需要。

文化旅游的基本特点是:

1. 旅游地应有深厚的文化内涵和鲜明的文化特色。世界著名的文化艺术之乡几乎都是旅游者集聚之地。例如,奥地利有"音乐之邦"的美称,世界上一些著名的音乐大师如海顿、莫扎特、舒伯特、施特劳斯等都出生在这里。维也纳推出的音乐欣赏旅游,每年能吸引来自世界各地的旅游者150万人次。仅每年5月20日至6月18日的维也纳音乐节期间,上演80多个节目,演出400多场,吸引国际游客30万人。再如,英国伦敦的大英博物馆是驰名全球的世界历史

文物博物馆,其展品数量和质量均举世无双,该馆已成为对各国游客最有吸引力的地方,每年游客达 300 多万人次。

2. 旅游者以了解和考察为主,具有较高的文化修养和求知欲望。希望通过旅游扩大视野,丰富知识。

3. 旅游者一般具有一定的专业知识和特殊兴趣,旅游参与性较强。希望有更多的了解、接触和参与机会,以获得更具体、更深动、更强烈的文化体验。

4. 文化旅游是高层次旅游,旅游活动需要周密安排,并且需要高素质导游。

文化旅游内涵丰富,具有不可替代性。各国各地区历史发展进程不同,所形成的文化景观各具魅力。文化旅游已经成为世界旅游业的一个发展方向。现在,世界各国都致力于将本国的文化艺术资源推向世界,以促进本国旅游业发展,特别是对一些具有鲜明民族或地方特色的文化艺术更被视为珍宝。

文化旅游产品主要有:

(1) 博物馆旅游。博物馆是一个浓缩的自然和人文的专题学术研究成果的物化展示场所。目前,世界上博物馆总数已超过 3.5 万多个。

(2) 艺术欣赏旅游。包括戏剧、影视、音乐、绘画、雕塑、工艺品等艺术作品欣赏。

(3) 民俗旅游。民俗旅游是以比较接近生活的民间习俗、民间娱乐、民间节日、民间文艺等民间文化为主要观赏对象的旅游活动。

乔家大院展示民俗旅游新魅力

山西省晋中市乔家大院博物馆已经走过了近二十个年头的历程,它在不断地焕发青春。作为山西第一家大院文化的"带头羊",它带动并引发了大院文化热。晋中从一家大院发展成为了六家大院,成为中国旅游文化中的独特现象。

山西晋中的大院有六处,这就是灵石王家大院、太谷县曹家大院、孔祥熙宅院、榆次常家庄园、祁县渠家大院和乔家大院。这六处大院中,目前最红火的是乔家大院和王家大院两处。而大院品牌叫得最响的是乔家大院。从"大红灯笼高高挂"到大院走向民俗村,使这个村庄也走进了民俗旅游的行列中。

作为晋中大院文化的代表,国家文物局的评审是对乔家大院文物价值原汁原味的肯定,是对乔家大院文化品位的肯定。乔家大院成为大院中第一个国家重点文物保护单位,这个国家级品牌意味着乔家大院从诸多大院中脱颖而出,是一次新的突破。

乔家大院有6个大院,19个小院,313间房,有四合院、穿心院、偏正套院、过庭院等;房顶有悬山顶、歇山顶、硬山顶、卷棚顶及平房顶等;有一斗三升十一彩双翘彩门、芫栏半出檐门、硬山顶出檐门、砖雕式侧跨门等;有仿明式酸枝梭月窗、条栅型窗、雕花型窗、双开扇型窗和桃扇型窗等。院内砖、石、木雕数不胜数。这些建筑使乔家大院成为了晋中市具有典型意义的、代表一个时代规模和档次的建筑物。这种双喜字的建筑结构,让人们领略着明清时代晋中民居建筑的特色和风格。

乔家大院,也称祁县民俗博物馆,向公众开放以来,其民俗文化的展示正在不断深化。为了提高民俗文化品位,乔家大院的领导对导游词进行重新整理和改编,对于当地的民俗风情陈列又一次进行了挖掘与深化。他们对于俗缘、农俗、时岁节令、生活习俗、人生礼仪、商俗、陈设、民间工艺等多处陈列进行了新的调整,增加了相应的内容,减去了一些多余的陈列。在商俗中,他们对当地的晋商老街进行新的展示,对于坐商、行商之道进行新的布展,有了新意。在人生礼仪的陈列中,在许多地方增加了蜡像,在家塾、开脸、结婚六礼、开锁等处增添了人物蜡像,让旅游者有了现场感、动态感,有品位的余地。在闹元宵的陈列中,增加当地有传统特色的闹元宵人物活动场景,生活气息浓郁,旅游者如临其境,感染力大大增强。在花园内,一块三米多高的巨石上,中国著名书法大师欧阳中石题写的"乔家大院"四个大字,成为旅游者争相摄影留念的固定场所,每天来这里摄影的人常常排成队,人流如潮,络绎不绝。对于院内的楹联文化更贴近大院,更具有感染力,更具有美学意蕴,对旅游者有更多的文化启迪。

近几年,乔家大院在不断地更新自己,在不断地深化自己,让民俗展示成为一种具有生命力的文化展示。乔家大院的管理者意识到,他们提供给游人的应当是晋中文化的精品。让游人在这里获取知识、体验文化、得到享受,这就是他们最大的心愿。

资料来源:李彬,《中国旅游报》2004年9月13日第9版。

(4)怀旧旅游。指专门为寻觅古代社会风情、古代建筑、古代生活用具、古代名人故居或墓地等古代文化的旅游活动。

北京的"胡同文化旅游"

1999年10月份兴起的北京胡同文化旅游,以其展示北京胡同的文化历史和京城百姓的民俗风情,受到海外游客的青睐。

紫色车篷罩着黑亮的三轮车,蹬车的小伙子一色赭黄背心,黑灯笼裤,黑鞋,黑毡帽,随着"叮叮当当"的清脆的车铃声,载着外国游客的三轮车缓缓在鼓楼脚下的南、北官房胡同,大、小金丝胡同漫游。偶尔,停车下来走进四合院,看看普通居民的生活环境,饶有兴致地与房主交谈几句;登上鼓楼,俯瞰北京旧城区全貌;再来到恭王府,参观这个北京如今保存最完整的清代王府,了解过去达官贵人们的生活。

对于外国人来说,具有几百年历史的胡同就是一个北京人生活的历史博物馆。砖砌的门楼,雕花的墙饰,房顶上随风摇曳的几丛衰草,土造的太阳能热水器等都能引起他们一串的提问,遛鸟的老人成了抢拍与合影的对象,天真的娃娃招来一片赞叹与欢笑。十几位从芬兰来的客人坐上从未见过的三轮车高兴得不停拍照,几个小伙子甚至吹起响亮的口哨。

一位美国记者撰文写道:"漫步走进北京的胡同,就像钻进一个时代文物的仓库,既看到了北京的过去,同时也看到了现代文明对这个城市的渗透。"一位英国作家说:"胡同文化旅游是我在北京七天里印象最深的一次活动。"芬兰领队安娜莉说:"胡同文化旅游是个非常好的主意,为游客提供了难得机会去看北京普通人的生活,使他们拉近了与北京市民的距离。"一些来自港、澳、新加坡等地的华人则另有一番感受,他们看到北京的胡同,最为真切地感受到祖辈们古老故事里留下的古老文化,找到了回家的感觉。

胡同文化旅游的成功,似乎源于一些偶然的事情,然而偶然的背后却大有深意。好的创意是成功的一半,胡同文化旅游的成功,在于紧紧抓住了文化与民俗的主题,展示了深厚的 文化底蕴。

胡同文化旅游还有一个特点是贴近普通人的生活,展现了民风民俗。北京现有比较完好的胡同一千多条,在城区中心占有三分之一的面积。尽管周围高楼林立,胡同仍是一些北京人生息与共的地方。由于民族、地域、国情的种种差异,外国游客对中国的了解往往仅限于故宫、长城等名胜古迹,对普通人社会生活的了解是一片空白。走出豪华饭店,来到居民中间拍张照片,甚至吃顿饺子,对他们绝大多数人来说,也许一生只有一次,是难得的体验。

资料来源:www.linktrip.com,孙玉波:《展示深厚的文化底蕴——北京胡同文化旅游带来的启示》。

（5）大型艺术节庆旅游。指以一定规模、一定文化品位的大型艺术节庆活动为主的旅游活动。包括电影节、音乐节、杂技节、艺术节等。如美国的玫瑰花节、西班牙的奔牛节、澳大利亚的亚蒙巴节、歌德堡旅游节等世界著名节庆。国内方面：北京国际旅游文化节、青岛国际啤酒节、南京国际梅花节、杭州西湖国际烟花节、大连服装节等。

（6）修学考察旅游。是一种特殊的教育旅游形式，内容丰富，方式灵活。包括工业旅游、农业旅游、地质考察旅游、生物考察旅游、高校体验旅游及其他专项文化考察旅游等。

（四）宗教旅游

宗教旅游是以朝圣、拜佛、求法、取经或宗教考察等宗教活动为主的旅游。是世界上最古老的旅游类型。宗教旅游是一个巨大而稳定的客源市场，世界各地都有一些著名的宗教圣地，大多数都已成为宗教旅游热点。宗教旅游具有自己鲜明的特点：

1．宗教圣地往往环境幽雅，具有很高的历史价值和艺术价值，不仅是宗教信徒的活动场所，也是宗教旅游的热点。例如，法国巴黎圣母院、意大利罗马圣母教堂、沙特阿拉伯的麦地那城，我国四大佛教名山（五台山、峨眉山、九华山、普陀山）、布达拉宫，日本京都、奈良等。

2．旅游者以宗教活动为主，具有强烈的旅游动机。

3．宗教旅游逗留时间一般较长，且重游客较多。

4．宗教旅游多与庙会或祭祀活动相结合，使旅游活动达到高潮，表现出一定的周期性和规律性。例如，沙特阿拉伯的麦加朝觐每年从伊斯兰教历12月初开始（公历10月），到10日宰牲节达到高潮而结束，成为全世界穆斯林的巨大盛会，世界各地朝觐游客每年可达200万人次。

5．宗教旅游以满足精神需要为首要目的，旅游服务和旅游设施均要尊重宗教教义，使旅游者有归宿感。

（五）商务旅游

商务旅游是以商务为主要目的的旅游活动，也称差旅型旅游，是旅游市场的重要组成部分。

商务旅游的特点是：

1．商务旅游目的地一般限于城镇及风景名胜地。

2．旅游者多为商业人士，他们外出取决于工作或业务需要。因此，商务旅游者几乎没有对旅游目的地及旅行时间的选择自由。

3．旅游者旅游费用来自公费，旅游消费水平较高，对价格普遍不太敏感。

4. 商务旅游不受气候和旅游季节影响。

5. 商务旅游强调旅游设施和旅游服务的舒适方便乃至档次。例如为了显示公司形象，商务旅游者通常选择高档酒店住宿或开展商务活动。

6. 商务旅游活动计划性强。

7. 商务旅游者人数相对较少，旅游时间较短，但出行次数频繁。商务旅游者目前已占到整个旅游市场的三分之一，而在豪华旅游市场中所占的比例更高。

商务旅游是随着市场经济的发展而发展起来的。早期的商务旅游产品内容比较简单。而在市场经济高度发达的今天，商务旅游不仅内容越来越丰富，而且产品类型也更加多样化。商务旅游产品主要有：

（1）会议旅游。是指以参加会议为主要目的的旅游。由于会议旅游有利于扩大举办国或举办地的知名度，促进旅游地旅游设施建设，有效调节淡旺季客源差异，会议旅游还可以给当地带来可观的经济收入。因此，会议旅游不仅是商务旅游最重要的组成部分，而且仍在迅猛发展中。世界许多国家都十分重视会议旅游，有的还成立专门机构，积极进行会议旅游的联络宣传、招揽和组织工作。

（2）奖励旅游。指公司员工因工作、生产和销售等表现优异而获得的公费外出旅游。是一种特殊的高级旅游形式，在世界上许多国家广泛开展。

对任何一个旅游目的地来说，奖励旅游团队都意味着丰厚的利润和回报。各种各样的调查报告都不约而同地指出，奖励旅游团队的个人平均消费水平要高于其他任何一种类型的旅游者。奖励旅游团队花费较高的原因不仅在于奖励旅游者所在企业愿意为他们支付高额的费用，还在于能够参加奖励旅游团的人往往自己就是成功人士，他们愿意自己掏钱参加费用高昂的自选旅游项目和活动。

奖励旅游的高额利润、奖励旅游者具有的较高身份地位和较强的社会影响，使饭店、旅游车船公司、旅行社和其他各类旅游服务企业都努力试图扩大自己的奖励旅游市场份额，并不遗余力地做好奖励旅游团队的接待工作，以提高奖励旅游者的重复旅游率。

（3）大型商业活动。通过举办大型纪念活动或庆祝活动，推动旅游业发展，包括大型博览会或交易会，大型体育活动，大型纪念活动或庆祝活动等。

（六）购物旅游

购物旅游是指以购买商品为主要目的的旅游。购物旅游的主要特点是：

1. 购物旅游地一般有丰富的商品和低廉的价格，区位条件优越，交通便利且景色优美，是集购物与旅游为一体的旅游活动。世界上有不少地方还通过特别关税政策吸引购物旅游者，被誉为"购物天堂"，例如香港、安道尔等。

2. 旅游者以购物为主,对旅游目的地商品的质量和价格较为敏感。

3. 购物旅游一般没有旅游季节性。

4. 旅游者旅游消费综合水平较高。

（七）生态旅游

生态旅游是近些年来国际旅游市场上新兴的一种特种旅游形式。生态旅游既是一种高品位的特殊的旅游形式,也是对整个旅游活动发展潮流和趋势的要求与体现。

生态旅游以大自然为基础,强调认识自然、享受自然、保护自然。生态旅游作为一种新的旅游产品,产生于20世纪80年代。传统旅游产业规模日益扩大在给人民带来利益的同时,也产生了一些显而易见的负面影响。因旅游者过度集中使得旅游目的地人满为患,垃圾、噪声、废气、污水等的污染严重,交通混乱;旅游开发破坏了当地的自然生态系统,冲击了当地居民的价值观念和文化传统。由于自然和社会环境退化,一些旅游地吸引力下降以至于遭到遗弃。总结传统旅游发展的经验教训,人们提出了生态旅游。生态旅游一经提出,立即得到了旅游界的广泛关注。这一具备环境伦理、代表时代潮流的新兴旅游类型迅速成为时尚,在世界各国得到广泛传播和发展。

生态旅游作为一个科学概念,学术界还存在一些分歧。澳大利亚联邦旅游部1994年在制定《国家旅游战略》时,将生态旅游定义为:"以大自然为基础,涉及自然环境的教育、解释与管理,使之在生态上可持续的旅游。"1993年9月在北京召开的第一届东亚国家公园自然保护区域会议对生态旅游的定义是:"倡导爱护环境的旅游,或者提供相应的设施及环境教育,以期旅游者在不损害生态系统或地域文化的情况下访问、了解、鉴赏、享受自然及文化地域。"而生态旅游学会(Ecotourism Society)1992年所下的定义更具代表性:"生态旅游是为了了解当地环境的文化与自然历史知识,有目的的到自然区域所做的旅游。这种旅游活动的开展在尽量不改变生态系统完整的同时,创造经济发展机会,让自然资源的保护在财政上使当地居民受益。"

从以上几个典型定义来看,生态旅游作为一种独特的旅游类型,具有以下几个基本特点:

1. 生态旅游以自然环境为资源基础。回归自然是生态旅游的基本特性。通过到自然界观赏、旅行、考察、探险等,认识自然奥秘,提高环境意识,促进生态平衡。需要指出的是,生态旅游目的地也包括那些社会文化环境独特的区域。

2. 生态旅游是高品位的特殊的旅游形式。生态旅游不仅要求旅游环境独特和高质量,而且生态旅游者也应该具有尊重自然、尊重不同文化的道德修养和良好行为,生态旅游是旅游发展高级化的产物,具有丰富的文化和科学内涵,虽然活动形式一般,但品位极高。

3. 生态旅游活动的目的是了解当地环境的文化和自然历史知识,欣赏、认识和研究自然景观、野生生物及相关文化特征以及享受自然和文化遗产等。

4. 生态旅游内容丰富,属于高层次的专业旅游。例如,野生动物观赏、自然生态考察、登山、漂游、潜水、探险、骑车、徒步旅游、文化鉴赏等。生态旅游以不改变生态系统的完整为原则,具有科学性和专业性。

5. 生态旅游强调利益共享和公平性。传统旅游中,旅游业和旅游者获取利益,而由旅游活动所带来的社会文化和环境代价则主要由当地居民承担,这显然是不公平的。而生态旅游重视地方居民利益,强调通过保持当地自然生态系统和文化的完整来实现利益共享,从而达到旅游的可持续发展。

开展生态旅游,对旅游各要素都有严格的要求。这些特殊要求构成了生态旅游的必要条件。例如,对游客要求事先学习访问地域的相关知识、尊重旅游地的文化、不给目的地的自然环境造成不良影响、积极参加保护自然生态的各种有益活动等;对旅游开发商则要求选择具备生态旅游条件的目的地、并充分听取地域生态科研人员的意见;旅游团队规模要控制在适当的范围内、对游客进行事前教育、引导游客保护自然的意识、培养生态旅游的专业领队与导游、指导游客加强与当地人交流等;对旅游设施的要求是,住宿设施要方便简洁、规模不应太大、不对游客提供过分舒适的服务、采用节能设备;餐饮产品和旅游纪念品应以地域产品为主;减少或完全限制机动交通工具等。此外,生态旅游还要求制定生态旅游管理措施。

生态旅游代表着旅游发展的潮流和趋势,前景十分广阔,世界上许多国家都在着力于发展生态旅游。美国旅游协会于1990年成立了环境对策委员会,1994年制定了生态旅游规划,以适应游客对生态旅游日益增长的需要。据美国旅游协会的一项研究显示,到2000年,美国生态旅游增至4 000万人。"到大自然中去"是当今欧洲人的时尚。为了迎合生态旅游发展趋势,英、德等国分别制定了生态旅游发展的策略与法规。澳大利亚政府也于1994年制定了全国生态旅游发展战略。

亚太地区的许多国家和地区也正在大力发展生态旅游。日本旅游协会于1992年制定了针对日本旅游业的生态旅游的指导方针。印度尼西亚目前正在制定综合性的生态旅游开发规划。马来西亚则提出要将本国建成东南亚生态旅游的大本营。

以哥斯达黎加和肯尼亚为代表的发展中国家发展生态旅游也取得了很大

成就。

　　据世界旅游组织估计,目前生态旅游收入占世界旅游业总收入的15%~25%。著名旅游学家、美国联邦顾问朱单任教授指出:"行将在全世界普及的四种新兴旅游活动形式中,生态旅游居首位,其次是文化旅游、参与性旅游和休养保健旅游。"

　　我国对生态旅游的开发和研究是在20世纪90年代以后。1992年,中国政府制定了世界上第一个国家级的可持续发展文件——《中国21世纪议程》,其中列出了可持续旅游,并具体提出了7项生态旅游项目,表明了国家对发展生态旅游的高度重视。1995年,中国旅游协会生态旅游分会成立,并发表了《发展我国生态旅游的倡议》。国家旅游局还把"生态环境游"确定为1999年中国旅游年的主题。

　　上述旅游类型的划分及其特点分析都是基于理论上的。同一类型的旅游活动具有一定的共同性,这为旅游部门和旅游企业的开发、经营提供了重要依据。必须指出的是,由于旅游者旅游活动是出于某一主导动机,此外,往往还会涉及其他方面的动机,从而导致旅游活动的复杂性和综合性。在实际经营中,我们还必须对各种类型的旅游进行更细致的专门分类并针对性地予以分析,为旅游资源开发和旅游市场营销提供重要依据。

第四节　旅游学研究的对象与任务

一、国外旅游研究概况

(一)国外旅游研究进程

　　现代旅游作为一种广泛的社会现象自19世纪40年代首先在英国出现。到19世纪70年代以后,英国和欧洲主要国家以及北美的美国,资本主义制度确立起来,机器大工业生产使社会生产力得到了很大提高;在这个时期,由于蒸汽机的广泛应用,交通运输业迅速发展,火车和蒸汽轮船分别成为陆上和水上的主要交通工具,旅游服务的设施和质量有了明显改善。以上诸多因素导致旅游活动规模迅速扩大,游客在目的地逗留时间和旅游支出都有大幅度增长,旅游业开始成为世人瞩目的新兴行业。在这样的背景下,当时旅游活动比较发达的意大利、德国、英国、美国等国家的一些学者开始对旅游活动进行研究。

　　由于旅游活动可以带来巨大的经济利益,因此,早期学者对旅游的研究是从研究旅游活动的经济现象开始的。1899年,意大利政府统计局的博迪奥出于取

得经济利益的目的,进行了旅游统计方面的研究,发表了《外国人在意大利的移动及其花费的金钱》的论文,这也是最早见之于记载的旅游研究文献。意大利罗马大学讲师马里奥蒂第一本旅游专著《旅游经济讲义》于1927年出版,首次从经济学角度对旅游现象作了系统的剖析和论证。书中对国际旅游以及本国的旅游状况、旅游统计、旅游代理商以及旅游中心地等问题,进行了广泛地研究,认为旅游活动是属于经济性质的一种社会现象,英国人奥格威尔所著的《旅游活动》(1933年)一书,引起人们的重视。这部著作用数学统计方法研究旅游者的流动规律,并从经济的角度给旅游者下了定义。稍后,德国柏林大学教授葛留克斯曼发表了多篇论文,并于1935年出版了《旅游总论》一书,系统地论证了旅游活动的发生、基础、性质和社会影响。他认为旅游现象是一个范围广泛的领域,需要从不同学科去综合研究,而不只是从经济学的角度去考察。

20世纪30年代后,全球爆发了严重经济危机和二战,多数国家的旅游活动和旅游研究处于停顿和沉寂状态,但在当时的中立国瑞士,旅游研究发展出现了具有重大意义的理论突破。瑞士学者汉泽克尔和克拉普夫的《旅游总论概要》于1942年出版,他们认为旅游现象的本质是以旅游活动为中心的众多要素的复合体,提出了旅游现象多方位、多层面结构的思想,研究旅游现象需要通过多学科综合研究。

二战结束后,世界经济的恢复和发展,喷气式民航客机的应用大大缩短了旅游的时间,也节省了金钱,旅游活动迅速普及,出现了"大众旅游"。旅游成为现代重要的社会现象,促使国外的研究进入了一个迅速发展的新时期。人们发现,旅游现象已远远超越了经济领域。首先,虽然旅游活动的实现必须以经济上的支付能力为前提,但仅仅具有经济条件是远远不够的,它还涉及到社会文化、人们的心理动机和性格、管理政策等非经济因素。其次,旅游活动对东道主社会的经济影响显而易见,但政治上、文化上和心理上的影响也客观存在,而且从某种意义上讲,这种政治文化上的影响远大于经济影响。旅游的政治、经济和文化影响还是双向的。第三,旅游产品的生产和组合不仅是一种经济行为,更是一种文化行为。第四,旅游障碍的克服并非单纯的经济手段所能实现,必须借助政治的、文化的政策和影响。旅游活动的迅速发展带来了复杂的社会关系和社会问题,因此,20世纪60年代以后,国外旅游研究开始跳出单纯的经济领域,转向探索旅游现象的本质和旅游的社会影响问题。经济学、地理学、社会学、生态学、心理学、历史学、人类学等学科的学者,对旅游现象展开了多个领域的研究。后来,管理科学和其他学科的学者也参与进来,旅游研究进入了一个新的全面发展阶段,并且随着旅游研究的不断深入,研究旅游的社会影响问题逐渐形成旅游经济、旅游社会文化和旅游生态与环境三个重要的研究领域。

（二）国外旅游研究特点

国外旅游研究已有百年历史，从一开始研究旅游活动的经济现象发展到研究旅游活动的文化内涵，从单一经济学研究发展到多学科综合研究，与旅游活动的普及性和旅游现象的复杂性密切相关，反映了旅游研究逐渐走向成熟。综观百年来国外旅游研究的进展，我们可以发现有以下一些特点：

1. 旅游研究缺乏统一的学科基础理论和基本概念的指导。旅游研究的领域、途径和方法各不相同，造成旅游研究中重要的基本概念和基本原理没有定论，严重影响了旅游研究的发展和学科的形成。

2. 单科研究水平高于综合研究水平。旅游现象的复杂性和综合性，使许多学科从不同的专业领域参与旅游研究，在各自的专业领域中，取得了很大成就，但相互之间缺乏协调合作，没有统一的基础理论指导，导致旅游综合研究水平不高。

3. 国外旅游研究的发展大致可以划分为三个阶段。即20世纪40年代以前是早期的旅游经济研究阶段，主要从经济学的角度研究旅游经济问题。20世纪40年代至20世纪60年代，是中期的旅游研究过渡阶段，开始认识到旅游是一种社会现象。20世纪60年代至今，是近期的旅游研究大发展阶段，全面、综合地研究旅游活动，开始试图建立旅游研究的理论体系和学科体系。

4. 旅游研究中注重旅游的社会影响问题，并且形成旅游经济、旅游社会文化和旅游环境生态三个重要的研究领域。进入20世纪80年代后，国外旅游研究的热点是旅游环境质量与旅游可持续发展。

国外旅游研究中还存在一个重要问题，就是"旅游活动"和"旅游业"这两个重要的基本概念混淆不清，在英美权威英语辞典中，Tourism一词既指旅游活动，又指旅游业。而长期以来，由于缺乏旅游基础理论研究，未能对这两个重要基本概念的含义做出准确的定义和明确区别，这已经影响到人们对旅游研究的统一认识和旅游学科体系的建立。

二、我国旅游研究的发展

在我国，旅游学科是一门正在形成发展的新兴综合性学科。过去我国没有真正意义上的现代旅游及旅游业。旅游活动成为一种广泛的社会现象出现较晚，至今仅20余年左右的时间，而对它的研究几乎是与其出现同时进行的。

1978年，国家旅游局成立政策研究室，集中一批专家和实际工作者，研究国际旅游市场的动向及其发展规律，结合我国旅游发展的实际，制定中国旅游发规划和方针政策。在我国旅游研究的初期，主要是介绍和吸收国外旅游研究的成果，积累资料，以及借鉴国外旅游发展与管理经验。

二十多年来，我国旅游活动发展之快、规模之大、普及之广都是前所未有的。旅游业已成为我国国民经济新的增长点，并保持着强劲的发展势头。旅游业的发展还得到我国各级各地政府的高度重视，全国已有24个省、自治区、直辖市将旅游业列为国民经济的支柱产业或第三产业的先导产业。2003年虽然我们遇到了"非典"，但是根据世界旅游组织（World Tourism Organization，WTO）对2003年全球国际游客接待人数和国际旅游收入进行的排名，中国接待国际旅游者3 300万人次，仅次于法国、西班牙、美国、意大利，居第5位，仍居亚洲各旅游目的地之首；国际旅游收入174亿美元，在美国、法国、西班牙、意大利、德国、英国之后，居第7位。全年国内旅游者达8.70亿人次，国内旅游收入达3 442.27亿元人民币；旅游业总收入为4 482亿元人民币。世界旅游组织发表报告预测，中国旅游业将在21世纪高速发展，并有望在2020年成为世界最大的旅游接纳国（旅游目的地国）。随着我国旅游业的迅速发展，旅游教育事业也蓬勃发展起来，目前，旅游职业教育已十分普及，而全国高等旅游院校和设立旅游专业的院校已发展到180多所。这些旅游院校既是旅游人才培养的基地，又是旅游研究的中心。结合旅游实践和教学，我国旅游研究取得了很大进展，编著出版了一批教材和专著，对我国旅游发展过程中遇到的问题进行了多方面的探讨和研究。但总的来看，我国旅游研究未能有所突破，也没有建立起自己的理论体系，受外国旅游研究的影响，目前旅游研究中还存在一些矛盾问题尚待澄清，一些重要的基本概念还有争议。

我国旅游研究同国外相同之处在于，对旅游活动进行研究的切入点是旅游经济。1982年，王立钢、刘世杰的《中国旅游经济学》出版。之后，陆续有多部《旅游经济学》著作出版。这些著作系统分析旅游经济活动、旅游产品、市场、价格、消费、旅游发展战略等一系列旅游经济影响问题。其中，1986年出版的林南枝、陶汉军的《旅游经济学》体系较为完整，理论基础较强，影响甚大。

我国地理学介入旅游研究也很早，成果十分丰富。《旅游地理学》是目前我国旅游研究相对成熟的一个学科。其中，保继刚等编著的《旅游地理学》（1991年）内容新颖、系统清晰、理论性与实用性相结合，定性与定量相结合，把旅游地理学推向了一个新高度。

此外，我国旅游研究中应用研究较多，旅游理论研究相对较薄弱，而在基础理论方面研究更为不足。

进入20世纪90年代后，我国旅游研究呈现一个蓬勃发展的新局面，对旅

活动展开了多学科、多层面的综合研究。其中,旅游管理学研究方向十分活跃。随着旅游研究领域的不断开拓和旅游研究方法的不断改进,可以说,我国旅游研究已经进入一个新的全面发展时期。

三、旅游学研究对象与研究内容

（一）研究对象

随着人类社会实践活动的扩展和生产力的进步,人类对客观世界的探索也不断地向深度和广度进军。当人类的旅游活动发展到一定阶段和一定规模,提出了社会、文化、经济等方面的一系列新问题,旅游学科便应运而生。旅游学科作为一门综合性的尚在形成发展过程中的新兴学科,它是以研究旅游三要素（旅游主体、旅游客体、旅游媒体）及其相互关系为核心,探讨旅游活动发展规律的科学。

旅游活动是旅游者一种短暂的生活方式,旅游者的动机、行为特点、旅游形式以及旅游中的人际关系,最初成为人们思考探索的主要问题。因此,有人认为旅游学是研究旅游者的科学。而随着旅游规模的扩大,旅游业的形成与发展,旅游活动中的经济关系愈显重要,因而有人认为旅游学是研究旅游业的科学。还有人认为旅游学是研究旅游对旅游目的地的经济、社会及环境等方面影响的科学。上述不同的见解都有其合理的一面,有利于对旅游研究对象本质的探讨,但它们都是不全面的。我们知道,旅游是一种综合性的社会现象,而这种现象都是由于旅游活动引发而产生的。因此,旅游学的研究对象就是旅游活动以及其所引发的各种现象与关系。主要包括四个方面:

1. 旅游主体——旅游者。旅游者是旅游活动的主体,正是由于旅游者的产生和规模的扩大,才出现了旅游业和各种社会关系、社会现象的产生与发展。因此,研究旅游活动首先必须研究旅游者。

2. 旅游客体——旅游资源。旅游资源是激起旅游兴趣,并导致各种旅游活动的最直接的因素,也是旅游供给的重要物质基础。因此,旅游资源的特点、开发内容与原则、旅游资源的保护等也是旅游学研究的主要对象之一。

3. 旅游媒体——旅游业。旅游业是旅游供给的主要提供者,也是克服旅游障碍的重要保证。因此,为保证旅游活动的正常发展,必须研究旅游业的构成特点与发展规律,研究其相关运作手段和营销策略。

4. 旅游主体、旅游客体、旅游媒体三者并不是孤立存在的,而是有机结合,形成相互依存、相互作用、密不可分的稳定关系。旅游学就是要研究三者之间的内在关系,揭示旅游活动规律以及调节三者之间达到一个协调平衡的良性关系,从而促进旅游活动和旅游业的发展,提高旅游地的社会、经济和生态效益。

旅游活动作为一个综合性的社会现象,它所涉及的社会关系广泛,但毫无疑问,上述四个方面基本涵盖了旅游学研究对象。

(二)研究内容

任何一门学科都有其特定的研究对象和研究领域。科学研究的目的就是要解释客观世界的各种现象,揭示现象背后的内在规律。旅游活动首先以旅游者的消费活动为起点,继而引起旅游供给活动并导致旅游业的产生。旅游者是旅游消费活动的主体,而旅游目的地的各级旅游主管部门和旅游企业是旅游供给活动的主体,这些旅游消费活动主体和供给活动主体在旅游活动中形成错综复杂的关系,这些关系会促进或限制旅游活动的开展。同时,由于旅游的异地性导致旅游客源地与目的地之间形成复杂的空间关系,旅游活动的开展又会对旅游目的地造成种种影响。由此,我们可以构建一个旅游学科研究内容的框架。(见表1-3)

表1-3 旅游学研究内容

旅游活动	旅游活动产生的关系	旅游活动的影响
旅游消费活动 旅游供给活动	空间关系: 客源地 ↙ ↘ 目的地 ↔ 目的地 社会经济关系: 旅游者 ↙ ↕ ↘ 目的地政府 ↔ 其他相关企业 ↓ ↓ 目的地居民 ↔ 旅游业 旅游活动要素关系: 旅游者 ↙ ↘ 旅游业 ↔ 旅游资源	经济影响 社会影响 环境影响

资料来源:苏勤,《旅游学概论》。北京:高等教育出版社,2001年版,第19页。

旅游学研究内容包括:

1. 旅游活动的研究

(1) 旅游者产生条件研究;

(2) 旅游者行为研究;

(3) 旅游资源开发研究;

(4) 旅游业经营管理研究;

(5) 旅游市场营销研究。

2. 旅游活动产生的关系研究

(1) 对客源地与目的地之间以及不同目的地之间空间关系的研究,包括彼此之间的交通联系、互补关系、竞争与合作等;

(2) 政府与旅游业之间关系的研究,包括政府发展旅游业的动机、手段以及旅游组织等研究;

(3) 旅游业与其他相关产业之间制约与互补关系,以及旅游业内部各组成部分之间竞争、合作、比例协调关系的研究;

(4) 旅游者与旅游业之间的需求、供给、服务、协调关系的研究;

(5) 旅游者与旅游目的地居民之间相互影响关系的研究;

(6) 旅游者、旅游资源、旅游业相互依存关系的研究。

3. 旅游活动的影响研究

(1) 旅游经济影响研究;

(2) 旅游社会影响研究;

(3) 旅游环境影响研究;

(4) 旅游规划问题研究;

(5) 旅游可持续发展问题研究。

可见旅游活动涉及的方面很多,旅游学研究要揭示旅游活动的内在关系和活动规律,其研究内容涵盖面很广。其中,对旅游活动的研究是基础,对旅游活动产生的关系研究则是对旅游活动内在关系和活动规律的具体分析,而旅游活动的影响是旅游活动规律的外在表现,这是旅游学研究的归宿。我们进行旅游研究就是为了能够认识旅游活动规律,从而能控制旅游活动的影响,扩大旅游活动的积极影响,避免或限制消极影响。从上述研究内容还可以看出,旅游学研究需要借助多种学科,如心理学、社会学、管理学、生态学、市场学、经济学等的知识和方法。由于旅游的综合性导致了旅游学研究内容的综合性以及旅游学与其他相关学科的交叉与渗透。

(三) 研究任务

旅游学的研究任务主要是：

1. 阐明旅游的特点和本质，揭示旅游活动的产生、发展同社会政治、经济、文化发展的关系。旅游并不仅是人们离家外出的旅行或访问，旅游的本质特征在于，旅游是社会发展历史阶段和生产力发展水平提高的产物。旅游反过来又影响社会进步、经济和文化发展。旅游同社会、经济、文化的辩证关系和作用是旅游学研究的重要任务。

2. 研究旅游活动的基本要素以及各要素之间的关系。旅游活动是由旅游者、旅游资源和旅游业三要素组成。旅游者是人，但只有具备了一定主客观条件的人才能成为旅游者，人们具有了强烈的旅游愿望和要求，还必须有使这些需求得到满足的旅游客体。旅游主体与旅游客体相结合才能实现旅游活动，而使旅游主体与旅游客体相结合的桥梁与纽带是旅游媒体即旅游业。旅游业的产生与发展，是现代旅游大众化的重要原因。因此，旅游者、旅游资源和旅游业三者内在本质的联系和作用是旅游学研究的重要任务。

3. 研究旅游业的特点、结构、组织和社会经济作用。旅游业是以旅游者为对象，为旅游者的旅游活动提供产品与服务的综合性产业。旅游业推动了旅游活动的规模不断扩大，也深刻地影响着社会经济的发展。因此，探讨旅游业内部结构和外部作用是旅游学又一重要任务。

4. 研究旅游活动的社会、经济和文化影响。旅游活动是一种复杂的社会现象，对社会政治、经济和文化产生广泛的影响。旅游学要认识和研究旅游活动影响的表现形式及产生机制，研究控制旅游影响的措施，推动旅游业健康、顺利发展。

5. 阐明旅游组织和旅游政策的重要意义。旅游活动和旅游业的发展涉及到社会政治、经济、文化的方方面面，必须作为一项系统工程加以规划和部署，制定正确的旅游政策引导和干预旅游业发展，旅游政策对旅游业的发展有着决定性的影响。同时，旅游业还涉及到国家之间政治和经济关系，因此旅游组织在发展旅游业中也具有十分重要的作用。旅游学要研究国家旅游管理和旅游政策制定，揭示国家旅游政策形成的科学依据。这是旅游学研究的又一个重要任务。

四、旅游学的科学体系及与相关学科的关系

旅游学是一门综合性的边缘学科，也是一门处于初创阶段的学科。旅游学的理论体系还不成熟，旅游学的科学体系尚未完全建立。但是，随着旅游实践的发展和旅游理论研究的日益深入，旅游学的理论体系和科学体系正在逐渐形成。

旅游学理论体系的扩展和深化产生不同的旅游学分支学科,它们共同组成一个新的旅游学科体系。作为一门综合性学科,旅游学科学体系包括两个层次:即研究方向层次和分支学科层次。旅游学应大体包括五个研究方向:

1. 旅游基础理论方向。具体分支学科是旅游学原理或旅游学概论,是旅游学理论与方法的综合和概括,探讨旅游活动的一般规律。它是在旅游学各分支学科发展的基础上,逐步成熟与完善起来的。

2. 旅游经济学方向。旅游经济研究是旅游学最早涉足的领域,也是旅游学最重要的研究方向。它从经济学的角度来研究旅游活动的影响,探讨旅游经济的发展规律以及旅游业对其他相关行业的影响和带动作用。

由于旅游经济对整个社会经济的影响广泛,旅游经济学研究方向包括以下一些分支学科:旅游市场学、研究旅游产品的需求和供给以及旅游产品的营销策略;旅游经济学,研究旅游经济活动的运行及其运行过程中所产生的经济现象、经济关系与经济规律;旅游统计学;旅游会计学。

3. 旅游管理学方向。现代旅游活动规模和影响越来越大,旅游管理也越来越重要,越来越复杂。因此,随着旅游活动和旅游业的发展,旅游管理便成为旅游学研究的一个重要方向。包括旅游行业管理和旅游企业管理,它以管理学的理论为基础,探讨旅游活动和旅游业的管理理论和管理方法。具体包括下列分支学科:旅游政策法规、旅游行业标准和质量管理、旅游饭店管理、旅行社经营管理、旅游交通管理、旅游风景区经营管理。

4. 旅游地理学方向。旅游是在一定社会经济条件下产生的一种社会经济和文化现象,同时也是一种地理现象。旅游者从居住地经过旅游通道到达旅游目的地参观、游览再回到居住地是旅游这种地理现象的完整过程。这种地理现象及其过程势必与地理环境和社会经济发展之间有着紧密的相互关系。而区域旅游开发、旅游资源普查与评价、旅游区规划等正是上述相互关系的具体体现。因此,旅游地理学是旅游学研究的重要方向之一。它包括以下分支学科:旅游地理学,研究旅游活动同地理环境及社会经济发展之间的相互关系;旅游资源学,研究旅游开发的对象;旅游景观学,研究旅游景观的设计、布局和建设原理;旅游规划学,研究旅游业发展以及旅游开发活动的协调关系和长远计划,等等。

5. 旅游社会学方向。旅游是一种综合性的社会现象。旅游活动所带来的社会接触和文化交流对社会政治、文化等方面产生广泛的影响。这种影响既有积极的,也有消极的。因此,为促进旅游活动和旅游业的健康发展,必须研究旅游活动可能产生的社会文化影响,探讨旅游社会文化影响的产生机制及调控措施。具体包括下列分支学科:旅游文化学,研究旅游活动和旅游业对社会文化的影响;旅游美学,研究旅游活动的美学内涵以及旅游活动的审美过程与审美心理和审美原理;旅游心理学,研究旅游消费行为、旅游服务行为和旅游管理行为;旅游文学,研究旅游对象物文学形态和旅游活动的文学表现。

旅游学的科学体系、层次结构关系见图1-1。

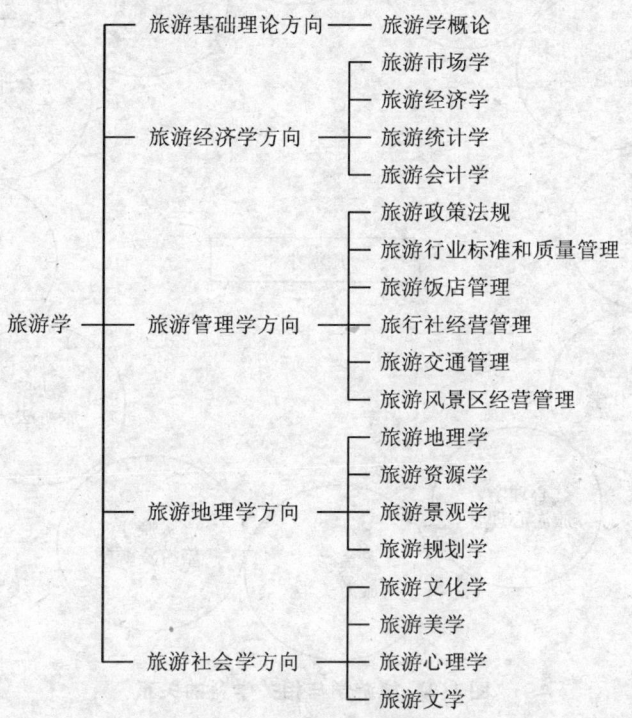

图1-1 旅游学的科学体系

必须指出的是,旅游学还是一门正在形成的学科。旅游实践活动中不断提出新的问题需要科学认识和解释,旅游学与其他学科的交叉渗透也会产生新的研究领域,旅游学要达到理论体系和科学体系完整的成熟状态还要经历一段过程。

从旅游学与相关学科的关系可见,旅游学就是从旅游现象和其他具体旅游学科中抽象出来的对旅游活动内在规律和旅游学理论的高度概括,对旅游学各分支学科具有普遍的指导意义。因此,确立旅游学的理论体系,逐步建立与完善旅游学的科学体系,无论对于旅游实践还是旅游理论,都具有十分重要的意义。

旅游学与相关学科的关系见图1-2。

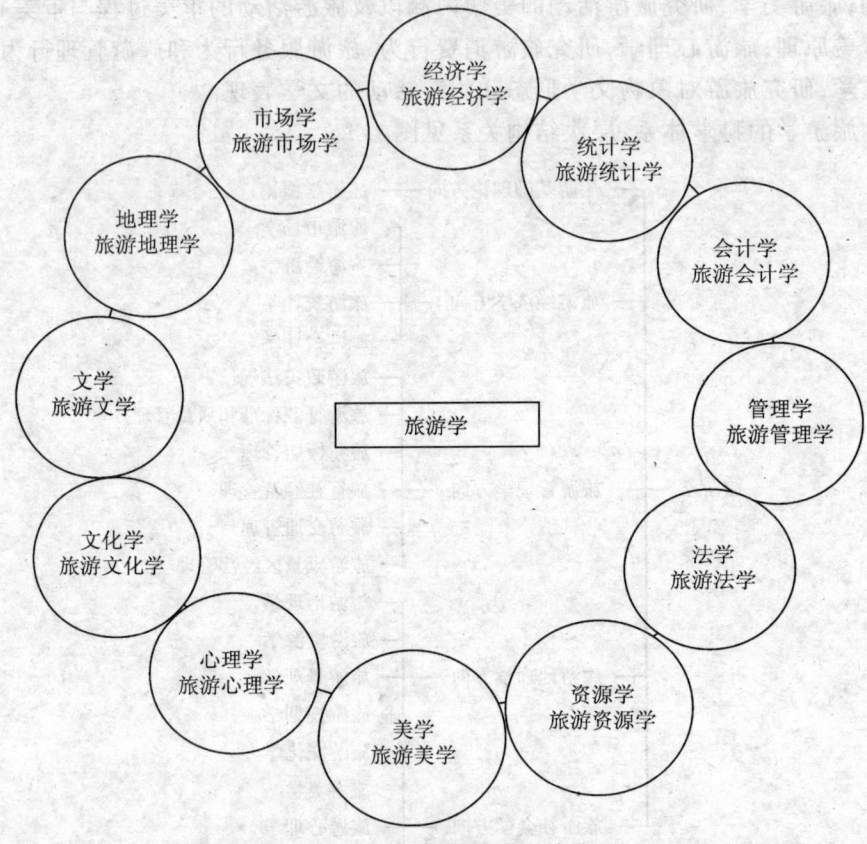

图1-2 旅游学与相关学科的关系

五、旅游学研究的方法论思考

一般来说我们可以通过各种方法走近旅游,但就其研究方法,人们几乎没有或尚未取得共识,曾经使用过的方法有以下几种:

(一) 机构方法

考虑执行旅游活动的各种媒介和机构,注重强调诸如旅行社、旅游饭店这样的机构。这种方法有一个好处,比如美国人口统计局为进一步的研究,每五年对精选的几个部门进行一次调查,用此方法可为美国人口统计局提供详实的数据资料。

(二) 产品方法

是指对各种旅游产品的生产、销售、消费方式及产品本身进行的研究。往往过多地消耗时间。初学者不太适宜。

（三）历史方法

使用范围不广,特别是大众旅游是近几年出现的现象,用这种方法的有用性是有限的。

（四）管理方法

以公司为出发点,重点考虑经营一个旅游企业所采用的管理活动有哪些。此方法被普遍采用。

（五）经济方法

由于旅游对国内外经济具有同等重要性,许多经济学家都为此进行细致的研究。这种方法对分析旅游以及旅游对国民经济发展所做的贡献提供了框架。但经济方法也有其不利的一面:虽然旅游是一种重要的经济现象,但它同时也能产生非经济方面的影响。

（六）社会学方法

旅游通常是一种社会活动,因此引起社会学家的重视,他们研究社会阶层的习惯、主人与客人的习俗。目前尚不完善,但随着旅游对社会产生的巨大影响,人们将越来越从社会的角度研究旅游。

（七）地理方法

专门研究位置、环境、气候、自然风光以及经济。现在这方面的研究包罗万象,包括土地使用、人口问题、文化问题、经济问题等等。可阐明旅游区的最佳位置、什么样的旅游点能吸引人等。

（八）跨学科方法

旅游涉及社会的方方面面,人们有必要用许多方法来研究该领域,不同的方法适用于不同目的的旅游研究。《旅游年鉴》就是一个跨学科性的社会科学杂志。

（九）系统方法

是研究旅游所必需的方法。系统就是相互关联、相互协调、有组织地完成一系列目标群体。系统方法将其他方法融为一体,形成一个综合的方法来处理微观和宏观问题。

本章提要

第一章以旅游活动的各种现象为切入点,着重研究:

1. 旅游的本质:旅游是人类一种高层次的消费活动,一种积极而健康的交往活动,一种以审美为特征的消闲活动。

2. 旅游的社会属性:旅游是人类社会经济发展的产物,是社会政治文化的产物,是人类一种以审美为特征的消闲活动。

3. 旅游活动的基本特征:审美性、享受性、异地性、暂时性、综合性。

4. 旅游的概念:旅游是人们出于和平的目的,离开常住地到异国他乡访问的旅行和暂时居留所引起的现象和关系的总合。

5. 旅游活动的构成要素:由旅游者、旅游资源和旅游业组成。其中旅游者是旅游的主体,旅游资源是旅游的客体,旅游业是媒体。主体、客体和媒体之间相互依存,相互制约,紧密结合,共同构成旅游这一复杂的综合体。

6. 划分标准及类型:

(1) 按地理范围划分,有国内旅游、国际旅游、洲际旅游、环球旅游,等等;

(2) 按旅行距离划分,有短程旅游、远程旅游等

(3) 按目的归属划分,有消遣旅游、公务旅游、个人和家庭事务旅游等;

(4) 按组织形式划分,有团体旅游、散客旅游;

(5) 按计价方式划分,有包价旅游,非包价旅游;

(6) 按费用来源划分,有自费旅游、公费旅游、奖励旅游、社会旅游等;

(7) 按享受程度划分,有豪华旅游、标准旅游、经济旅游等;

(8) 按旅行方式划分,有航空旅游、铁路旅游、汽车旅游、游船旅游、骑车旅游、徒步旅游等等;

(9) 按活动内容划分,有观光旅游、度假旅游、公务旅游、商务旅游、生态旅游、购物旅游以及形形色色的专项旅游,等等。

着重讲述按地理范围划分的类型与按活动内容划分的类型。

7. 旅游学研究的对象、内容与任务:

研究对象——旅游活动及其所引发的各种现象与关系;

研究内容——旅游活动、产生的关系及影响研究;

研究任务——阐明旅游的特点和本质,揭示旅游活动的产生、发展同社会政治、经济、文化发展的关系;研究旅游活动的基本要素及各要素之间的关系;研究旅游业的特点、结构、组织和社会经济作用;研究旅游活动的社会、经济和文化影响;阐明旅游组织和旅游政策的重要意义。

本章是全书必要的知识铺垫。

> **案例分析**

"做一天北京人"的"胡同游览"

在北京许多欧美旅游者非常喜欢"做一天北京人"的"胡同游览"项目。游客乘老北京传统交通工具三轮车出发,在导游的带领下,到带有浓郁京城民风的胡同里漫步,听导游讲解北京的胡同和四合院的文化内涵,看胡同中传统的生活方式,走进普通居民住宅四合院参观,与居民聊天,了解人民的生活风俗习惯。旅游者甚至可以介入他们处处感到新奇的北京老百姓的居家生活环境,参观典型的北京居民的家庭,在居民家中做客,与居民座谈、聊天,还可跟主人学包水饺、做面食、吃家常菜,与主人共同进餐。此后,可以前往胡同中有"红楼大观园"之称的恭王府花园,参观昔日贵族家庭开展社交活动而举办京剧堂会的大戏楼,对比贵族人家与普通百姓的生活方式和环境。

1991年,斯坦福国际研究所曾经发表过一份研究报告,列出了未来10年最重要的社会地位象征,其中包括:

自我支配的自由时间;

工作与玩乐的统一;

对个人创造力的认可;

非金钱的汇报;

对社会的汇报。

文化旅游的发展及其所显示出的越来越大的需求趋向体现了这些象征因素的作用。在今后的几十年中,人们对精神世界的渴望将成为左右日常生活的一个越来越重要的因素,文化旅游是这种渴望的重要表达方式。

文化旅游是一种指向性的旅游方式,旅游者文化身份的复杂性、文化行为的动态性、文化感知的不确定性等一系列因素,使得我们难以从"确定"意义上区分"文化旅游者"和"其他旅游者"。从人类文化的广义角度来说,人类的任何行为都有其文化性的动机。文化与旅游有直接而密切的联动关系,文化吸引是旅游动机形成的主要原因。任何旅游类型都带有一定的文化色彩。但是,相对而言,"文化旅游者"具有更多的"文化性"。将文化旅游和其他旅游进行全景式的比较,我们可以发现文化旅游有明显的文化指向。

文化是今后旅游消费的热点。从人们日常生活方式的角度看,人的文化旅游消费结构也是复杂的。

与大众文化的分化相比,后现代主义有可能使文化旅游变得更加多元化。

在今天的消费文化中,消费不仅具有物质形态意义上的使用价值,而且越来越成为人们"自我表达"的主要形式和"身份认同"的主要来源。文化旅游很难与标准化的活动结为一体,文化旅游不仅将成为不同人眼中不同的事物,对处于不同文化旅游场景、文化旅游环境的同一旅游者而言,它也将意味着不同的意义。

对旅游者文化旅游动机的调查表明,旅游者的出游动机存在着梯度分级,集中表现为三个方面:

(1)精神放松。旅游者离开自身的定居地,在一定程度上摆脱现有的程式化是生活方式,甚至也暂时消除了种种人际和社会关系的烦恼,他们在观赏异地风光、风土人情,参与各种游乐活动和其他相关活动的过程中,使自己的身心得到很大程度的放松。

(2)社会交往。旅游者希望在旅途和旅游目的地接触、结识各种各样的人,与他们建立起友谊,甚至通过自己的表现获得他人的尊重。这种社会交际范围的扩大,可以使旅游者满足相应的社会归属需要求。

(3)自我发展。旅游者希望能考察、体验与自己的居住地不同的生活文化,或在异地文化氛围中,得到新的知识,掌握新的技能,增加新的阅历,形成新的思想,发展自我潜能,实现自己的梦想和精神价值。(注:苏州大学吴文化国际研究中心:《苏州文化旅游市场调查》,1999年。)

作为一种享受型的消费行为,旅游是一种高层次的、展示自我特点的消费生活。每个人都是在一定的文化环境中成长起来的,都接受一定文化观念的熏陶。作为现代人,既有自觉追求文化的倾向,也有吸收异地或异质文化的需求。这在新技术革命的今天,尤为如此,因此,文化消费是文化旅游动机中的主要因素。在文化旅游消费中,文化需求是主要的。

资料来源:www.ctnews.com.cn。

> **练习与思考**

1. 旅游的本质是什么?
2. 旅游有何社会属性?
3. 旅游活动的基本特征有哪些?
4. 旅游活动的构成要素有哪些?
5. 根据"艾斯特"定义中关于"不牵涉任何赚钱的活动"的表述,以工商事务及出席会议为代表的差旅型或事务性外出访问活动是否应算作旅游或者应否纳入专业研究中的旅游概念所涵盖的范围?

6．学习了国内外众多学者与研究机构给旅游所下的定义后，请你给旅游下个定义。

7．旅游的类型可以按很多标准划分，你最熟悉的旅游类型有哪些？请尝试用不同的标准对旅游进行分类。

8．现代旅游与传统旅游有何区别？

9．旅游学研究的对象是什么？

10．旅游学研究的内容有哪些？

11．分析旅游学与其他学科的关系。

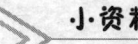小·资料

1．大众旅游

首先是指旅游活动参加者的范围已扩展到普通的劳动大众；旅游度假不再是少数人独享之事，而是已经发展成为普通大众人人享有的权利，旅游成为人类社会基本需求之一；其次是指形成以有组织的团体包价旅游形式，并且成为广大民众中占支配地位的旅游形式。

2．社会旅游

对于收入过低的贫困家庭，有些国家采取通过国家、地方政府、工作单位、工会或户主所属的其他组织团体提供资助或补助的办法，帮助他们实现外出旅游。这便是所谓的社会旅游(Social Tourism)，亦称社会补贴性旅游。当然，所提供的资助或补贴，各国的做法也不尽相同。例如有的实行对员工发放度假补贴；有的则由国家、地方以及公司团体资助兴建一些旅游度假中心，对这类度假者实行减免收费；有的则组织度假储金会(如法国、比利时、澳大利亚)，会员按规定投入存款，到度假时一次性取出，工会亦同时给予适量补贴。社会旅游通常都是有组织地进行，一般都在本国境内选择旅游目的地，有时也根据距离远近选择前往邻国旅游。虽然这种旅游者的消费水平较低，但这类社会补贴性旅游的组织和开展，在一定程度上说明一个问题，旅游度假作为人们现代生活的必要组成部分，在不少发达国家中已被提到社会工作的日程上来了。

第二章 旅游的产生与发展

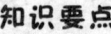知识要点

通过本章的学习,了解
- 人类旅行活动、近代旅游和旅游业出现的经济背景和社会背景。
- 奴隶制社会和封建社会旅行的发展。
- 文艺复兴和产业革命对近代旅游的影响。
- 现代旅游的概念和现代旅游的发展状况。

技能要求

通过本章的学习,能够
- 正确认识"旅游活动的产生是人类社会发展到一定时期的产物,并且随着社会经济的发展而发展"这一基本旅游活动发展规律。
- 分析旅游现象出现的社会背景和经济背景,对"旅游活动自古就有"这一观点进行辨析和相应地解释。
- 分析第二次世界大战后现代旅游迅速发展的原因。

第一节 旅行活动的产生

人们经常会思考这样一个问题,人类究竟是什么时候有了旅游活动?有人

说,旅游活动在古代就出现了,其实"古代"就是一个很模糊的概念,而且,各个国家和民族对古代的界定也不一样,我们至今也没有国际统一的标准。"旅游",似乎这个词自古就有,但事实上,在我国古代诗文中所指的"旅游"是不同于现代观念意义上的旅游,大量的典籍只是通过"旅"与"游"两个分开的字来记载的。例如古书曰:"旅者,客寄之名,羁旅之称。失其本居而寄他方,谓之旅","闲暇无事谓之游"。"旅"指一个人在空间上从一个地方到另一个地方的移动过程;而"游"即遨游、游览的意思。

严格地说,旅行和旅游是有区别的。旅游是有动机内涵的,是旅行和游览的统一体;而旅行仅仅是一个为完成某个动机的一般空间流动过程。因此,有旅游必定有旅行,有旅行却不一定有旅游。旅游者同时是旅行者,旅行者却不一定是旅游者。在汉语中,"旅游"亦被称为"观光",但严格来说,观光的含义更接近游览。在旅游这个实践范畴里,旅行只是游览所凭借的手段和形式,而游览才是旅行的目的和内容。游览仅是旅游的一部分,游览只有和旅行结合起来才能被称为"旅游"。这也是旅游同一般参观游览,即"观光"的根本区别。

在古代即使有少量的享乐性、审美性的旅游活动,也是个别人的,不被众人接受和认可的。另外,封建社会的自给自足经济特点也很难适应旅游的开放性特点。因此,严格地说,这个问题很难有确切的答案。我们要探究旅游活动究竟是何时产生的,不能凭主观的猜测或是神话传说,而应该从客观实际出发,从人类社会的发展规律出发。

一、原始社会人类的迁徙

人类早期过着极度贫乏的物质生活,他们主要的生产工具是粗糙简陋的石块,在自然分工的基础上,靠原始的狩猎和采集为生。在这个阶段,人类面临着各种各样的严酷的自然灾难和随时都会发生的食物匮乏,人们终日都在为如何生存下来而与自然界进行着坚持不懈的斗争,人们没有劳动剩余,没有私有的观念,惟一要做的事情就是战胜自然界——这个最大、最残酷的敌人,使自己能活下来。在这一时期,人类的劳动所得除了能够勉强果腹外,没有什么剩余,人们的活动范围仅限于自己氏族部落内部,也许氏族部落中个别人在劳动过程中,被自然的美景所吸引从而日后再次光顾,或者是通过其他渠道知道有迷人美景而慕名前往,但无论如何,这只是个别现象。因为当时社会所有成员的闲暇时间相近,而且这种行为在当时很可能被认为是违反道德和背离本性的奢侈,遭到氏族其他成员的排斥。可以确定,旅游活动在当时不具备产生的条件。那时人类

确实也有从一个地方到另一个地方的迁移活动,但那是因为人类要不断地寻找水源、寻找适合的生存环境,或是因为部落之间的战争,战败部落的人的生命受到威胁而被迫出走。因此,这样的迁徙带有逃荒或避难的性质,与今天为了审美与愉悦而外出的旅游是截然不同的。

二、社会分工与劳动剩余物的出现

在早期人类历史上曾出现过三次社会大分工,对当时的社会进步和时代发展都起过重要推动作用。每一次大分工都促进了劳动组织的进步,改善了劳动生产率,推动了历史的车轮滚滚向前。

新石器时代,生产工具的改进对社会进步起了极大的推动作用,出现了人类历史上第一次社会大分工。这个时候游牧部落和农业部落之间的产品交换现象进入了萌芽阶段,不过人们劳动所得除了自己食用之外,仍然几乎没有什么剩余物,交换并不普及,人们活动范围还是在部落内部,或者是相邻部落之间。一直到新石器时代中期为止,人类还没有有意识地自愿外出旅行的需要。

第二次社会大分工是手工业与畜牧业和农业的分离,发生在新石器时代的晚期。当时,金属工具问世,大大提高了劳动生产效率,农业和畜牧业也都有了较快的发展。这个时候,出现了衣服缝制、独木舟的制造等行业,陶器制作也从手工捏制转变为轮制,冶金、建筑、运输等制造方面也跟着开始发展,生产技术和生产率得以极大提高。劳动剩余产品数量和种类大大增加,很多产品的生产就是为了交换,交换本身成为一种重要的社会职能,日常生活用品的制作也由原来的自给自足性质转变成为交换而制作的性质。

第三次社会大分工是商业从农业、畜牧业和手工业中分离出来,大致发生在原始社会瓦解和奴隶制社会形成时期。这时,青铜技术已经在人们的生产生活中广泛应用,生产力水平又有了很大提高。因而为交换而生产的技术和条件大大优于以前各个时期,不同产品的交换地域范围不断扩大,从而产生了长途异地交换的需要。

我们可以这样认为,在原始社会的早期,在没有交换和剩余物出现的时候,人们既没有出游的物质基础,也没有外出旅行的愿望,人们外出的个别性、被迫性与现代意义上的旅游是大相径庭的。三次社会大分工促进了社会生产力的发展,为人们外出旅行奠定了必要的客观条件,更重要的是商品经济的发展使得不同产品交换的地域范围不断扩大,出于贸易交往的需要,人们产生了外出旅行的主观动机。

三、人类旅行的出现

（一）交通工具的发明

交通工具在旅游发展史上，居于举足轻重的地位。没有交通工具的不断改进，旅游活动就不可能发生，更谈不上发展和壮大。

早在远古社会，人们就知道把树枝、芦苇、竹竿等捆绑在一起用于渡河，或用兽皮做成皮筏，在水上漂行。我国古代造船术的发展起步于原始社会的新石器时代，从"伏羲始乘桴"（《物原》）和伏羲氏"刳木为舟"（《周易·系辞》）等传说来看，当时最早的船只——筏和独木舟已经问世。商代已能制造木板船，轻巧的木板船无论载重还是行驶都优于独木舟，这种木板船就是后来木船的雏形。除了会制造单体木船外，那时还能制造由两艘船体连接而成的舫（"舫，并舟也"。《说文》）。在奴隶制社会，舫的大小成为奴隶主身份和地位的标志。

车的出现比木船要晚得多，而且过程也十分曲折。早期人类在陆地上搬运重物，使用的是"橇"。传说中的橇就是后来的车的前身，据历史记载，公元前5000年前后，北欧人已经使用鹿拉式雪橇，公元前3500年，美索不达米亚平原已经有牛拉的雪橇，我国《尚书》也有"泽行乘輴"的记载，"輴"是古代泥泞路上使用的交通工具，即橇一类的运输工具。在历史上，把圆木和橇结合在一起形成车，这是一项非常重大而又意义深远的技术发明。我国的造车历史可以上溯到大约4600年前的黄帝时代，据说那时已经开始造车，4000年前的大禹时代，奚仲在车前加了马，使车跑得更快。在公元前16世纪至公元前8世纪的商代，已经能够造出十分精美的一辕、一衡、两轭、一舆的两轮马车，用青铜作车轴，到了周代，已经知道用油脂作为车轴的润滑剂可以减少车轴的磨损以利于长途行驶。

交通工具的发明和改善为以后的古代旅行活动提供了必要的条件，是旅行活动出现的前提。

（二）交通设施的改善

人类进入奴隶制社会后，社会生产各行业之间、体力劳动和脑力劳动之间有了进一步的分工，从而使生产力提高，促进了社会发展和繁荣，客观上也为旅行提供了便利的物质条件。

公元前300年，波斯帝国修建了长2 000公里的"御道"，并设有百多处驿站，此外，还修建了自巴比伦城到大夏和印度边境的道路。由于交通便利，商人、游人络绎不绝。古罗马帝国政府以首都罗马为中心，在全国境内修筑了许多宽阔的大道，历史上称"条条大道通罗马"，虽然这些道路网络的兴建是出于政治、军事需要，但是在客观上也为人们沿路旅行活动提供了方便。罗马帝国的政府还在道路沿途设置了驿站,最初是为了供政府公务人员途中休息,后来也开始接待往来的民间旅客。随着旅行者的增多,很多私人旅店也因此而发展起来,这些旅行设施的发展,反过来也推动了旅行人数的增加。中国自周朝以后,在经济生活中已经非常注意交通设施的建设了。

（三）商人开创了外出旅行的先河

在奴隶制鼎盛的商代,生产工具和生产技术进步使生产效率空前提高,从而促成了商代奴隶制经济的繁荣。剩余产品越来越多,以交换为目的的生产规模越来越大,商代的远地产品交换已经存在。例如贝产于东海海滨,商代以贝为货币,需要大量贝币,所以商人来往于东海与内地间；玉出自西域,商代雕琢玉器时,所用的石料就是从那里运来的。随着人类社会远地产品交换的发生,商人的足迹东至渤海、南到江浙川、北达陕甘宁甚至新疆,他们货贩天下。商人的空间流动,是真正意义上的人类有意识地外出活动。因此,人类旅行的起源并不是消遣和度假,而是由产品交换而促发的一种经济活动,商人开创了外出旅行的先河。

从整个世界范围来看,人类有意识的外出旅行活动也是始于原始社会末期、奴隶制社会初期,是有了剩余产品和交换之后,随着商人的出现而出现的。

第二节　奴隶制社会旅行的发展

奴隶制社会是一个十分残酷的社会,但是与原始社会相比,仍然是一个巨大的进步。因为它实现了社会各行业之间的分工,提高了劳动剩余物的数量,人们可以将剩余物运送到远方异地去谋求更大的增殖利益,于是出现了专门从事商品的贩运以谋求增殖利益的人——商人,旅行活动是这些人社会生活的一部分；另外,那些少数的统治阶级通过占有别人的劳动占有了大量的财富,随着财富积累到一定程度,思想意识也跟着产生了一定的变化,有了追求享乐、游乐观赏的需要,于是奴隶主阶级的享乐旅行活动也产生了。

一、奴隶制社会国外旅行的发展

古埃及人早在公元前3000多年就建成统一的奴隶制国家,他们曾大规模兴建金字塔和神庙,吸引大批参观旅行的人；一些富有者甚至长途跋涉到金字塔上面刻他们的名字。埃及还经常举行宗教集会,大批宗教信徒参加庆典活动,这实际上就是一种宗教旅游活动。

古希腊在公元前五世纪,其贸易、宗教活动就很兴盛,特别是奥林匹克庆典的节庆活动,是体育的盛会。体育竞技活动吸引了大量参加者和观看者,这可以说是古代最盛大的体育旅游活动。

在整个古罗马帝国强盛时期,政治统一,经济繁荣,疆域空前广大,横跨亚、欧、非三个大陆,地中海变成帝国的"内湖",全国境内修筑了许多宽阔的大道,交通十分便利,货币实现了统一(全国使用统一的罗马铸币),没有语言障碍,通用希腊语和拉丁语,便于旅行交往,因而旅行活动达到全盛时期。罗马人节日时常外出旅行,他们常参加奥林匹克运动会,去医疗浴场和海滨避暑。"矿泉浴"已相当普及。罗马人在矿泉浴场,不仅沐浴,还看戏剧表演,举行庆祝会、运动会以及其他形式的娱乐活动和社交活动等。除了商务、宗教旅行之外,还出现了艺术鉴赏、疗养、徒步行走、游览古迹、建筑欣赏、自然观光等各种目的的旅行。当时,英国北部灿若明珠的湖泊、希腊北部雄峻的顿泊河谷以及作为文化标志的尼罗河、莱茵河和小亚细亚蜿蜒的河流,都成了极富魅力的观光胜地。普鲁塔施说:"世界的涉足者将他们一生中最宝贵的时间都花在旅馆和船上了。"

应该说明的一点是,这些能够参加消遣旅行的自由民即使不是奴隶主,也绝非一般的体力劳动者,他们只占当时人口中很少的一部分。

二、奴隶制社会中国旅行的发展

中国是世界上旅行活动发生最早的国家之一。据历史记载,我国的旅行活动产生在殷商时代,距今 4200 年左右。在《诗经》、《山海经》、《史记》等著作中都有我国先民旅行活动的记录。中国奴隶制社会时期旅行发展情况与西方奴隶制社会旅行发展的情况基本相同,但是中国奴隶制社会的形成,要比西方奴隶制社会的形成早得多。

在我国,该时期有帝王巡游、政治旅行和商旅活动等主要旅行形式。帝王巡游,就是"游豫"或"巡狩"。这一时期的代表人物当属"欲肆其心,周形于天下,将皆必有车辙马迹"(《穆天子传》)的西周第五代国君周穆王,其行迹在我国西北地区,亲征王母国,历尽艰险、过雪山,越沙漠,往返行程 35 000 余里。

到了东周,由于出现了各大诸侯"挟天子以令诸侯"争霸中原的局面,大批原来周天子或各诸侯身旁的文人,出自各人的目的,朝秦暮楚,周游各国,出现了士人政治旅行的高潮。孔子曾先后在外 14 年,周游宋、卫、陈、蔡、齐、楚、鲁等诸侯国,宣扬自己的政治主张。吴国的季札也曾于鲁襄公二十九年聘于鲁,请观周乐,游历鲁、齐、卫等国。这些都是著名的士人政治旅行。

这一时期商旅活动也十分活跃。在奴隶制鼎盛时期的商代,商人的足迹遍布他们所知道的世界,到了春秋时期,商贾已被统治者承认是士、农、工、商的

"四民"之一,战国时期,远程贸易的商务旅行已十分盛行。

第三节 封建社会旅行的发展

我国进入封建社会,生产力得到进一步的发展,政治安定,旅行活动也有了进一步的发展。常见的旅行形式有文人的修学旅行、科考旅行和文人士大夫的士人漫游;宗教旅行有求法取经游、云游和民间的朝山进香游等;另外还有民间的一些游娱活动,如清明踏青、九九重阳登高、元宵观灯、清明时节的拜祭祖先、端午节的龙舟竞渡活动等。

对国外的旅行活动的研究,我们以欧洲为例。欧洲封建社会时期的旅行发展情况是落后于当时的中国的。虽然西欧在公元5世纪就开始向封建社会过渡,但构成社会主体的农民大多数是农奴,没有人身自由,因此也没有迁徙的自由。另外,欧洲封建社会早期自然经济性质十分突出,一个村子几乎与外界隔绝,很少交换,以农业为主,简陋的手工业也是以家庭为单位,因而旅行规模没什么进展,正如诺沃尔(A. J. Norval)1936年在其所著的《旅游业》一书中所指出的那样,在欧洲"有可靠的证据表明,从罗马帝国的衰落,直到19世纪中叶这段时期内,是没有多少人外出旅行的"。

一、封建社会欧洲旅行的发展

(一)社会经济的发展

西欧各国在公元5世纪开始向封建社会过渡,是由生产力低下的日耳曼人由原来的原始社会直接转变为封建社会的。同时因为长期封建割据的存在,整个社会自然经济的性质十分突出,以农业为单位,一个村子就是一个闭塞的经济单位,很少交换,没有工商业中心城市,甚至连罗马时期的城市也衰落破败了。以罗马教皇为首的天主教流传于西欧各国,推行蒙昧主义和文化专制主义,凡是不满教会统治、触犯宗教神学的体系都视为异端加以迫害。欧洲的公元5世纪到15世纪被称为"黑暗时代",社会经济、文化的发展都深受影响。

11世纪后期,欧洲封建社会有了明显发展,商业繁荣、城镇兴旺、文化高涨、政治创新、军事扩张、宗教情绪高昂,欧洲得到了复苏,复苏的主要原因是外族入侵的停止及随之而来的政治稳定。技术进步促进了农业生产的发展,风车、水车、带轮铧犁和马蹄铁的使用,经过改进的马轭的使用,双轮马车和马具的更新,提高了农业产品的生产能力,商业发展起来了,城镇得到振兴,城市逐渐成为商业中心,制造业也随着贸易的恢复而发展,出现了雇佣劳动,欧洲进入了一个向近代时期前进的过渡阶段。但是到了13世纪末,欧洲又处于动荡不定中,繁荣稳定被萧条不景气取代,直到1640年英国爆发了资产阶级革命,欧洲的封建制度开始瓦解,社会走向近代时期。

(二)旅行的发展

在罗马帝国解体的过程中,帝国的经济、交通等部门都陷于停滞状态,邮递活动停止了、驿站废弃了、道路由于不再继续维护而荒废、一切快速的旅行交通都停止了;同时,由于社会不稳定,盗匪在森林、渡口和河流上劫掠旅客,商贩的活动变成了万分危险的旅途,只有在军队的护送下才能通过。运输也很艰难,只能用牲口驮运或人力背运,可以说又恢复到原始状态,只有那些虔诚的教徒的朝圣旅行还在坚持着。当时的一些修道院的主要任务就是为朝圣者提供住宿,朝圣旅行是这一阶段旅行的主要形式。进入封建社会的欧洲,旅行活动远不如罗马帝国时期的水平,可以这么说,从公元5世纪到16世纪中叶,这段漫长的历史中,旅行规模非但没有什么进展,反而是一种倒退的形势。

到了封建社会晚期,交通和社会经济又有一些发展,地中海是西方世界的中心,威尼斯取代了拜占庭成为西方世界最大的产品集散地,与亚洲、非洲北部都有贸易往来。16世纪中叶兴起的温泉旅行的热潮在西欧持续了将近两个世纪才降温,随后,修学旅行也渐渐成为一种浓厚的社会风气,欧洲封建社会的旅行活动渐渐发展,为以后的真正意义上的旅游的产生奠定了基础。

二、中国封建社会旅行的发展

(一)社会经济的发展

中国封建经济在盛唐期间和明代中叶,都有过辉煌的发展时期。唐代前期的经济繁荣主要与农业发展有关,而工商业发展比较缓慢,唐代中期以后,经济繁荣表现在工商业的发达上,由于当时商业的发达,使黄河和长江流域在经济上的联系进一步得到了加强。唐代的手工业以纺织为主,表现为与小农经济结合的农村经济,黄河流域丝织盛行,织布集中在长江流域及其以南地区。同时,制茶、制瓷、采矿、造纸等行业都有一定的发展,而且表现出地域集中性。宋代手工业承袭唐代的发展,最发达的是染织、陶瓷、采冶、制茶等业,景德镇也开始成为当时的制瓷中心。明代手工业是封建社会中国手工业最活跃的时期,这正是技术进步,商业、交通业发达的结果。反过来,由于手工业的发达,商业活动得到了很大的推动。当时国内的商业分布形成四大区域,首先是生产最发达、交通最方便的江、浙平原地区;其次是滨海海外交通方便的广东、泉州一带;再次是沿江河水运发达地区如长江沿岸和运河沿线;最后是生产不发达,但善于经商的山西、

皖南地区。明代经济的发展,加强了各地区之间的经济联系,各地区间的生产分工也日趋明确,这种形势的发展,促进了商业和贩运旅行的进一步发达与繁荣。

(二) 旅行活动的发展

旅行发展的先决条件是交通的发展,表现为交通道路的开辟和交通工具的不断改善。中国历史上第一个倡导大规模开辟交通路线的帝王是秦始皇。他统一中国后,修筑了以都城咸阳为中心,通向全国的驰道,道宽50步,还规定所有车辆的宽度为6尺,谓之"车同轨"。西汉的张骞、东汉的班超先后开辟了通往西域的道路;唐代国力强盛,丝绸之路、中日海上交通空前发展;隋炀帝开通的从洛阳到杭州的水道,明清时的京杭大运河是中国的南北水上大动脉;明成祖时郑和七次远航,清朝时海禁打开,大大缩短了中国和世界的距离。

秦汉时造船技术得以较大改进,西汉时出现了楼船,南朝时已能造2万斛(合1 000吨)的巨舶了,隋炀帝游江都时乘坐的龙舟高4层,唐朝造的最大的船叫"俞大娘",载重可达750吨,宋朝出使朝鲜的船载重更达1 500吨,明朝是当时世界造船技术最先进的国家,郑和下西洋时的宝船领先于世界。另外,我国的造车技术也在不断提高和改进,为我国封建社会的旅游活动提供了条件。

我国封建社会的旅行活动有以下几种形式:

1. 帝王巡游。早期的帝王巡游大都与农业密切相关,随着社会发展,追求享乐和显示权力的色彩越来越浓。秦始皇是个大旅行家,他前后出游5次,足迹走遍大半个中国;隋炀帝是我国历史上出游规模最大的君主,他乘船游览江都时,船只相衔前后长200余里,骑兵夹岸护送;清乾隆帝的几次下江南,留恋江南景色,还在北京仿建了无锡园林和苏州街。

2. 文人士大夫旅行。文人为实现政治理想的宦游,在春秋战国时期表现得最为兴盛。代表人物是孔子,他为推行"仁政德治"的政治学说,宦游天下14年之久;修学旅行在唐宋时期文人中蔚然成风,唐代的王勃、李白、孟浩然、王之涣都是在旅行中获得成就的文人,并开了宋代游学之风;科考旅行在我国也屡见不鲜,司马迁历时数十年终成《史记》,郦道元周游四方完成一代名著《水经注》,徐霞客是科考旅行的集大成者,他一生出游,足迹遍及今天的19个省市区。漫游时士大夫不带任何功利目的,纯粹为了审美的旅行活动,魏晋南北朝时期大规模地出现这一旅行奇观,唐宋时期达到了繁荣阶段。此时,漫游与修学旅游很难划分明确的界线,这种旅行活动已具有现代旅游的某些特点。

3. 宗教旅行活动。求法取经游是一些宗教界高层人士为了探索宗教理论而进行的旅行形式,晋代的法显西游取经历时14年,唐代的玄奘将这种旅行形式推向了高潮;云游是宗教旅行的另一种形式,指古代佛教僧侣或道士漫游天下;朝山进香的旅行方式,是我国古代民间信徒参拜宗教名山名地的旅行活动。

4. 民间游娱活动。我国民间有在传统节日或随着节气的转换而携友郊游的风俗,如清明节前后的踏青,农历九月初九的重阳节登高,正月十五元宵节观灯,金秋赏菊等。

> 踏青又叫春游,古时又称为探春、寻春。每年清明节前后,正是中国大多数地区春回大地,日暖花开的季节,经过寒冬的人们纷纷扶老携幼来到郊区野外。这一传统在我国流行久远。春游的人经常摘鲜花插在头上或身上,唐代诗人杜牧写到"莫怪杏园憔悴去,满城多少插花人"。宋代城市居民郊游踏青的风气比以前更浓,到了南宋,每年春游之时,首都临安居民出游"至暮不归"(南宋周密《武林旧事》)。宋代诗人梅尧臣也曾在《湖州寒食陪太守南园宴》诗中道:"游人春服靓妆出,笑踏俚歌相与嘲",对当时春游娱乐的情形进行了形象刻画。

资料来源:邵骥顺,《中国旅游历史文化概论》。上海:上海三联书店,第25页。

第四节 近代旅游和旅游业的开端

人类历史进入近代时期所发生的一切变化,都与文艺复兴和产业革命的出现有密切关系。在近代社会里,文艺复兴运动给人们奠定了精神上的基础,产业革命奠定了人类的物质基础,并且树立了人们新的价值观、思维方式和生活方式,影响着整个世界一切事物(包括旅游现象)的产生和发展。

一、近代旅游现象出现的背景

(一) 文艺复兴对近代旅游的影响

欧洲封建时期晚期发展起来的文艺复兴运动,是人类历史上第一次解放自己的运动,是人类进入近代社会之前最重要的具有决定意义的人本主义启蒙运动,是对中世纪封建宗教势力蒙昧、专制、压抑人性的抗击。文艺复兴表明了人是社会的中心,社会的一切都是为了人的需要而存在、发展的,人有权力追求自己的美好生活,成为自己的主人。这种观念的转变,是人的价值观的转变,是旅游诞生的思想基础。

(二) 产业革命对近代旅游的影响

产业革命是指资本主义机器大生产代替工场手工业的过程，是资本主义政治经济发展的必然产物。18世纪中叶以后，蒸汽机在英国纺织业中应用，开始了产业革命的历史进程，以后，蒸汽作为动力又应用于交通，出现了汽轮和蒸汽机车。到19世纪30年代末，英国完成了产业革命，美、法、德、日等国也先后在19世纪内完成。这场革命即是生产技术的巨大革命，也是生产关系的深刻变革，它促进了资本主义制度生产力的迅速发展，提高了社会化的程度，使资本主义制度建立在机器大工业的物质技术基础上，并最终战胜了封建制度而居于统治地位。

产业革命给人类社会开创了一个划时代的新纪元，出现了许多新现象和新问题，冲击和改变着全人类的生活和意识。首先是产业革命造就了工业资产阶级，使有能力外出旅游的人不仅仅局限于封建贵族和大土地所有者，那些新兴资产阶级也加入其中；其次，产业革命还造就了以出卖劳动力为生的工人阶级，他们终日面对的是枯燥、重复的工业劳动，有强烈的外出休假的愿望。同时，经过广大劳动者一个多世纪的不懈斗争，他们为自己争取到了带薪假期，使其具备了外出旅游的条件；再次，科学技术的进步，尤其是蒸汽技术在交通运输中的应用，使大规模的人员流动成为可能。这样，旅游活动从历史上的游乐旅行中分离出来，具有广泛性和社会性，具有了现代意义上的旅游的特征。

旅游从历史上的游乐旅行中分离出来，并不是一个简单的转换过程。这种转化需要具备孕育社会大生产的两方面的社会条件，一是社会上必须具备庞大的物力、才力、人力和技术基础，以支持旅游活动得以正常运行；二是社会上要有广泛的具备支付能力的旅游需求。社会从小生产自给自足经济向大生产市场经济转化是一个长期的演变过程，旅游从游乐性旅行转化过来，也是一个漫长的历史过程。从18世纪70年代在英国首先开始的产业革命算起，到19世纪40年代出现旅游现象为止，历经了大约70年，如果再加上产业革命前旅游现象的孕育时期，则这个转化过程可能长达几个世纪。

二、托马斯·库克的主要活动及其意义

托马斯·库克是旅游活动起源过程中的先驱者。他1808年出生在英国，曾经当过传教士、作过木匠，他的活动一般被认为是象征旅游现象的出现。他设立了相应的组织机构来对旅游活动进行业务经营，并为后人提供了一系列比较完整的经验，也满足了当时社会的需要，从而开创了近代旅游及旅游业的先河。

（一）托马斯·库克活动的时代背景

产业革命带来了社会经济的繁荣，蒸汽时代的到来使越来越多的人开始乘轮船，特别是乘火车外出旅行和旅游，这些新的旅行方式远比乘公共马车旅行费用低廉，当时的平均价格为每英里一个便士，这使更多的人有能力支付旅行费用。科技的进步使旅行速度大大加快，当时公共马车的速度一般为每小时 7 英里，而火车的运行速度达到了每小时 28 英里，是原来的 4 倍，对旅行活动来讲，这是一个十分有意义的飞跃。铁路网络在各地也开始建设起来，1825 年，英国的"铁路之父"乔治·史蒂文森建造的自斯托克顿（Stockton）到达林顿（Darlington）的铁路全长仅有 28 英里，10 年后的 1835 年全英国铁路的通车里程已经增加到 471 英里，而到 40 年代鸦片战争爆发后的 1845 年则增加为 3 277 英里，40 年后的 1865 年发展到 21 382 英里，增长了近 45 倍。

经过产业革命，英国摆脱了小生产自给经济体系，发展成了以机器大生产为中心的市场经济结构，社会发生了巨变，个人收入不断提高，建成了工业生产体系和市场体系，出现了一大批中产阶级和工薪劳动者，他们成为新兴的市场经济社会的中坚力量。在经济发展的同时，人们的观念意识也发生改变。首先是人们价值观的改变，个人主义意识逐渐成为人们处世关系的行为准则，追求个人的利益，追求个人精神生活上的满足，成为社会共同的道德标准。人们收入增加，劳动大众要求假日的斗争也迫使资本家做出有限度的让步，赢得了在某些传统节日带薪休假的权利。

（二）托马斯·库克的主要活动

1839 年，连接英国利物浦到曼彻斯特的铁路建成了，铁路线延长到了包括布莱登在内的广大沿海地区，这意味着可以将英国中心地区的游客大规模地运送到沿海旅游地，此后，就有一位铁路公司的董事长开始以特别的价格向市场推出有组织的游览活动以促进铁路旅行。托马斯·库克并不是这种做法的第一人，但他是第一位以中间人的身份公开刊登广告招徕游客的铁路游览的代理人，他的做法也被后人纷纷效仿。

1. 1841 年，包租火车从莱斯特（Leicester）到洛赫伯勒（Loughborough）去参加禁酒大会。

1841 年 7 月 5 日，托马斯·库克组织了这次禁酒大会的旅行，参加人数有 570 人，来回费用是 1 先令，库克从中获得 5% 的报酬。这次活动非常成功，也激励了他组织同类游览列车包租活动。以后几年中，他多次组织同类游览列车包租活动。这次事件被公认是现代旅游的开端，因为：这次活动有广泛的公众性；库克本人从始至终随团照料起居；这次旅行活动规模空前；是以后托马斯·库克旅行社建立的基础。

2. 1845年8月4日,首次以职业旅行代理商的身份组织商业性消遣旅游。

1845年,托马斯·库克旅行社(Thomas Cook Company)正式成立了,总部设在莱斯特。同年8月4日,他组织了第一次纯消遣性的火车旅行,由莱斯特出发,经诺丁堡、德贝市到了利物浦后再返回。他周密地准备,在出发前到沿线进行了考察(踩线),并在当地安排食宿、餐饮,回来后他编写印发了《利物浦之行手册》发给参加的游客。这种纯消遣性的旅游活动是托马斯·库克旅游业务的真正开端,而他的《利物浦之行手册》则是早期的旅行指南。

3. 1851年,库克组织了伦敦水晶宫"大博览会",售票达300万人次。

4. 1855年,库克组织了世界上首次出国包价游。

1855年,库克把他的业务扩展到了欧洲大陆,这一年举行了巴黎博览会(Paris Exposition),他安排了从英国的莱斯特到法国的加莱(Calais),然后到巴黎的5日游。这次是首次采用全包价的旅游形式,来回36先令,被誉为"铁路旅游史上的创举"。[①]

包价旅游是一种综合性的旅游产品,一般包括从客源地到目的地的交通、旅途和目的地接待、相关服务和游览的费用。这种旅行的包价代理形式推出后,库克旅行社业务发展很快,也被其他旅行社效仿,时至今日,仍然是旅行社产品的重要形式。

5. 1872年,第一次组织历经222天的环球旅游。

早在1866年库克首先经营了前往美国的旅游业务,两年后他又带团经海路前往巴勒斯坦和埃及。1872年他第一次组织了环球旅游,历时222天,路线是美国、日本、新西兰、中国、锡兰、印度、亚丁、苏伊士、巴勒斯坦、土耳其、希腊,最后返回英国。

6. 1874年,推出旅游代金券,就是当今旅行支票的前身。

考虑到旅游者在旅途中携带现金既不安全,也不方便,托马斯·库克在1867又提出了饭店担保的设想,即发行一种可以被饭店接受代替现金的凭证,旅游者事先付款取得保证书用于在指定的饭店支付费用,然后再由库克公司与之结算。1874年,库克顺利推出了流通券,在饭店、商店、餐厅和银行都可以使用,这种流通券就是现在的旅行支票的前身。现在,旅行支票是一种在海外旅游时使用十分广泛的支付方式。

1872年,随着美国经济的崛起,库克父子将公司迁至美国,改名为"美国通

---

① 《曼彻斯特卫报》,1855年8月6日。

济隆公司"。1892年7月18日,托马斯·库克在英国的莱斯特去世,终年83岁,其子约翰·库克继承了库克公司。七年后,约翰·库克也去世了,他的三个儿子相继经营了一段时间。1927年,欧洲国际卧车公司收购库克公司的部分产权,1929年,剩余部分也被欧洲国际卧车公司收购。二战后,库克公司归英国国有,1972年,为英国米德兰银行集团所接管。

(三) 托马斯·库克活动的意义

托马斯·库克把他的一生献给了旅游事业,为旅游业今后的发展奠定了基础。他的思想完善和促进了铁路客运和海上客运的发展。他曾有组织地开展了旅游业务,并使其有机会发展成为当今社会的巨大部门。他的一生的对旅游事业的诞生和发展做出了不可磨灭的贡献。

1. 促成了旅游业(旅行社业)的诞生

托马斯·库克最具开拓意义的活动就是托马斯·库克旅行社的成立,标志着旅游现象的出现和一个新的行业——旅行社业的诞生,这也是后来旅游业发展的关键所在。这是一个从无到有的过程,这是历史上从未出现过的行业,具有开拓意义。他在这方面的经历和开创的道路为后人奠定了基础。

2. 发明了旅游代理业务的方法

托马斯·库克经营的旅游代理业务,在当时具有开创性,而且流传下来成为后来旅行社业务运行的方式,即使到了今天,也是旅行社代理业务的主要做法。有人认为这是比创立旅行社更重大的发明,包价旅游使当时更多的新兴阶层——中产阶层和工薪阶层能够参加到旅游的行列中来,包租食、宿、交通取得折扣能够减少成本、降低价格,使后来的大众旅游成为可能。

3. 倡导"方便游客,一切为游客着想"的经营思想

这个思想启发了他对旅游者在旅途中所发生的烦恼和不安的关心,从这一点出发他考虑到游客带着大量现金外出旅游的不安全,他发明了旅游流通券和后来的旅行支票,解除了游客的后顾之忧。另外,他雇佣导游、陪同,印发导游手册的做法,也是在这一信念下推行的。

三、中国近代旅游的开端

(一) 鸦片战争后的中国旅行

1840年,中国与外部世界隔绝的大门终于被英国暴力打破,中国成为外国冒险家的乐园、传教士的理想活动空间、商人梦寐以求的赚钱市场和学者的游学宝地。他们来中国办商号、建教堂、盖别墅,足迹遍及中国。在外来文化的影响下,中国人有了"出洋"旅游的机会。绝大多数人,尤其是读书人,面对完全陌生

的外部世界,仍然是犹豫茫然的,只有极少数人开始了"行抵绝域,详悉各国风土人情"的旅游,成为近代旅游走出国门,走向世界的开端。近代中国终于有了旅游欧美的第一个官方旅游团和外交访问团。

近代中国第一个由清政府派遣,亲自去接触和了解西方文化的官方旅行代表团是同治五年(1866年)由斌椿父子率领的同文馆学生一行5人,向导是在中国担任"总税务司"的英国人赫德。他们历时近4个月,足迹遍及欧洲10个国家,这次旅行活动为以后的知识分子游学旅游,商业经营交流旅游和一些官方交流开启了先河。1868年,志刚一行历时三年,游历了欧美11个国家并且写下了《初使泰西记》较详细地向中国人介绍了泰西国家的风景名胜及游览情况,并记录了首次亲历的种种感受,为中国旅游走向世界开辟了道路,提供了经验,树立了榜样。

随之而来的是知识界吸取西方文化的游学之旅。吴中才子王韬率先游历了欧洲与日本,李圭"环游地球"一周。1872年幼童游学美国,掀起了官费游学欧美以及自费游东西洋的热潮。

近代的士大夫也在开放与闭关锁国的斗争中,在官方与私人游历及游学的推动下,行动起来,先后有郭嵩焘、黄遵宪等宦游东西洋,也有康有为、梁启超等向西方学习先进科技之游,还有孙中山为振兴中华,向西方寻求治理方略等。

(二) 中国旅行社的创立

进入20世纪,美、英等国的通济隆、运通等旅游公司进入我国,为来华旅游者和出国考察、求学的中国人办理旅行业务,许多外国旅游公司也相继在上海等地设立代办机构,包揽了中国的旅游业务。陈光甫创办了第一家中国人自己的旅行社,他出身贫寒,幼年在镇江某钱庄当学徒,为人勤奋好学,深为老板赏识,以女许配,并送他到美国攻读金融学。在一次昆明之行中,陈先生受到冷遇,这促使他下决心创办自己的旅行社。经过一段时间的酝酿,1923年8月15日,正式成立了上海商业储备银行旅行部。1927年6月1日,陈先生将旅行部从银行中独立出来,正式打出了"中国旅行社"的招牌,这家旅行社由中国人经营,业务范围涵盖非常广,几乎涉及到现代旅行社业务的所有领域。

旅行社设立七部一处,分别是运输部、车务部、航务部、出版部、会计部、出纳部、稽核部、文书处。1931—1937年,业务发展迅速,旅行分社发展到45所,在人口稠密,交通要冲之地还增设支社、办事处,极大地方便了人们出游,还带来了一种新的生活方式,可谓开化了风气。

中国旅行社最早以代售铁路、轮船票为重要业务,取信于社会后,扩大到了行、住、食、游、娱等很多方面,事无巨细,有求必应,主要有以下几个方面:代售海陆空客运票、代办铁路货运业务、代办出国留学游历业务、承办铁路客车餐茶业务、代理代办邮政、电报、保险、鲜花等业务。随着中国旅行社业务的发展，凡是遇到困难之事，人们首先想到的是找中国旅行社想办法。于是，给外地的亲人朋友送鲜花，去外地接人并陪伴来上海等业务也纷纷找上门来，中国旅行社尽全力服务，从不推诿，充分显示了中国旅行社的敬业精神和服务精神。

中国旅行社创办了《旅行杂志》，开创了现代旅游书刊出版的先例，为中国旅游业的进一步发展奠定了理论、文化基础并得到中外名人的致函称道。1927年春季，正式创刊了《旅行杂志》（季刊），茅盾、费孝通等一代名家都曾经为之撰稿，这一时期，杂志的学术气息特别浓；《西南文化专号》二册，由李济深题签，对西南各省的民族学、人文地理学、动物学、语言学、社会学、考古学的探讨和研究做出了卓有价值的贡献。

> 中国旅行社（中旅社）及其分社，1924年开始经营各种旅游业务，炎炎夏日，组团赴青岛、北戴河、莫干山等处避暑；秋季，组团去海宁观潮。1927年的阴历八月十六至八月十八，开了专列3天，每趟都挤满了男女老幼。长线旅行团有上海分社组织的赣、闽、湘、桂、粤五省旅行团。1937年春，南京至昆明五省公路接通后，国民党政府为此举办了"京滇公路周览会"，以示庆贺，吃、住、行、游等均委托中旅社办理，中旅社组织了庞大的汽车旅行团，共有大小汽车20余辆，180余人，派出随团服务的员工就有24人，为中旅社日后在西南开展业务打下了基础。除了提供国内旅游服务外，中旅社还组织了出境旅游活动。1926年暮春，旅行部首次办理日本观樱团，参加的游客20余人，可以说开创了我国出境旅游的先河。与此同时，日本来华游览的团体，由中旅社接待。1931年四五月间由日本国际观光局组织来华旅游团20多个，共计3 000余人，这些旅游者在上海、杭州、苏州、南京等地购物、游览、用车等，花费20余万元。
>
> 资料来源：王淑良，《中国旅游史》（下册）。北京：旅游教育出版社，1998年版，第2页。

（三）饭店（旅馆）的建立和发展

旅馆建设是发展旅游的物质基础之一。1927年中国旅行社独立时，就开始酝酿建设旅馆，1931年中国旅行社沈阳分社将分社未加利用的楼上布置为客房，供有关人员住宿，大受赞扬，在全国得以推广。1935年8月1日，中旅社建设的最大的招待所首都饭店在南京开业，共有客房46间套，均设有洗澡设备，另外餐厅、礼堂、大客厅、会客室、网球场等一应俱全，并且重金聘用外籍专家管理，是当时最高级的饭店。之后，中旅社在全国范围内规模大的城市、交通枢纽地区都设立了旅馆。在风景区,也设立了简洁的客房,以方便游人。中旅社及其分社在大都市和风景区设立的饭店、招待所标志着现代旅游饭店业的正式建立,并为其他旅游宾馆饭店的建立树立了榜样。

> 20世纪30年代,最有名气的是吴鼎昌集资建立的国际饭店,高24层,是当时上海最高的建筑,也是当时远东地区屈指可数的豪华饭店,不仅布置陈设富有特色,而且名厨掌勺烹任中式传统名菜,以及西餐、西菜。南京是国民党政府的首都,故由政府投资兴建的为政治外交服务的宾馆饭店多,真正服务于游客的少。1932年由民族资本家丁福成出资,上海设计院总工程师陈竹楠先生设计的福昌饭店(今南京胜利饭店)是当时较有名的旅游饭店,主楼高六层,底层为大厅,二楼为会客厅,顶层为餐厅,其他三层为客房,共有18套,曾接待了国内外许多名人和有钱的旅游者。北京在20世纪最有名气的旅游饭店是北京饭店。它始建于1901年,1907年意大利老板卢苏将饭店卖给中法实业银行,1917年开始扩建,改成五层大楼,拥有客房153间,电灯、电暖气、电梯一应俱全,屋顶花园设有舞场、餐厅等多种服务设施,还备有两辆汽车,往来于车站和饭店之间接送客人,接待的游客不仅有大量的外国人,由于时局动荡,一些中国的阔佬、权贵也入住,以保安全。中国人自己经营的饭店有坐落在东长安街的长安饭店和东交民巷的利通饭店,各有客房80余间;坐落在前门外珠市口的中国饭店,有客房60余间;还有在郊区的西山饭店、香山饭店和汤山饭店等等。

资料来源:王淑良,《中国旅游史》(下册)。北京:旅游教育出版社,1998年版,第2页。

第五节 现代旅游发展状况

现代旅游是旅游发展史中一个时期概念,同历史学对历史断代划分不同的是,旅游研究中的现代旅游是指第二次世界大战结束以后的旅游发展时期。因此,在旅游研究中,现代旅游是指第二次世界大战结束以后,特别是20世纪60年代以来,迅速普及世界各地的社会化旅游活动。

一、战后旅游迅速发展的原因

(一) 从需求方面讲

1. 战后世界经济迅速发展。第二次世界大战结束后,各国都开始致力于本国的经济建设,和平与发展是世界的两大主题。战后的欧洲和日本发展得尤其迅速,到了20世纪60年代,那些原先经济基础较好的西方国家就开始进入了"富裕社会"。集中体现为:社会生产迅速发展、劳动生产率提高、人们收入提高。

2. 交通工具的进步促进了旅游发展。一方面从时间上大大缩短了旅行的时间,比如:飞机从纽约到伦敦,1950年需要14个小时,1970年需要7小时,1980年是4小时。另一方面是减少了旅游的交通费用。民用喷气客机在运行费用方面的优势更是显而易见。在这里以美元和黄金的比价来计算海运和客运对旅游者的负担的差异:二战前,每一英两黄金约合36美元,20世纪90年代中期以后在350美元至300美元之间浮动;二战前从上海至旧金山三等经济舱票价是350美元,20世纪90年代中期上海飞旧金山民用航线经济舱票价为700美元。那么我们知道二战前横渡太平洋的单程票价要花费9.72英两黄金的美元,而20世纪90年代中期以后,只花费2.12英两黄金的美元。

3. 生产自动化程度的提高使劳动者带薪假期进一步增多。随着科学技术的发展,各产业生产过程的自动化程度不断提高,并且日益普及,工人阶级经过百余年顽强斗争的结果,法国成为第一个以立法形式规定就业人员享有带薪假期的国家。它在1936年宣布劳动者每年可享有带薪假期至少6天。在当今社会,各国实行的带薪假期平均为每年四周。带薪假期是人们外出旅游的最佳时机,欧美发达国家的人们一直有在带薪假期出游的习惯。

4. 科技、教育事业发展,激发人们的出游动机。战后的和平和客机的发展,缩小了世界的距离,教育使人对自己身外的世界产生兴趣,同时,科技大大方便了出游,如信息技术在旅游发展中的广泛应用极大地方便了人们外出,常见的有计算机预订系统、饭店管理系统、银行结算系统和旅游目的地信息系统等。

(二)从供给方面讲

1. 廉价团体包价旅游发展。托马斯·库克发明的包价旅游形式为以后的旅游代理开拓了道路,这种方便、价廉的旅游方式也被广大游客接受,越来越多的人参加到旅游活动中来。

2. 政府采取支持和鼓励态度吸引旅游者。旅游业对本国经济有拉动作用,同时可以赚取外汇,几乎所有的国家和政府对旅游者来访都采取了鼓励和支持的态度,这也极大地激发了旅游者的热情。

二、国外现代旅游发展状况

二战后,饱经战火的欧洲大陆开始恢复经济,发展和吸引北美游客。20世纪50年代以后,欧洲的复兴已完成,进入了经济发展新时期,同时,二战以前的殖民地国家陆续独立,包括亚洲的韩国、印度及中国等,它们也为换取外汇而发展旅游业。进入20世纪60年代以来,由于航空运输费用的大幅度降低,使更多的工薪阶层也能参加旅游活动,于是出现了世界范围内大面积游客流动的局面,成为"大众旅游时期"。

（一）大众旅游

大众旅游一词的含义是针对旅游发展的规模而言。由于旅游发展已成为全球性的普遍现象,旅游运行规模宏大,这是这个时期旅游发展的特点,因此,这个时期的旅游运行就是大众旅游时期。同时,旅游的持续增长成为二战后经济发展的另一个特征,1950年,全球旅游收入26亿美元;1990年,2 690.32亿美元;1997年,4 482.65亿美元。世界旅游组织发布的公报指出,2001年,由于受纽约"9·11"事件和全球性经济衰退的影响,全球国际旅游总收入由2000年的4 740亿美元减少到4 620亿美元,下降2.6%。

因为旅游是产业革命和工业化的产物,旅游在其运行中,也继承了工业化生产的精髓——规模经营和标准化。大众旅游的运行方式就是将相似的、标准化的服务去满足"通用"的、常规的旅游需求,模仿批量生产,追求生产、价格、渠道和促销的规模效应。这种旅游运行模式对期望值低且期望值相似的旅游者较为合适,事实上也取得了令人满意的进展。

（二）新时期旅游

20世纪80年代末,旅游又发生了巨大的变化,主要是由于新的生产方式、新技术、新的消费者、新的管理风格、新的环境等因素的出现。其间消费者、管理及经营方式都不同于传统的大众旅游,而称之为"新时期旅游"。当资本经济转向知识经济发展时,规模经济和标准化被系列结构和个性化所取代,旅游也从其"经济外壳"中凸现其"文化内核"。旅游已经超出了其原先的狭义的业务范围,而形成了一种包括"历史、文化、经济、社会、环境"等诸多内容的综合性社会现象,具体变化体现为:资本经济——知识经济;规模经济——系统经济;标准化——个性化。

新时期旅游有三个主要特征:需求的超细划分;供给及销售的弹性;通过交叉渗透及系统经济(不是规模经济)效应获得利润。新时期旅游概念的出现,反映了社会发展中技术、经济和文化三方面因素对旅游发展做出的新贡献,同时也反映了人们对旅游现象的认识有了一个飞跃的发展,人们最终认识到旅游现象与人类生活之间的关系是非经济性质的。世界旅游组织也确认了这个概念,并且应用于旅游教育与旅游培训中。

三、中国的现代旅游

中国的现代旅游是指 1949 年新中国建立以来的旅游历史。这时期,中国旅游业的发展大约经历了以下两个阶段:

(一)政治接待阶段

这一阶段是从 1949—1977 年为止。这一阶段可分为以下几个时期:

1. 创业时期(1949—1955)

新中国成立初期,为适应国内侨眷出境探亲和接待归国华侨探亲旅游的需要,华侨服务社诞生在厦门市。此后,在福建、广东侨乡地区的一些口岸城市陆续成立了华侨服务社并扩大到了全国。华侨服务社的创建和发展是新中国旅游服务的开端,是中国式旅游通道的一部分。

1952 年 10 月在北京召开的"亚洲及太平洋区域和平会议",37 个国家的 367 位代表应邀参加。这次会议在国际上产生了很大反响,来华公务出差、旅游的外宾不断增加,周恩来总理提议成立中国国际旅行社。1953 年 8 月组建了"中国国际旅行总社",当时的任务主要是承办政府各单位和群众团体有关外宾的招待工作。当时采取的是行政管理,不强调经济核算和经济效益,没有作为一项产业来发展。

2. 开拓时期(1956—1966)

20 世纪 50 年代后期,来华自费旅游者逐渐增加,为了加强对旅游业的管理和领导,1964 年 7 月 22 日中国旅行游览事业管理局在北京正式成立,属国务院直属机构。国务院明确规定,发展我国旅游业的方针和目的首先是为了学习各国人民的长处,宣传我国社会主义的建设成就,加强和促进同各国人民之间友好往来和相互了解。其次才是增加外汇收入。它的成立标志着我国旅游业已步入了新的开拓时期。

3. 坎坷时期(1967—1977)

20 世纪 60 年代中期,世界上大众旅游迅速兴起,世界旅游业朝气蓬勃,空前发展,成为新兴的发展最强劲的产业之一,而我国刚刚起步的旅游业却被"文化大革命"严重冲击,被迫进入步履艰难的停止阶段。那时候,我国一些旅游机构、组织被撤销,每年来我国访问者只有几百人,其萧条景象不言而喻。

1971 年,毛泽东主席对中国旅行游览事业管理局的接待计划做出了批示:"人数可略增加";同年 3 月,周恩来总理亲自部署召开了全国旅游工作会议,提出旅游工作的方针是"宣传自己,了解别人",周总理指示在经济上旅游业的收入应略有盈余。这次会议是一次十分重要的会议,从此,我国旅游业才开始出现了转机。美国总统尼克松和日本首相田中来我国访问,为我国旅游业的恢复和发展提供了有利的国际环境。1973年中国华侨旅行总社恢复,并于1974年更名为中国旅行社总社,我国旅游业(国际入境旅游业)逐渐走出了困境。

这一阶段,我国发展旅游业的目的仍然以政治接待任务为主,更确切地说,是以入境旅游为主。

（二）全面发展阶段

这一时期从1978年至今。党的十一届三中全会以后,随着党和国家的工作重心的转移,改革开放的深入和发展,社会主义市场经济的提出和确立,社会生产力的迅速发展,人民生活的较大改善,为我国公民进行旅游和国内旅游业的发展奠定了基础。另一方面,随着我国经济的发展,对外交往的频繁,增大了外汇的需求,于是,旅游业作为经济创汇的重要部门和对外开放的媒介日益受到重视,旅游业作为国民经济各部门中最具发展活力和潜力的产业进入了全面发展的新阶段。重要表现是：

1. 旅游机构职能有了根本的转变,即由过去的政治接待部门转化为经济部门。旅游业也由过去完成接待政治任务的事业转变为以经济营利为目的的产业,成为国民经济的重要组成部分,并纳入了国民经济发展规划。国家和不少地方政府都大力发展旅游业,兴建宾馆饭店,扩建机场,加强旅游设施建设,并以此带动经济的发展。

2. 旅游管理体制的改革和完善。1978年,原来的中国旅行游览事业管理局改名为"管理总局",随后又更名为中国国家旅游局,从而扩大了该局的职能范围,使其真正成为国家旅游行政管理机构,并承担统管全国旅游发展的任务。各省、直辖市、自治区政府也相继成立地方旅游局,从国家到政府旅游管理体制已经顺畅,并逐步完善。1981年,国务院成立旅游工作领导小组,负责审定旅游工作的方针政策,审查全国旅游发展规划和主要游览区的建设和规划,并负责协调与旅游业发展有关部门的工作。国家还对旅游企业实行企业化管理,取代过去的行政管理。

3. 加强海外营销工作,参与国际旅游市场的竞争。近年来,国家旅游局先后在重要客源国设立了驻外旅游办事处,并组织力量采取各种营销途径加强海外营销工作,开拓国际市场,使我国旅游业有了巨大发展。1983年10月5日,我国正式被世界旅游组织接纳为第106个会员国。

4. 国内旅游迅速兴起。过去我国旅游业只重视国际旅游(入境旅游),以创汇为主要目的。三中全会以后,人们生活有了很大改善,消费观念也在变化;周末双休日的执行,三个旅游"黄金周"的实行,也促使我国的国内旅游发展飞速,我国旅游业得到全面发展。

5. 重视旅游人才的培养和旅游学科的研究工作。随着旅游业的发展,提高旅游业管理专业化、科学化水平已提到议事日程,并引起旅游行业的高度重视。于是,兴办旅游院校或学科,使旅游专业化人才步入正轨是当务之急,我国现在已经建立了大学、大专、职业教育等多层次的旅游教育体系,采取多种职业培训形式,有了从博士、硕士到学士的学科梯队,正在改变旅游人才培养滞后的局面。

本章提要

1. 从世界范围而言,人类有意识的旅行活动始于原始社会末期,商人开辟了最早的旅行通道。虽然这种活动并不是真正意义上的休闲或度假,而是以商品交换为目的的、由产品交换促成的一种经济活动,但是却毫无疑问地推动了社会发展,推动了人们外出旅行的需要。

2. 旅行发展的先决条件是交通的发展,表现为交通道路的开辟和交通工具的不断改善。无论在我国,还是世界其他国家,奴隶制社会和封建社会经济的发展和科技进步促进了交通的发展,生产技术和社会经济的发展、繁荣为旅行的发展奠定了新的物质基础。在我国封建经济十分发达的唐宋时期,商务旅行仍居主导地位,非经济目的的旅行活动的参加者人数不多,其消遣旅行活动没有普遍社会意义,广大劳动人民经济上没有参加旅行活动的能力,主观上也缺乏外出旅行度假的要求和习惯。

3. 在近代社会里,文艺复兴运动给人们奠定了精神上的基础,产业革命奠定了人类的物质基础。产业革命给人类社会开创了一个划时代的新纪元,造就了工业资产阶级,从而使有能力外出旅游的人不仅仅限于封建贵族和大土地所有者;其次,产业革命造就了工人阶级,他们终日面对的是枯燥、重复的工业劳动,有强烈的外出休假的愿望,同时,经过广大劳动者一个多世纪的不懈斗争,他们为自己争取到了带薪假期,使其具备了旅游的条件;再次,科学技术的进步,尤其是蒸汽技术在交通运输中的应用,使大规模的人员流动成为可能。此时,旅游活动具有了广泛性和社会性的特征,具有了现代意义上的旅游的特征。

4. 中国的近代旅游业是在20世纪20年代开始出现的,1923年8月,上海商业储备银行旅行部在上海成立,标志着我国现代旅游业的正式诞生。1931~1937年,业务发展迅速,旅行分社发展为45所。旅行部在人口稠密,交通要冲之地还增设支社、办事处,极大地方便了人们出游。旅游成了一种新的生活方式,可谓开化了风气。

5. 现代旅游是指第二次世界大战结束以后,特别是20世纪60年代以来,

迅速普及世界各地的社会化旅游活动。中国的现代旅游是指1949年新中国建立以来的旅游历史。这时期,中国旅游业的发展以1978年为转折点分为政治接待阶段和全面发展阶段。

> **练习与思考**

1. 请你谈谈旅游活动的产生应具备什么样的社会经济条件?
2. 旅游活动是自古就有的吗?旅游活动是人类社会发展到一定阶段的产物吗?如果是,这个阶段如何确定呢?
3. 为什么说托马斯·库克是旅游业的先驱?
4. 请你谈谈我国近代旅游与旅游业发展状况。

> **小组讨论**

1. 旅游、旅行和迁徙有什么区别和联系。
2. 当前国内和国外学术界对旅游现象的起源和发展存在着两种不同的理解,一种理解认为旅游现象是社会经济发展到一定高度时的产物,另一种理解是旅游现象是市场经济的产物。你对"旅游是市场经济的产物"这个命题怎样理解,说说你的认识和评论。

第三章 旅游者

> **知识要点**

通过本章的学习,掌握
- 旅游者、国际旅游者、国内旅游者的技术性定义。
- 旅游者的特点,认识旅游者是旅游活动的主体。
- 影响个人旅游需求的主客观原因。
- 不同类型旅游者的需求特点。

> **技能要求**

通过本章的学习,能够
- 在当地旅游局的指导下学习掌握对入境旅游者和国内游客的统计。
- 通过旅行社的实习了解旅游者的动机,分析不同旅游者的类型和他们的消费特点,总结前来当地旅游的不同类型的旅游者构成比例。

实现旅游活动需要具备各种条件,但是归纳起来就是旅游活动的三个基本要素:旅游主体,即旅游者;旅游客体,即旅游对象,通常称旅游资源;旅游媒介,即旅游业。这三个要素构成一个统一的旅游整体,在旅游活动中这三个要素是紧密联系不可缺少的。但旅游者是构成旅游活动的首要条件,没有旅游者,就没有旅游活动,更不能使旅游活动成为社会现象,也就不会产生旅游业。

第一节 旅游者的概念

　　由于旅游者是旅游活动的主体,因此,在研究旅游时最受人关注的莫过于作为旅游者这个特殊群体概念。什么样的人才算旅游者?无论是在学术界还是在现实生活中指代这个群体的词都有多种说法,例如旅游者、游客、观光客、旅行者等,而学术界最常用的还是"旅游者"(tourists)。在现实生活中,人们习惯于这样的认识:旅游者就是离家外出到异国他乡旅行的人。过去曾有人解释旅游者就是出于一种好奇心,为了得到愉快而进行旅行的人。这种解释显然有悖于科学的旅游定义,因为它没有将非消遣性旅游包括进去。以上这些说法或定义不论其确切与否,都属概念性定义。对于旅游业以及关心旅游业发展问题的国家有关政府部门来说,所需要的乃是旅游者技术性定义,即将一些量化或者可借以区别限定标准纳入旅游者的定义,以便统计和研究工作。但是由于旅游学科发展得较晚,大多数有关旅游和旅游者的定义都是人们出于不同学科角度,为了适应各自的工作或研究目的而提出来的,因此很难统一。不过,对旅游者的定义问题多年来一直为一些权威机构所重视。从国际联盟到联合国组织、世界旅游组织乃至各国政府有关部门,都曾为旅游者的定义作了大量的努力。对于旅游者所作的官方定义一开始就特别注意是否跨越国境的问题,由此形成了对旅游者的最基本分类,即国际旅游者与国内旅游者。

一、国际旅游者

(一)国际上关于国际旅游者的定义

1. 最早的国际旅游者的半官方定义是 1937 年由临时国际联盟统计委员会(the Committee of Statistics Experts of the Short—live League of Nation)提出的。该定义为:旅游者是指离开定居国,到其他国家旅行 24 小时以上的人。并且确认下列几种人为旅游者:(1)为娱乐、家庭和健康原因而旅行的人;(2)为参加国际会议而旅行的人;(3)为商业原因而旅行的人;(4)在海上巡游途中停靠某地,即使逗留时间不超过 24 小时的人。同时该委员会规定下列几种人不属于旅游者:(1)为到另一国家谋求职业或长期居住的人;(2)到国外居住的人;(3)寄宿在校的学生;(4)居住在边境地区而跨越国界到邻国工作的人;(5)途经一个国家但不作法律意义上的停留的人,不管其停留时间多长。

　　1950 年,国际官方旅游组织联盟(the International Union Of Office Travel Organizations,略为 IUOTO)对上述定义做了修改,包括将以修学形式旅游的学生视为旅游者,并界定了一个新的旅游者类型"International Excursionists"(通常译为"短途国际旅游者"或"当日往返国际旅游者")。短途国际旅游者是在另一个国家访问不超过24小时的人。另外,IUOTO还定义了过境旅行者,他们是路过一个国家但不作法律意义上的停留的人,不管他们在该国逗留多久。

2. 1963年的罗马会议提出了游客、旅游者、短途旅游者三种概念。

随着第二次世界大战结束后现代旅游活动在国际间的迅速发展,统一世界各国旅游统计口径的问题开始真正得到有关的国际组织和世界各国的重视。在国际官方旅游组织联盟(即当今世界旅游组织WTO的前身)的积极推动下,联合国于1963年在罗马召开了一次由全体成员国参加的国际旅行与旅游会议(以下简称罗马会议)。经过讨论,会议对国际来访的入境旅游者的统计范围作了新的规范,这就是人们习称的关于界定旅游者的罗马会议定义。

罗马会议提出,凡纳入旅游统计中的来访人员统称为"游客"(Visitor)。这里的所谓"游客"实际上也就是旅游理论研究中所泛称的旅游者。

"游客"分为两类,一类是在到访目的地停留过夜的游客,在旅游统计中称之为"旅游者"(Tourist)。实际上,这只是在旅游统计中才使用的狭义的旅游者概念;另一类则是不在目的地停留过夜,而是当日返回或当日离去的游客,在旅游统计中称之为"短程游览者"(Excursionist)或"一日游游客"(Day Tripper或Day visitor),实际上也就是不过夜的旅游者。

罗马会议对此所作的具体解释和规定如下:

游客指除为获得有报酬的职业以外,基于任何原因到一个不是自己通常居住的国家访问的人。

在这个总的定义之下,游客包括两类:

(1)(过夜)"旅游者",即:到一个国家作短期访问至少逗留24小时的游客。其访问目的可属下列之一:

① 消遣(包括娱乐、度假、疗养保健、学习、宗教、体育活动等);

② 工商业务、家庭事务、公务出使、出席会议。

(2)"短程游览者"(或一日游游客),即到一个国家作短暂访问,停留时间不超过24小时的游客(包括在海上巡游过程中的到访者)。

这一定义不包括那些在法律意义上并未进入所在国的过境旅客(例如没有离开机场中转区域的航空旅客)。

罗马会议之后,1967年,下设在联合国统计委员会的统计专家进一步明确建议将游客分为tourists和excursionists,但二者统一于visitors一词,并把visitors定义为"除为获得有报酬的职业以外,基于任何原因到一个非定居国访问的人。"联合国统计委员会于1968年正式确认和通过了这一定义。同年,国际官方旅游组织联盟(WTO前身)也正式通过了这一定义。1970年,经济合作与发展组织(OECD)旅游委员会也决定采纳这一定义。世界旅游组织(WTO)正式成立之后,也再次重申将这一定义作为本组织对应纳入旅游者统计的人员范围的解释。因此在当今的国际旅游学术界,人们通常也将这一定义内容称为世界旅游组织的解释。

这一定义的基本特点是:

第一,将所有纳入旅游者统计的来访人员统一称谓为"游客"。

第二,以在访问地的停留时间即是否在访问地停留过夜为标准,将来访游客进一步划分为停留过夜的"旅游者"和不停留过夜的"一日游游客",并提出对这两种不同类型的游客,需要分别进行统计。

第三,根据来访者的定居国或通常居住国,而不是根据其所属国籍,来界定其是否属于应纳入旅游者统计中的游客。

第四,根据所规定的访问目的来界定来访者是否属于应纳入旅游者统计中的游客。

通过对上述特点的观察,我们应当能够发现,人们在对旅游者(即旅游统计中所称的游客)进行界定时,所采用的技术性指标通常都涉及离开定居地或常住地、访问目的、在目的地的停留时间这三大方面。

如果说这个定义有什么不足之处:那就是它所界定的只是国际旅游来访的入境游客,而没有将国内旅游或国内游客考虑进去。

另外顺便说明的是,由于该定义在界定游客时,所规定的来访目的中除了消遣性目的之外,还包括了以商务访问为代表的事务性目的,因此该定义的普遍采纳还使得旅游(Tourism)和旅行(Travel)这两个最初含义原本不同的术语,在此后的旅游研究中,特别是在欧美学者的旅游研究中,朝着概念同化的方向大大迈进了一步。

3. 1976年联合国统计委员会进一步明确了国际游客(visitors)、国际过夜旅游者(tourists)、国际短途旅游者(excursionists)的技术性定义。

目前,这些定义成为大多数国家在进行旅游者统计时所依循的主要蓝本。具体内容是:

(1)国际游客(international visitors)不包括下列人等:为移民或就业而进入目的地国家的人;以外交官或军事人员身份访问该国的人;上述人员的随从;避难者、流民以及边境工作人员;逗留时间超过一年的人。但下列人员是(或可以是)国际游客:出于休闲、医疗、宗教、探亲、体育运动、会议、学习或过境的目的而访问他国的人;中途停留在该国的外国轮船或飞机的乘务人员;逗留时间不到一年的外国商业或企业人员,包括安装机器设备的技术人员;国际团体雇佣的任职不超过一年或回国作短暂停留的侨民。

(2) 国际游客又分为国际过夜旅游者和国际不过夜旅游者(international tourists and international excursionists)两类,前者指在目的地国家的接待设施中度过至少一夜的国际游客,后者指利用目的地国家的设施少于一夜的国际游客,包括那些居留在巡游船上只上岸游览的乘客。不过夜旅游者中不包括那些虽落脚于他国但却未在法律意义上进入该国的过境旅客(如乘飞机在某国中转的乘客)。

17至18世纪期间,外交家,商人和学者们纷纷前往欧洲进行"大旅行"(Grand Tour),他们的主要目的地是法国和意大利,学者们去巴黎、罗马、佛罗伦萨和其他文化中心的学校是那个时期的时尚。虽然"大旅行"的初衷是作为一次教育经历,但是后来却一直遭到批评,人们认为它已经退化成单纯的追求享乐。下面这个片断摘自《旅游地理》,它描述了大旅行的情况。

大旅行十分有趣,它频繁而富有传统。早在1678年,约翰·盖尔哈德在他的《有造诣的绅士》一书中描述到,当时进行三年旅行是一种社会风气,人们普遍接受这样一种旅行日程,它的安排首先是在法国长时间逗留,主要在巴黎,然后再在意大利呆上一年,参观热那亚、米兰、佛罗伦萨、罗马和威尼斯,然后经德国和低地国家(西欧的荷兰、比利时和卢森堡三国),取道瑞士返回。

当然,旅行日程形式多变,但上述路线最为流行。人们普遍认为,除了意大利、法国和低地国家之外,世界上再没有任何地方值得一看,因为那些地方只有平凡和十足的野蛮。大旅行这个词至今还存在,而前往欧洲大陆的可以追溯到早期的大旅行,与今天的概念大相径庭,现代的大旅行往往只持续三星期,而不是三年。

按照1976年联合国统计委员会进一步明确的国际游客的技术性定义来分析,假如17—18世纪传统的"大旅行"是发生在今天,那些旅行者是否符合国际游客的定义?

为什么"现代的大旅行往往只持续三个星期,而不是三年"?试分析其主要原因,并将原因按照先后次序排列。

资料来源:查尔斯·R.戈尔德耐等著,《旅游业教程》。大连:大连理工大学出版社,2003年,第48页。

(二) 中国关于海外游客的统计口径

随着 1978 年我国对外开发政策的实施和接待入境旅游的发展，旅游统计工作也着手进行。1979 年，我国国家统计局和国家旅游局也曾对应纳入我国旅游统计的旅游者人数范围作过一系列的解释和规定。

目前，我国在海外来华入境旅游人次统计方面，对有关概念使用的现行解释和有关规定包括：

凡纳入我国旅游统计的来华旅游入境人员通称为海外游客。

海外游客是指来我国大陆观光、度假、探亲访友、就医疗养、购物、参加会议或从事经济、文化、体育、宗教交流活动的外国人、华侨、港澳台同胞。其中：外国人是指属外国国籍的人，包括加入外国国籍的中国血统华人；华侨是指持有中国护照，但侨居外国的中国同胞；港澳台同胞指居住在我国香港、澳门地区和台湾省的中国同胞。

为了便于界定，我国规定来华海外游客是指因上述原因或目的，离开其常住国（或常住地区）到我国大陆访问，连续停留时间不超过 12 个月，并且在我国大陆活动的主要目的不是通过所从事的活动获取报酬的人。其中的常住国（或地区）是指一个人在近一年的大部分时间内所居住的国家（或地区），或者虽然在这个国家（或地区）只住了较短的时间，但在 12 个月内仍将返回的这个国家（或地区）。

按照在我国大陆访问期间停留时间的差别，海外游客划分为以下两类：

1. 海外旅游者，即在我国大陆旅游住宿设施内停留至少一夜的海外游客（过夜游客）。

2. 海外一日游游客，即未在我国大陆旅游住宿设施内过夜（而是当日往返）的海外游客（不过夜游客）。

我国旅游统计中还规定，海外游客中不包括下列人员：

1. 应邀来华访问的政府部长以上官员及其随行人员；
2. 外国驻华使、领馆官员，外交人员以及随行的家庭服务人员和受赡养者；
3. 在我国驻期已达一年以上的外国专家、留学生、记者、商务机构人员等；
4. 乘坐国际航班过境，不需要通过护照检查进入我国口岸的中转旅客；
5. 边境地区（因日常工作和生活而入出境）往来的边民；
6. 回大陆定居的华侨、港澳台同胞；
7. 已在我国大陆定居的外国人和原已出境又返回我国大陆定居的外国侨民；
8. 归国的我国出国人员。

从前述联合国和世界旅游组织对应纳入旅游者统计的人员界定以及从我国对来华海外游客的现行解释中,我们可以发现,除了在各自的表述上以及在某些个别方面的解释有所不同之外(例如按照我国对海外旅游者的解释,实际上将在亲友家中过夜的来华旅游者排除于统一范围之外),所有这些定义及解释内容都大致相同。目前,世界各国在对国际入境旅游者进行界定和统计时,都是以罗马会议定义或者说都是以世界旅游组织(WTO)的解释为基准。因此可以认为,目前世界各国对于国际入境旅游者的界定,原则上已经形成共识。

二、国内旅游者的定义

目前,各国对于国内旅游者的定义尚不完全统一。各个国家在参照世界旅游组织所提供的国内旅游者的定义的基础上,针对本国情况又分别做出了自己的定义。

(一)世界旅游组织的定义

类似于对国际游客所做的划分,国内游客也被区别为过夜国内旅游者(domestic tourists)和不过夜国内旅游者(domestic excursionists)。国内过夜旅游者是指在本国某一目的地旅行超过24小时而少于一年的人,其旅行目的是休闲、度假、运动、商务、会议、学习、探亲访友、健康或宗教。国内不过夜旅游者是指由于以上任一目的而在目的地逗留不足24小时的人。

(二)北美国家的定义

北美的加拿大和美国是以出行距离为标准来区别是否属于国内旅游者的(在英语国家中,不同的机构在使用游客(visitors)或过夜旅游者(tourists)时相当混乱,没有加以明确的区分)。例如美国有些机构,譬如美国国家旅游资源评价委员会(the National Tourism Resources Review Commission)用至少80公里(单程)作为衡量是否国内旅游者的临界尺度,而美国旅游数据资料中心和美国人口普查局(the US Trade Data Center and the US Bureau Of the Census)则坚持用至少160公里的标准。加拿大统计局和加拿大旅游局(Statistics Canada and Tourism Canada)在他们所进行的加拿大旅游调查中使用了最小距离为80公里的标准,而一些省份也在使用自己确定的标准(如安大略省用40公里),其混乱情况由此可见。另外,所有这些定义多数都不问逗留时间的长短。

(三)欧洲国家的定义

与北美国家的风格不同,以英国为代表的一些欧洲国家在判断是否属于国内旅游者时所采用的标准不是出行距离,而是在异地逗留的时间长度。例如英格兰旅游局在每年一度的英国旅游调查中对国内旅游者的定义是:基于上下班

以外的任何原因,离开居住地外出旅行过夜至少一次的人。而法国旅游总署的定义则是:凡以下列原因(包括消遣、健康、出差或参加各种形式的会议、商务旅行、改变课堂教学的修学旅行诸如海上课程或滑雪课程)离开自己的主要居所,外出旅行超过 24 小时,但不超过 4 个月的人均可视为国内旅游者。

(四) 我国国内旅游统计中的界定

在我国的国内旅游统计中,对纳入国内旅游统计范围的人员统称为国内游客。

根据我国旅游统计中的解释,国内游客是指任何因休闲、娱乐、观光、度假、探亲访友、就医疗养、购物、参加会议或从事经济、文化、体育、宗教活动而离开长住地到我国境内其他地方访问,连续停留时间不超过 6 个月,并且访问的主要目的不是通过所从事的活动获取报酬的人。在这一定义中,所谓常住地是指一个人在近一年的大部分时间内所居住的城镇(乡村),或者虽然在这个城镇(乡村)只居住了较短的时期,但在 12 个月内仍将返回的这个城镇(乡村)。根据这一解释,国内游客中也应包括那些在我国大陆境内住满一年之后,离开其常住地到我国大陆境内其他地方去旅游和访问的外国人、华侨和港澳台同胞。

在我国的国内旅游统计中,对国内游客也分为两类,即:

1. 国内旅游者,指我国大陆居民离开常住地,在我国大陆境内其他地方的旅游住宿设施内停留至少一夜,最长不超过 6 个月的国内游客。

2. 国内一日游游客,指我国大陆居民离开常住地 10 公里以外,出游时间超过 6 小时但不足 24 小时,并未在我国大陆境内其他地方的旅游住宿设施内过夜的国内游客。

除此之外,我国的国内旅游统计中还规定,下列各类人员都不在国内游客统计之列:

1. 到各地巡视工作的部以上领导;
2. 驻外地办事机构的临时工作人员;
3. 调遣的武装人员;
4. 到外地学习的学生;
5. 到基层锻炼的干部;
6. 到其他地区定居的人员;
7. 无固定居住地的无业游民。

从以上我国在国内旅游统计方面所作的界定中可以看出,这些解释和规定同世界旅游组织的有关建议基本上是吻合的。但是,同我国在国际旅游统计方面所作的解释一样,国内旅游统计中似乎并未将在外地亲友家中过夜的国内旅游者包括进去。由此不难推知,我国关于国内旅游人次的统计数字难免会低于其实际的规模。

三、旅游者的特点

旅游者是旅游系统中三大要素的基本要素,是旅游的主体,是旅游行为的施动者,是从事旅游活动的人。我们前面列举的都是对旅游者技术性定义的不同认识。对于旅游者的概念性定义,世界各地则并不存在大的认识差异。就旅游者的概念性定义而言,可以这样认为,无论国际旅游者还是国内旅游者,都是出于就业和移民以外的任何原因,出自寻求愉悦的目的而暂时离开常住地去异乡访问的人。正是出于统计及其他方面的考虑,才把旅游者分为国际旅游者和国内旅游者。

根据对旅游定义的理解和旅游活动自身的特性,作为旅游主体的旅游者应具备以下一些特点:

1. 异地性。对于旅游者而言,其旅游目的地均为异地他乡。这就不仅要求旅游者自身具有一定的自然和人文的环境适应性和心理承受力,如对旅游地的气候、地形等自然条件和饮食、习俗等人文环境能够接受并适应,而且要求旅游地能够对外来者提供必要的生存条件,包括物质生活条件和对外来文化"侵入"的心理容忍。正是异地性的一系列特征满足了旅游者求新、求奇的旅游心理需求。

2. 短暂性。对于旅游者而言,前往异地他乡进行参观访问具有暂时性的特点,不可导致永久性居留(为此,为了统计方便起见,我们不妨规定最长为一年)。这是旅游者和迁徙者的重要特征区别。

3. 愉悦性。这也是旅游者的最终目的,由其旅游动机所决定。无论是观光旅游、寻幽探奇、博览风采、增长见识、开阔眼界,还是体育运动、度假疗养、文化交流等,其最根本的追求是满足一种心理或生理的需要,使身心得到愉悦的感觉。这种愉悦既有精神领域的审美愉悦,也有所谓的世俗愉悦。

4. 消费性。旅游是现代社会人们一种特殊的生活方式,旅游者通过花钱消费得到享受,这不仅要求旅游者具备一定的经济负担能力,还要求旅游地能够为旅游者提供相应的旅游服务,以迎合旅游者的消费要求,同时,消费层次决定了旅游层次,刺激了旅游目的地产品、设施和服务的不断改进,消费性是改善旅游目的地环境的重要动力之一。

5. 业余性。旅游者是在工作之余进行旅游活动。所以有无余暇时间及其长短,影响旅游者的旅游动机及行为。劳动生产率的不断提高和业余时间的不

断增加是推动旅游业持续增长和休闲旅游备受欢迎的重要原因之一。

6. 地域性。旅游者由于所处自然环境、经济水平、社会制度、文化修养、风俗习惯等不同,具有明显的地域差异性,这不仅导致各地旅游者旅游动机的差异性,而且直接关系到旅游地旅游影响的辐射范围。

第二节 决定个人旅游需求的客观因素

旅游需求可分为个人需求和市场需求两个层面。由于本章讨论的主题是旅游者,因此这里对旅游需求产生条件的探讨主要是针对个人旅游需求而言。

在上一节中,我们讨论了旅游研究中对旅游者的定义以及旅游统计工作中关于旅游者的统计口径。接下来要讨论的问题则是什么样的人才可以成为旅游者,即个人旅游需求的决定因素问题。

在现实生活中,我们稍加观察就不难发现,有些人几乎每年都会外出旅游观光或度假,但有的人却从未有过这样的经历。这说明,一个人要成为现实的旅游者,或者说一个人能够产生旅游需求并实行这一需求,是需要具备一定条件的。这就是我们要讨论的影响或决定个人旅游需求的因素。

一、收入水平

影响旅游需求的因素很多。就产生旅游需求和实现旅游活动的条件来看,这些影响因素至少可以划分为两大部分:一是旅游者本身即需求方面所具备的条件,二是旅游目的地方面即供给方面的影响因素。正如人们早已认识到的那样:如果没有具有吸引力的旅游目的地,如果这些目的地不能提供必要的食宿及娱乐条件,旅游需求不可能首先产生。现在,我们仅就旅游者方面讨论影响旅游需求和实现旅游活动的条件。

从需求方面来看,一个人能否成为旅游者和实现旅游活动,往往取决于多种社会经济因素的影响。旅游活动发展的历史证明,国际性大众旅游的兴起是同世界各国,特别是西欧和北美各国国民收入水平的提高分不开的。我国大众旅游活动的开展也得益于改革开放以后国民收入的提高。因而收入水平是影响一个人能否成为旅游者的最重要的因素,也是实现旅游生活的首要条件。

一个人的收入水平,或者更确切一点说是其家庭的收入水平和富裕程度,决定着他能否实现旅游及其消费水平的高低。所以,家庭收入达到一定的水平乃是实现旅游的前提之一,也是实现旅游的重要物质基础。然而,一个家庭的收入并非全部都可用于旅游。所以决定一个人能否实现其旅游的家庭收入水平,实际上指的是其家庭的可支配收入,或者更确切一点说是其家庭的可随意支配收入的水平。可支配收入和可随意支配收入是西方旅游研究中经常使用的两个术语。所谓可支配的收入(Disposable income)指个人或家庭的收入中扣除全部应纳所得税后的剩余部分。可随意支配的收入(discretionary income)指扣除全部纳税及社会消费(即按规定应由个人负担的养老金、失业保险、健康保险等社会保障费用的支出)以及日常生活必须消费部分(衣、食、住、行等)之后所余下的收入部分。很多研究表明,当一个家庭的收入不足于购买基本生活必需品时,该家庭很少会外出旅游。然而一旦这个家庭的收入水平超过这一临界点,该家庭用于旅游的消费便会迅速增加。这一收入临界点在各国并非相同。在20世纪80年代初的美国,这一临界收入约为年收入15 000美元。美国人口统计局、美国旅游资料中心以及很多市场调研公司的调查结果都表明,人们的外出旅游与家庭收入水平有着直接的关系。例如,在美国,年收入在15 000美元以上的家庭外出旅游的可能性,比年收入低于这一水平的家庭大两倍。年收入在25 000美元以上的家庭外出旅游者更多,相当于年收入在5 000美元以下家庭外出旅游数量的5倍。所以,一般认为当时美国国民的支持旅游的临界收入水平为15 000美元。

旅游者的可自由支配收入水平可以通过恩格尔系数进行相对衡量。

恩格尔系数是一个家庭或个人收入中用于食物支出的比例,系数越低,则表明可自由支配收入水平越高,形成的旅游者越多,旅游者在旅游中所跨越的距离越远,花费总量越大,反之则成相反方向变化。据有关资料表明,1986年,我国居民的恩格尔系数在50%左右,而在同期,美国和日本仅为25%上下。如此低的系数表明,美国和日本旅游者具有很高的旅游支付水平,对于他们来讲,国内旅游已非常普遍,国际旅游也不断发展,而且个人消费水平很高。截止2001年,我国城镇居民的恩格尔系数已降至40%以下,根据旅游业发展的客观规律,此时,已具备产生大量旅游者的经济条件。事实也证明,我国的国内旅游和出境旅游已开始蓬勃发展。

收入水平这一因素的重要性,不仅仅表现于一个家庭外出旅游的经济条件,而且还在于超过这一临界水平后,每增加一定比例的收入,旅游消费便会以更大的比例增加。据英国有关方面估计,旅游消费的这种收入弹性系数为1.5。国际官方旅游组织联盟(旅游组织前身)则估计这一系数为1.88。即收入每增加1%,旅游消费便会增加1.88%。

此外,收入水平不仅影响着人们的旅游消费水平,而且会影响到人们的旅游消费构成。例如家庭富有的旅游者会在食、宿、购、娱等方面花较多的钱,从而使

交通费用在其全部旅游消费中所占的比例减小;而在经济条件次之的旅游者消费构成中,交通费用所占的比例肯定大于前者大。其原因在于食、宿、购、娱等方面节省开支比较容易,相比之下要想在交通代步方面省钱则较为困难。

总之,收入水平意味着支付能力。它影响着一个人能否成为旅游者,影响着消费者的消费水平及其消费构成,并且还会影响到旅游者对旅游目的地的选择,等等。所以,收入水平是影响旅游消费的最重要的经济因素。当然,它并非是一个人能否成为旅游者和实现旅游活动的惟一决定条件。

这里需要说明的是,关于收入水平的研究,主要是针对以消遣旅游者为代表的广大自费旅游者而言。对于各类公费旅游者、奖励旅游和社会旅游的参加者来说,由于其费用报销或享受资助或补贴的缘故,个人或家庭的收入水平则不再是构成实现旅游活动的必要条件。

二、余暇时间

仅仅具有足够的收入水平或者说足够的支付能力,不一定就能实现外出旅游,因为拥有足够的余暇时间是一个人产生和实现其旅游需求所必须具备的又一个基本条件。余暇时间的多少不仅是决定一个人能否旅游的客观因素之一,而且还会影响到对旅游目的地的选择以及在那里逗留时间的长短。

何谓闲暇时间?闲暇时间是指"个人完成工作和满足生活要求之后,完全由他本身支配的一段时间"(联合国《消遣宪章》)。要进一步理解闲暇时间,首先要从人生的时间构成谈起。以现代社会中的就业人员为例,人生时间可以由下列五部分组成:

1. 法定的就业工作时间。例如我国目前实行的每周5天、每天8小时的法定工作时间。这段时间不得由个人随意支配。

2. 必需的附加工作时间。例如必要的加班加点,必要的第二职业工作时间。这段时间同样也不得由个人随意支配。

3. 用于满足生理需要的生活时间。例如吃饭、睡觉、家务等等。这部分时间是一个人维持生命不可缺少的时间组成部分。

4. 必需的社会活动时间。例如出席必要的社交约会、学校召开的家长会等等。对于一个负有家庭和社会责任的人来说,这部分时间也不容个人随意支配。

5. 闲暇时间,或者叫自由时间、可随意支配的时间。根据上述时间的构成我们可以将每个人的全部时间划分成两大类,即工作时间和非工作时间。同时可以将每个人在这些不同时间内开展的活动划分为必须的限制性活动和自由的随意性活动两大类。其相互关系可以通过表3-1表示:

表 3-1　时间与活动类型关系图

活动 时间	限制性活动	自由活动
工作时间	法定就业工作、附加工作、生理生存活动，必需社会活动	（工间时间）
非工作时间		休闲时间

从表 3-1 中我们不难发现，从事休闲活动的闲暇时间虽然属于非工作时间，但是并非所有的非工作时间都可以作为闲暇时间，闲暇时间实际上只是"8 小时以外"的一部分。一些专门研究休闲问题的专家就明确指出："就时间而论，余暇是指人生除谋生和自我生存所需时间以外的时间，是用于追求闲情逸致的自由时间"（引自 Jensen, C. R., *Leisure and Recreation: Introduction and Overview*, 1977）。"闲暇时间与娱乐时间远远不是同义语，而是在满足了工作、睡觉、吃饭及必要的日常琐事的需要之后，所剩余的时间。"（引自 Patmore, J. A., *Land and Leisure*, Penguin, 1972）这些论述都说明，闲暇时间并非只用于娱乐的时间，而是可由个人随心所欲地"自由支配的时间"，因而也可用于读书、学习和消遣性的劳动。

综上所述，可以这样说，闲暇时间就是指在日常工作、学习、生活及其他必须占用的时间之外，可以由个人自由支配、用于消遣娱乐或自己所乐于从事的任何其他事情的时间。简言之，闲暇时间就是指可由个人随意在日常工作、学习、生活及其他必要时间之外，可用以自由支配、从事消遣娱乐或自己乐于从事的任何其他事情的时间。它实际上就是我们所说的可由个人随意支配的自由时间。

闲暇时间的分布情况可划分如下：

1. 每日闲暇。这部分闲暇时间过于零散，虽可用于开展娱乐和休息或餐饮，却无法用于外出旅游。

2. 周末闲暇。表现为周末休假时间。目前，同很多经济发达国家一样，我国也已实行每周 5 日工作制，周末休假时间为 2 天。此间闲暇时间比较集中，在其他旅游需求条件同时具备的情况下，可用于开展近距离的周末度假或一日游。在有的经济发达国家中，例如在美国，有关法案还规定，每年有 4 次为期 3 天的周末假日。由于这些国家的交通条件较为便利，所以，不少人经常利用周末外出旅游度假。

3. 公共假日。通常指法定的公共节假日。各国公共假日的数量不一，大都与各国民族传统节日的多少有关。目前我国每年的公共假日为 11 天，包括国庆节、"五一"节和元旦、春节、清明、仲秋。西方国家中最典型的公共假日是圣诞节和复活节。节日期间往往是家人或亲友团聚活动的好时机，特别是连续 2—6

天的公共假日(含周末假日在内)期间,往往是人们外出探亲访友或旅游度假的高峰时间。

> 1999年,国家将"五一"、"十一"放假天数分别由原来的1天和2天增加到3天,并通过调整前后周末休息时间,形成了春节、"五一"、"十一"三个连休7天的长假。这种休假安排为拉动内需、促进经济增长做出了积极贡献。但随着时间的推移和经济社会的进一步发展,现行放假制度也逐步暴露出一些问题:缺乏传统文化特色、节假日安排过于集中、休假制度不能很好地落实等。目前,经过多方研究论证,国家法定节假日调整方案已基本形成,调整的主要内容包括:
> 1. 国家法定节假日总天数增加1天,即由目前的10天增加到11天。
> 2. 法定节假日时间安排进行调整:元旦放假1天不变;春节放假3天不变,但放假起始时间由农历正月初一调整为除夕;"五一"国际劳动节由3天调整为1天;"十一"国庆节放假3天不变;清明、端午、中秋增设为国家法定节假日,各放假1天(农历节日如遇闰月,以第一个月为休假日)。
> 3. 允许周末上移下错,与法定节假日形成连休。
> 此次国家法定节假日制度调整方案的拟订体现了以下原则:法定休假日天数要与经济社会发展阶段相适应、要有利于弘扬和传承民族传统文化、要尽量减少对经济社会运行影响和冲击、要充分考虑到国民旅游需求,而且休假制度的安排要体现社会公平,让全体公民共享社会经济发展的成果。

4. 带薪假期。目前,经济发达的工业化国家大都有立法规定对就业员工实行带薪休假制度。法国是世界上第一个以立法形式规定就业员工享有带薪假期的国家。它在1936年宣布劳动者每年可享有带薪假期至少6天。目前世界各国实行带薪假期的情况参差不齐。例如在北欧的瑞典,职工享有的带薪假期为每年6周;而在美国则一般为2—4周;西欧各国的带薪假期平均为每年4周,但各国之间亦有差异。在西欧国家中,就业员工全年平均时间的25%～30%为非工作时间。特别是带薪假期的发展,由于这期间闲暇时间较多而且连续集中,因而往往成为人们外出旅游度假,特别是开展远程旅游的最好时机。例如,在我国接待的欧美游客中,大部分人都是利用自己的带薪假期来华访问的。

上述关于闲暇时间的分布情况说明,闲暇时间并非全都可以用于旅游。特别是较长距离的旅游活动,只能利用历时较长而且连续集中的闲暇时间。欧美地区游客的来华旅游大都利用带薪假期进行便是这个道理。当然,这里对闲暇时间的讨论,所针对的是就业在职的人员。至于其他人员,特别是退休人士的闲暇时间问题,则应根据实际情况另当别论。

三、其他客观因素

拥有足够的可随意支配的收入和足够的余暇时间是实现个人旅游需求的两个重要基本条件。但这并不等于说,一个人具备了这两项条件就可以成为旅游者。实际上,一个人能否真正成为现实的旅游者要受到许多社会经济因素和人工因素的制约和影响。

早在大众旅游兴起不久的20世纪60年代中期,英国一家旅游咨询公司在就影响个人旅游需求的因素进行调研之后,得出结论认为,就需求方面而言,旅游倾向同某些社会经济因素和个人因素之间存在着下述关系(表3-2):

表3-2 旅游倾向同各种因素关系表

社会经济因素和个人因素	对旅游倾向的影响
收入	积极影响
家庭户主学历	积极影响
家庭户主职业	积极影响(就职业的社会地位而言)
带薪假期	积极影响
户主年龄	消极影响
生命周期	消极影响(就婴儿拖累而言)
种族	有色人种不如白人积极
性别	男性比女性积极

资料来源:Arthur D. Little, Inc., *Tourism and Recreation*, Oct 1967, p.64.

可见除了收入和带薪假期以外,影响旅游需求的其他因素还有许多。当然,这家英国公司所列的影响因素有些未必妥当,个别因素如种族的列入,显然带有种族偏见。因为在像英国这样的资本主义社会中,有色人种的社会经济地位明显不及白人,因而有色人种出游人数比例低,实为其社会经济地位所影响,而非人种原因所致。男性和女性因在家庭中扮演的角色不同而可能使其对旅游感兴趣的程度不一,但性别本身并不足以构成旅游的障碍或促进因素。职业和学历二者彼此相关,并且二者也同收入一项有一定关联,因此恐怕难以分开论述。况且即使将二者分开作为独立因素,其本身也不能构成障碍因素。如果说人的职业和学习对旅游需求有影响,也只能说它们对于一个人的旅游动机的形成可起到促进或阻碍的作用。此外,老年人,特别是65岁以上的老年人外出旅游者,在老年人中所占的比例的确较低,但其年龄本身并非是造成这一状况的根本原因。

老年人外出旅游比例小的真正原因之一,乃是伴随年龄而来的身体能力状况。许多老年人不能参加旅游活动是因为体力不支,这才是实质性的影响因素。但是,随着生活水平和医疗保健水平的不断提高,当今老年人的身体能力状况和几十年以前相比已经发生了很大变化,市场调查的结果表明,老年人参加旅游的积极性正在迅速增加,各国旅游业都已经形成令人瞩目的"银色市场"(silver market)。这说明,年龄对于旅游的制约性因素正在逐渐淡化。

最后,一个人所处的生命周期阶段,或者说一个人所处的家庭人口状况,的确可构成影响其旅游需求的客观因素:很多调查情况表明,家中有4岁以下婴幼儿的家庭外出旅游的可能性很小。这一方面是因为婴幼儿要特殊照顾,麻烦颇多;另一方面是因为在外出旅游期间,很难找到适合婴幼儿生活所需要的特殊接待设施。然而,45岁以下的未婚成年人,由于身强体壮、无牵无挂,加之收入等因素的影响,因而外出旅游的可能性最大。

总之,在上述各种因素中,真正可单独影响旅游的则是一个人的身体能力状况和家庭状况。在这个意义上,它们和收入水平及余暇一起构成影响旅游需求的客观条件。当然,如果从它们在促成一个人成为旅游者所起的作用方面来看,这四项条件则相互联系,相互作用,缺一不可。不过,最基本的必要条件,乃是收入水平和余暇。

第三节　决定个人旅游需求的主观因素

前面所述的旅游者产生的客观条件,对于一个具体的人来说只是其进行旅游的外在必备因素,最终他能否成为旅游者(即回答"人为什么旅游"的问题),还要取决于其内在因素的作用,即旅游需求的主观因素,或者叫旅游动机。

一、旅游动机和旅游需要

(一) 旅游动机与旅游需求

心理学研究表明,人的动机和行为是相互联系着的,有什么样的动机,就有什么样的行为。所谓动机,指推动和维持人们进行某种活动的内部原因和实质动力。动机是需要的具体化,是需要和行为的中介,动机转换为行为后,通过最终结果来满足动机的需要。

旅游动机是推动人们从事旅游活动的内在原因。关于旅游动机的形成原因,西方学者认为,人天生具有好奇心,寻求新的感受驱使旅游者走向国内各方和世界各地,了解各方面知识,得到新的经历,亲临其境地接触各地人民,欣赏多种多样的自然风光,体验异地文化,考察不同社会制度等等,从而成为人们外出旅游的原始动力,当人们具备了外出旅游的支付水平和闲暇时间条件后,旅游就是一件必然的事情了。

旅游需要实际上是促使旅游者参与旅游活动的内部驱动力。这种内部驱动力可分为生理和心理两个方面。生理上的内驱力主要表现在人们对维持和恢复生理平衡状态所产生的欲望和要求。这种内驱力是先天的,人所具有的自然驱力,它所引起的需要很难通过其他方式间接地得到满足。心理上的内驱力则是维持人们认知、感情和意识等方面平衡的产物。它是后天的,可以通过人的素质提高而改变的,它所引起的需要也可通过补偿或代替的方式获得间接的满足。

旅游是一种超脱一般生理需要的高级需求形式,是社会发展到现代文明阶段的产物,因而旅游所满足的需要应属于心理需要的范畴。只有社会的文化水平在精神和物质方面提高到一定档次后,才能为人们创造出生活富裕、时间充裕和信息发达的旅游条件,旅游才能真正以需要的形式在人们的心理上成为一种追求的对象。现今社会对人们生理需求的最明显的影响之处表现为:第一,经济的发展为旅游者提供了富裕的时间和消费能力;第二,社会的发展提高了人们的心理内需层次,从而激发了人们参与那些为补偿未能满足需要而在心理上留下失衡或匮乏的行为;第三,信息与知识的膨胀,开发了人们的眼界和智力,改变了人类的宇宙观和价值观,使得人们高级需求的欲望上升到惊人的程度。这样旅游的价值便随着人们对美好的、情感的、自由的追求,进入到内心的价值系统,为其自身发展,奠定了扎实的社会基础。

按照马斯洛的需求层次论来分析,人们的需要是随着历史的发展,由低向高而发展上升并逐渐弱化的本能欲求。但由于社会的富裕程度不同,人们满足需求的起点是有很大差距的。当发达国家的人们在旅游的需要方面,已经达到了自我实现的层次时,不发达国家的旅游者们也许刚刚实现了社交的需要。当前者足以把旅游的需要作为生活中习以为常的一部分,而需求欲望有所下降时,后者还在为得到一次珍贵的远足机会,而沾沾自喜。可见,不同的外部力场,对产生心理需要是有很大影响的。高层次需求就像低层次的投影,永远超出其本身的范围,当需求本身受外部力场作用而向前推移时,人们的需求欲望也会随之提高。那些因外部场力弱小,而无法推移并实现需要的人,就会产生心理的失衡,开始向往他人达到的需求。例如,当某人周围的朋友都参加了出国旅游,而他却没有能力远足时,便会产生羡慕、自卑甚至嫉妒等失衡的心理。正是这种强烈的心理内驱力,使其有了旅游的需要,并在新的价值观念的驱使下,产生了旅游的动机,进一步发展为旅游的行为。由此可见,心理的内驱力是产生旅游需要的基础,而旅游需求又是生成旅游动机,进一步实现旅游行为的中枢。旅游行为对心理失衡的压力越大,心理内驱力的反应就越激烈,从而旅游需要的程度就越强烈。这也是为什么有人要超前消费,超前旅游的原因之所在。

当一个人产生旅游需要时,旅游动机就推动他为实现旅游而进行各种活动:收集旅游信息,选择旅游目的地,制定旅游活动计划,调动想像、情绪、记忆等一系列心理因素,以使旅游活动得以圆满地完成。

(二)产生旅游动机的一般心理原因

研究旅游动机,实际上就是探究人们从事旅游活动的内在原因,解答为什么人们会产生旅游需求的问题。旅游动机的产生往往有多种因素,社会的、经济的、生理的和心理的因素。一些学者在分析产生旅游动机的过程发现,心理因素更具有普遍的、典型的意义。从产生旅游动机的一般心理原因来看,主要有以下几种情况:

1. 探新求异

在远古时代,人们只有在自然灾难或战争等严酷情况的逼迫下才会不得已离乡出走。当然,这并非属于现今意义上的旅行和旅游。而现代人对生活环境的依附则比较松散。这同社会和经济的发展水平有着密不可分的关系。在现代社会中,人们比较喜欢适时短期改换一下自己的生活环境,并且对不同于自己乡土的事物、风光、习俗和文化颇感兴趣。人们之所以对他乡的这些东西感兴趣,其原因就是因为这些东西有其不同之处。这种情况逐渐在社会中生成一种新的价值观念,即喜欢探索并赞赏探新求异。随着教育的发展和信息技术的不断进步,人们对自己乡土以外地区或国家的了解有所增加。这导致了人们更加希望离开乡土到其他地方走走,因为光靠阅读书报或听别人介绍等间接手段来了解和想像外部世界,是不能满足人们的好奇心的。他们需要亲自去看一看和亲身体验一下他乡的新异之处。大众化旅游的发展实践证明,相当大数量的旅游者的旅游动机中都包含有这种探新求异的需要或者说好奇心和探索的需要。

2. 逃避紧张的工作生活环境

除了探新求异这种积极的需要之外,还有一种消极的需要,即逃避紧张的需要。在现代化社会中,特别是在那些高度城市化和工业化的社会中,人们的生活不分季节,千篇一律;人们的生活活动如同执行例行公事,公式化而缺乏灵活和变化。此外,在竞争和效率的迫使下,人们生活的节奏不断加快,有时甚至快到了难以忍受的程度。生活上的这种单一化和近乎狂热的节奏使人在精神上产生一种单调的紧张和厌倦。为了消除紧张和摆脱厌倦,人们只好千方百计地设法躲避这种现实,从而产生了定期改变一下生活节奏的要求。而就躲避的形式而论,外出旅游比任何其他消遣方式都更为有效,因为随着环境的改变,人们不再受在家时的各种角色和行为的羁绊,加之新异事物给人带来的刺激,故而能有效地消除或减轻原有的紧张。随着旅游活动的日渐普及,大量的、越来越多的人都已开始承认旅游是从喧哗和紧张的日常生活中解脱出来的一种有效手段。

无论是探新求异的需要还是逃避紧张现实的需要,从本质上讲都属于人的精神需要。我们可以认为,人们外出作消遣或度假旅游主要就是为了满足这些精神上的需要。虽然人们在外出旅游期间也需要满足生理等方面的基本需要,但这些需要都是为了保证精神需要的满足而派生出来的需要,不能形成外出旅游的目的。

3. 在旅游中学习新知识

每个人都有强烈的求知欲望,对自然界和社会的一切现象,特别是带有神秘色彩的、未被认识的新奇事物,更能吸引人们去探索、去研究。为了扩大自己的知识范围,人们总是采取一切措施和手段,去获取新的知识和感受。旅游就成了现代人们最喜欢采用的方式。

在旅游中,人们通过观赏雄伟壮丽的自然景色,凭吊历史悠久的名胜古迹,参观革命和建设的伟大成就,领略异国他乡的风土人情,欣赏其他民族的音乐舞蹈,从中不仅能够获得积极的休息和娱乐,同时还可以增长地理、历史、文学艺术等各方面的知识,验证以往从书本上得到的知识和理论。当然,旅游中的求知和平时系统的学习知识有所不同,它较少科学性和系统性,较多趣味性和新奇性,往往是新理论、新研究的契机。

4. 寻求尊重和自我实现

每个人都希望自己能够生活更充实,更有成就,受人赏识和尊重,有较好的社会地位和声誉。人们外出旅游和需求层次理论中高层次需求有密切关系。人在自己的一生中,总是希望受到别人的重视、赏识和崇敬,希望取得某些方面的成就,在生活中能够引领时代的潮流,表现作为一个人的价值和自信心。他绝不愿意被人看作是死守一隅、闭塞视听的孤陋寡闻者。

这些期望,往往在旅游过程中能够获得满足,因为游客在旅游中得到的服务和接待,往往超过一个人日常生活所拥有的尊重和享受,这种意识也能增强他的自信心,完善他的自我形象和社会价值。旅游提供一个类似戏剧的艺术方法,使人们在臆断时间内处于他所向往的社会地位之中。向往成就,不甘落人后,追赶社会潮流,都可以是外出旅游的心理因素。

二、旅游动机的类型

当然,上述精神需要的提出旨在试图解释人们为什么外出旅游。实际上,这些精神需要可以以各种不同的具体需要的方式反映出来。例如这类具体需要可能是为了扩大视野,是为了见识一下这个世界,是为了接触和了解异国他乡的人民,是为了探亲访友,是为了放松、游玩,是为了拜谒祖先的故土,是为了躲避令人生厌的事情,等等。而一旦这些需要被人们意识到,便会以动机的形式表现出来。然而,由于受国度、民族、职业、年龄和性别以及文化程度等因素的影响,人们的这类具体需要多有不同,从而导致人们直接的旅游动机也多种多样。例如美国学者约翰·A.托马斯曾提出促使人们外出旅游的18种动机。实际上,如果进一步详细罗列一下人们的具体需要,恐怕还能提出更多种直接的旅游动机。

为此,美国著名的旅游学教授罗伯特·W.麦金托什(Robert W. McIntosh)提出,这些具体需要所导致产生的旅游动机可划分为四种基本类型:

1. 身体方面的动机。包括度假休息、参加体育活动、海滩消遣、娱乐活动,以及其他直接与保健有关的活动。另外,还包括遵医嘱或建议作异地疗法,洗温泉、矿泉,作医疗检查以及类似的疗养活动。属于这方面的动机有一个共同点,即都是通过与身体有关的活动来消除紧张。长时期的工作压力、城市环境的喧嚣、快节奏生活的紧张、各种日常事务应付的繁琐等不仅会造成人们身体的疲劳,而且会造成人们精神上的压抑和心理上的紧张。这不仅有损人的身心健康,而且也不利于工作。因此人们为了解除身体的疲劳、精神的疲惫和心理压力,产生了旅游动机,通过到异域的宽松环境中开展与身体锻炼和保健有关的活动来消除紧张。

2. 文化方面的动机。世界著名的文化艺术之乡几乎都成为旅游者集聚之地。这方面动机的特点是,文化差异构成可以满足人类好奇心的一种推动力,游客希望了解异国他乡的情况,包括了解其音乐、艺术、民俗、舞蹈、绘画及宗教等。出于这种动机而开展的旅游活动通常被称之为文化旅游。国外也有人把出于这种动机的外出旅游活动称之为"软探险"旅游。

3. 人际(社会交往)方面的动机。这是人们出于为了满足自己进行社会交往,保持与某些异域人群接触的需要而产生的一种旅游动机类型,包括希望深入他乡接触民众、探亲访友、逃避惯常的微社会环境、结识新朋友等等。

4. 地位和声望方面的动机。这方面的动机主要关心个人成就和个人发展的需要。属于这类动机的旅游包括事务、会议、考察研究、追求业余癖好及求学等类型旅游活动。旅游者通过旅游可实现自己想要被人承认、引人注意、受人赏识、获得好名声等愿望。

除了麦氏提出的上述四种基本类型之外,我们似乎还可考虑再增加一个方面的旅游动机类型,即购物方面的动机。虽然不论是按照人本主义心理学派关于动机的理论解释,还是根据绝大多数旅游者的实际情况分析,旅游动机的产生是出于满足人们某种内在的心理需要,但是通过对实际情况的观察,我们也不能否认,在促发人们外出旅游的动机中,的确有时也存在诸如购物之类的外在需要动因。这或许也是为什么心理学中的某些学派主张人的某种行为的产生不仅可能是受内在动机的驱使,而且可能是受外在动机促发的原因。例如有些市场调查表明,曾有一段时期不少南斯拉夫游客来中国旅游,就是专门为了采购中国的丝绸之类的物品。同样也有调查显示,日本女子的婚前出国旅游,主要动因就是为了采购嫁妆。或许也正是针对这类外在需要或外在动机的存在,长期以来香港、新加坡作为国际旅游目的地所促销的形象之一便是"购物天堂"。

实际上,人们外出旅游很少只是出于一个方面的动机。由于旅游是一种综合的象征性行为形式,可满足人们的多重需要,因而人们在决定外出旅游时,除怀有某一主要方面的动机外,往往还会涉及其他一些方面的动机。

旅游动机是人们对认识到的旅游需要的表现形式。人的需要结构的形成是多种因素综合作用的结果。由于外因总是通过内因才能起作用,所以个人方面的因素在促使需要结构形成中起着非常重要的作用。因此,人们不同旅游动机的形成从根本上说是由个人方面因素影响的结果。

三、形成旅游动机的具体因素

旅游动机有其普遍的、共同的心理基础,但人们的旅游动机又是千差万别、各有特色的。因为形成旅游动机还有许多具体因素的影响:

1. 社会条件。由于旅游者的国度、职业、民族的不同,其具体的旅游目的也不相同。社会制度对各国旅游者的动机影响很大,在资本主义国家,一些人受到颓废的道德风气和生活方式的影响,促使他们为需求某种刺激去旅游,如赌博、色情等。为迎合这种低级情趣,有的国家开办不少色情娱乐事业以招揽游客,因此有人在分析西方旅游者的动机时,概括为四个"S",即:Sun(阳光)、sand(海滩)、Shopping(购物)、Sex(性感)。其中不健康的动机,是资本主义没落的意识形态的反映。

中国是一个社会主义国家,提倡健康而文明的旅游活动。我国的悠久历史、名胜古迹、秀丽风光,优越的社会主义制度,吸引着大批外国游客,也激发起我们的民族自豪感和自信心。

民族和职业的因素,对旅游动机也有着重大的影响。

2. 个性特征。旅游者的个性特征,如气质、性格、兴趣等,直接决定着旅游活动的倾向性和对于旅游内容的选择,例如对旅游目的地的选择、旅游活动的日程安排、对旅游接待和服务的要求程度。研究旅游者的个性,对于旅游资源的开发、旅游市场的营销以及旅游管理、旅游服务都具有庄严的现实意义。

国外一些旅游学家,非常重视从心理学角度来分析旅游需求和供给的关系。他们从旅游者的个性特征出发,划分出几种不同类型的游客,从而预测游客对于旅游市场的需求。其中具有典型代表性的是美国心理学家斯坦利·C.帕洛格(Stanley C Plog)提出的心理型模式。他运用心理学发展系列,将美国人口的心理状态分为两大类型:自向中心型和异向中心型,还有一部分人介于两者之间,多数属于混合中心型。这些人在旅游中将表现出不同的心态,产生不同的需求和动机,于是帕洛格建立了游客心理类型模式(见图3-1),从而分析了不同的旅游心理特点。

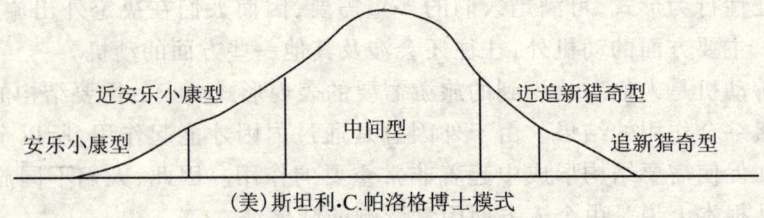

(美)斯坦利·C.帕洛格博士模式

图3-1　游客心理类型图示

这五种心理类型称之为安乐小康型、近安乐小康型、中间型、近追星猎奇型、追星猎奇型。心理类型属于安乐小康型的人,其特点是思想上谨小慎微,多忧多虑,不爱冒险。行为上表现为喜安逸,好轻松,活动量小,喜欢熟悉的气氛和活动。因此他们在外出旅游时,往往倾向于选择那些距离比较近、自己对该地情况比较熟悉的旅游目的地,特别是倾向于选择那些传统的旅游热点地区。同安乐小康型相反,处在另一个极端的心理类型是追星猎奇型。属于这一心理类型的人其特点是思想开朗,兴趣广泛多变。行为上表现为喜新奇,好冒险,活动量大,不愿随大流,喜欢与不同文化背景的人打交道和相处。因此他们在外出旅游时,往往倾向于选择那些距离遥远、文化差异大的陌生之地,特别是不愿意随大流去那些脍炙人口的旅游热点。他们虽然也需要旅游业为其提供某些最基本的旅游服务如交通和住宿服务等,但更倾向于有较大的自主性和灵活性,并且有些人甚至会尽量不使用或少使用旅游企业的旅游服务。除了这两个极端类型之外,中间型属于表现特点不明显的混合型,这种心理类型的旅游者对目的地的选择通常没有什么苛求,但一般都避免选择传统的旅游热点或风险很大的待开发地区;近安乐小康型和近追星猎奇型则分别属于两个极端类型与中间型之间略倾向于各极端特点的过渡类型。这一模型显示,属于中间型心理类型的人居绝大多数,而属于安乐小康型和追星猎奇型这两个极端心理类型的人数在人口中所占的比例很小,即所谓中间大、两头小的正态分布。它还反映出,在这个心理类型连续系统上,一个人的心理类型距离追星猎奇型越近,其外出旅游的可能性就越大。

特别值得注意的是,由于人们的心理类型不尽相同,所以对旅游目的地、旅行方式等方面的选择也不可避免地会受到其所属心理类型的影响。一个人的心理类型距离追星猎奇型越近,其所选旅游目的地的陌生性和冒险性也就越大。

所以,心理类型为追新猎奇型的旅游者往往是新旅游地的发现者和首访者,是旅游者大军的先头部队。随着他们的来访及其事后的介绍和宣传,其他心理类型的旅游者陆续随后跟进,该新旅游地也便逐渐形成旅游热点。然而与此同时,追新猎奇型心理类型的旅游者亦逐渐失去对该地的兴趣,转而另寻其他地方去旅游。

3. 性别、年龄和受教育的程度。就旅游动机而言,每个人的性别、年龄和文化程度对旅游活动也有直接的影响。性别差异影响动机是由两个明显的因素引起的——作用冲突(公务和家务的冲突)、锻炼差异(体力和意志的差别)。在很长时间内,男子更多地从事社会活动和职业劳动,为生计而奔波,女子则从事家务,两者在社会生活和经济生活中的地位不同,因而对旅游的需求自然也有区别。近十几年来,女性参加社会劳动的人多了,在社会活动中的作用提高了,因而女性旅游市场有较大的发展。女性旅游人数增长的原因,是妇女的社会地位的改变。此外,体力和意志的差别也影响着对旅游项目、目的地的选择。

年龄因素在旅游者的生命周期中表现得十分明显,一个人随着年龄的增长,每一个时期将出现不同的旅游欲望和需求,形成不同的旅游市场。根据年龄的差异,可以把旅游者划分为四个生命周期:

青年期。未婚青年或已婚还没有子女的青年夫妇,他们有强烈的旅游欲望,较多的闲暇时间,身体条件好,然而缺少充裕的收入,或者依靠父母支持,或者收入较低。因此,这些人只能做低档次的旅游,如背包旅游,修学旅游等。但由于这个阶层的人数多,旅游行动频繁而活跃,引起旅游市场的关注。

成年(一)期。青年已婚,子女尚未成年。这些人的旅游欲望仍然非常强烈,身体也好,但苦于家庭经济状况不富裕,其他方面开支很多,不再有很多可供自由支配的收入,又忙于工作和事业,相对地闲暇时间较少,因此,处于旅游的艰难时期。但他们还是千方百计地进行低档的近距离旅游。

成年(二)期。中年,已婚,子女已长大。这是人生旅游的最佳时期,这些人旅游欲望和体力尚未减弱,家庭经济条件良好,又有较充裕的闲暇时间,或带薪度假,或因公出差(包括会议、业务、考察等),事业上的成功给他们提供了许多优越的旅游条件,社会地位和身份要求他们只能进行较高档次的旅游。这是人数多、经济效益好的旅游市场。

老年期。离退休标志着人生的重大变化,富裕的时间、足够的积蓄和退休金,使他们能享受积极的退休生活,如果身体状况允许,旅游就是经常性的活动。他们可以行程较远,在外做较长时间停留;能在四季或淡季出游,活动节奏较慢,对旅游商推销包价旅游容易做出反应。随着人类平均寿命的增长和老年人体能状况的提高,老年人参加旅游活动的比例日益提高。因此,各国旅游业都十分关注老年市场。

每个人的受教育程度和文化水平对旅游行为同样也会产生影响。这主要表现在两个方面:一是旅游动机的强弱;二是旅游感受的深浅。外出旅游者的最大心理障碍是陌生感和恐惧感。旅游目的地,特别是异国的生活环境、风俗习惯以及语言、饮食等,都会给外来旅游者带来陌生感,文化知识较高的人容易克服这种心理障碍,而文化水平低的人则会产生恐惧感,不敢前往。知识水平高的人能从旅游中领略各种美感,获得丰富的精神享受;文化水平低的人,就不能充分体验旅游的乐趣。

> 旅游的主题激动人心,使人着迷。100万年来,类似人类这样的动物一直在迁移,我们的祖先直立猿起源于非洲的东部和南部,在中国和印度尼西亚的爪哇也发现了同样的早期人类遗迹。据估计,这种形式的迁移大约需要1.5万年。然而,在人类漫长的历史长河中,这只不过是过眼烟云。关于这种惊人之旅的动机,人们提出了各种不同的理论,其中最具代表性的理论认为,这些迁徙是为了寻找食物和摆脱危险。还有一种理论认为,当时人们观察到了鸟的迁徙,想知道鸟来自何方又去往何处。最近,在意大利北部山区的冰雪中,发现了一具保持完好的男子尸体,该男子被命名为"冰人",他死于5 000年前,这在同类发现中实属罕见。一些科学家对尸体和身上的穿着进行了研究,得出的结论是:当时这位男子正从意大利南部返回自己的家,也就是现在的瑞士。人类早期的迁徙是一种旅游活动吗?为什么?人类早期迁徙的动机和我们现在的旅游动机有什么差别?
>
> 资料来源:查尔斯·R.戈尔德耐等著,《旅游业教程》。大连:大连理工大学出版社,2003年,第6页。

四、研究旅游动机的意义

旅游者的旅游动机直接影响旅游者在旅游活动中的地区选择、计划安排、时间顺序、支付动机等。因此,研究旅游动机具有重要意义。

1. 通过对旅游动机的分析,可以达到认识旅游者行为的目的。旅游动机对旅游行为有三方面的作用:第一,旅游动机对旅游行为具有启动作用。第二,旅游动机对旅游行为过程具有规范作用。第三,旅游动机变化将对旅游行为产生影响。因此,通过对旅游者旅游动机的研究,可以把握旅游行为的产生、行为特点和旅游行为变化的规律。

2. 有目的地开展旅游宣传,扩大客源市场。旅游宣传必须有针对性,针对不同的潜在客源,旅游经营者也应当分析和发现这些潜在客源的旅游动机,对应目标市场的需求,利用各种沟通途径和促销手段,激发人们对旅游目的地的产品发生兴趣,旅游目的地和旅游企业只有了解旅游者的动机,才能以适当方式进行旅游促销,并达到预期效果。

3. 发现旅游者的需求,有针对性地做好旅游服务工作。在旅游活动中,旅游者的动机不仅反映在旅游地本身,也体现在旅游服务工作中,旅游目的地要尽可能满足不同的旅游者的多方面需求,使旅游者对旅游地留下一个美好的印象,使旅游者能够成为旅游目的地最好的宣传者和回头客。

4. 通过对旅游动机的分析,指导旅游开发区的建设。旅游目的地的开发建设最终是为了吸引更多的旅游者前来参观访问,获得最佳的经济效益和社会效益。不同的旅游者具有不同的旅游动机,对于收入、时间、身体条件、家庭负担等客观因素,旅游经营者是无法控制或者说很难帮助人们克服的,因而旅游业经营者在选择自己的目标市场时必须重视和考虑这些因素,通过发现和满足旅游者的旅游动机,有助于搞好旅游区的开发,实现旅游目的地的可持续发展。

第四节 不同类型旅游者的特点

每个人都是根据自己的经济条件、闲暇时间、动机和目的来确定不同的旅游方式的,但是人们对旅游者类型的划分并没有统一的标准。这是因为学者们各自研究问题的角度和目的不尽相同,因而采用的标准难免有所差异,所以,划分出来的旅游者类型自然各不相同。但是,有一点是大家所共同认可的:对于旅游者类型的划分仅仅是一种手段,其目的是通过这种划分,讨论和认识不同类型的旅游者的特点。

一、消遣型旅游者

这种类型的旅游者特点是:

1. 在全部外出旅游人数中所占的比例最大。不难设想,由我国旅游部门接待的来华游客绝大多数都是消遣型旅游者,而其他部门(包括中央各部委、群众团体及其他企事业单位)接待的来华客人大都为差旅型旅游者。从历年中国旅游统计年鉴公布的数字可看出,在全国有组织接待的旅游者中,前者所占的比重远远大于后者。

具体地讲,以国家旅游局2000年对旅游者抽样调查分析为例,在2000年来我国大陆访问的入境旅游者中,观光度假者占36.5%、探亲访友者占14.3%、商务活动者占27.5%、参加会议者占9%、健康疗养者占4.3%、宗教朝拜者占1%、文体科技交流者占3%、其他目的者占1.4%。根据世界旅游组织对访问目的归属的划分,上述统计中属于消遣性目的来访者所占的比重合计约为42%。

在国内旅游方面,根据2000年第二、三季度城镇居民国内旅游抽样调查结果,在所抽样本中,观光游览的出游人数占40%、探亲访友的出游人数占26.4%、商务出游人数占2.9%、会议出游人数占6.3%、度假/休闲出游人数占16.8%、宗教朝拜出游人数占1.3%、交流/专业出游人数占2.3%、其他目的出游人数占4%。也就是说,属于消遣性目的的出游人数合计约占58%。

就整个世界的旅游情况来看,消遣型旅游者在全部旅游者中所占的比重更大。

2. 他们外出旅游的季节性很强。除退休者外,所有在职人员几乎都是利用带薪假期时间外出旅游。此外,旅游目的地气候因素也是助长消遣型旅游者季节性来访的重要因素。

3. 消遣型旅游者在对旅游目的地的选择以及对出发时间的选择方面,拥有较大程度的选择自由。例如,如果某个旅游目的地的不安全因素增加或者旅游产品质量下降或提价过高,旅游者便会临时改变计划,另选其他地方去旅游。此外在动身时间上也是一样。由于消遣型旅游者(尤其是散客)受时间限制并不严格,所以有些人在外出旅游时宁肯花点时间等候飞机起飞前的廉价剩余机票。如果遇到天气变化,则可能改变出发时间。正因为其选择自由度大,因而消遣型旅游者也是各旅游目的地以及各旅游行业中的同类企业竞争最激烈的市场部分。

4. 消遣型旅游者在旅游目的地的停留时间一般较长。例如这类旅游者来华旅游时很少只参观游览一个城市,总要去各地走走。即使要逗留于某一旅游胜地,由于消遣度假的原因,停留时间仍会较长。

5. 由于自费的缘故,消遣型旅游者大都对价格较为敏感。如果其认为某旅游目的地旅游产品过于昂贵,则会拒绝前往而选别处。如果航空票价太高,他则会改选其他旅行方式。此外,由于受自费的影响,消遣型旅游者更关心货真价实,花钱值得。所以一个旅游目的地的旅游服务质量和旅游产品的定价一旦出现问题,都会自动将顾客推给自己的竞争对手。

二、差旅型旅游者的特点

以商务旅游者为代表的差旅型旅游者是旅游业的另一重要市场部分。在当代经济活动中,任何一个国家,不论它的大小和发达水平高低,如果不发展国际经济、技术和文化的交流与合作,在闭关自守的情况下,要想求得发展和赶上并保持国际先进水平几乎是不可能的。正是因为如此,随着各国经济、科技和文化的发展,国际贸易持续增长,各国之间在经济、技术和文化方面的交流也日益频繁。这些都导致国际间及地区间有关人员必要交往数量的增加。自我国实行改革开放政策以来,每年前来我国办理工商贸易事务及参加各种会议的国际人士不断增加,已构成我国旅游业不可忽视的重要市场部分。

差旅型旅游者除了在基本旅游动机方面不同于消遣型旅游者之外,还具有以下一些特点:

1. 他们在人数上虽然相对较少,但是在出行次数上却较为频繁。这是他们为很多旅游行业所重视的主要原因之一。例如就全球航空客运市场而言,差旅型旅游者在其中所占的比重高达50%;在全球饭店业所接待的客人中,差旅型旅游者亦占相当高的比例,特别是在四、五星级的饭店中,差旅型旅游者在客人中所占的比例更是高达60%(Hampton,1989)。

2. 由于他们的出行是出于工作或业务的需要,因而不受季节的影响,或者说其出行没有季节性。如果说他们的出行时间总会有什么与众不同之处,那便是在本国旅游度假需求的旺季时节,他们出差办事的可能性较低,因为他们自己可能也要同家人一起度假。另外,在短程出差的情况下,他们的往返动身及在目的地的停留多发生于周一至周五的工作日,而很少占用周末时间。

3. 他们对目的地的选择自由度较小,甚至根本没有选择余地。正因为如此,各旅游目的地在这一市场部分的经营上基本不存在竞争。

4. 在对旅游服务的要求方面,他们较强调舒适和方便,因而消费水平较高。例如,为了旅行便利,他们宁可多花钱,也不会去购买附有限制条件的廉价机票;为了舒适和方便,同时也是为了展示本公司的形象,他们通常都选住高档住宿设施,等等。

5. 他们在价格方面不大敏感。这一方面是因为他们的外出并非自费,另一方面则是因为他们没有选择和更改目的地的自由。只要工作或业务需要,即使其应去的目的地旅游产品价格有较大幅度的上升,他们仍会前往。当然,如果该目的地的旅游产品价格升幅过大,超过了其所属组织或企业愿意承担的限度,则该次差旅之行可能会被取消。即便如此,他们也不大会转而改去其他地点。

上述只是大多数差旅型旅游者特别是商务旅游者的一般特点。至于差旅型旅游者中的某些亚类,例如会议旅游者,则可能还有一些另外的特点。例如会议旅游对举办地点的选择是由会议组织者参照各地的设施条件、价格等方面的情况而进行的,因而同商务旅游不同的是,各目的地在会议旅游市场方面存在着激烈的竞争。

三、家庭及个人事务型旅游者的特点

家庭及个人事务型旅游者是出于探亲访友、联系调动工作、疗养治病、购物和解决其他家庭事务及个人事务而外出旅行者。这类旅游者是以解决家庭及个人事务为主,消遣娱乐为辅。因而在需求方面既有不同于前两类旅游者的特点,又兼有前两类旅游者的某些特点。例如,在旅游的时间上,多数人是利用节假日或带薪休假外出旅行解决家庭及个人事务,如探亲访友者相当多的人都是选择节假日,中国人大多重视春节家人的团聚,因此,探亲访友大多集中在这段时间内,从而形成探亲旅游的高峰。此外,很多家庭及个人事务,如出席婚礼、参加开学典礼等,日期限制较紧。总之,这一类型的旅游者在季节选择上较差,家庭及个人事务往往带有偶然性和突发性。因此,很多事务性的出行季节不以旅行者的主观意志为转移,就此而言,他们又有类似差旅型旅游者的某些特点。

在旅游消费上,大多数家庭及个人事务型旅游者又与消遣型旅游者的需求相似,对旅游产品价格较为敏感,在旅游中以经济实惠消费为主。在旅游目的地的选择方面,与差旅型旅游者相同,很少或没有选择目的地的自由。

在目的地停留时间上,又与消遣型旅游者相似,如探亲访友、疗养治病在某地的停留时间就会较长一些。总的来看,家庭及个人事务型旅游者因具体事务差异性很大,因而在表现出来的特点上又具有一定的复杂性,所以对这类旅游者的情况只能根据具体情况具体分析,难以一概而论。

▶ 本章提要

1. 本章讲述了旅游者的基本概念,涉及到国际联盟对旅游者的解释、罗马会议对于旅游者的定义以及联合国统计委员会进一步明确的有关国际游客(visitors)、国际过夜旅游者(tourists)、国际短途旅游者(excursionist)的技术性定义。明确说明了我国关于海外游客的统计口径。对于国内旅游者的定义和旅游者的特点进行了明确阐述。

2. 本章讨论了什么样的人才可以成为旅游者,即个人旅游需求的决定因素问题。决定个人旅游需求的客观因素主要有两个方面:收入水平(即足够的可随意支配收入)和闲暇时间。其他客观因素也会产生一定的影响。

3. 本章阐明了决定个人旅游的主观因素主要是旅游动机。一些学者在分析产生旅游动机的过程发现,心理因素更具有普遍的、典型的意义。产生旅游动机的一般心理因素具有多个方面。旅游者的旅游动机直接影响旅游者在旅游活动中的地区选择、计划安排、时间顺序、支付动机等。因此,研究旅游动机具有重要意义。

4. 本章还分析了不同类型旅游者具有不同的特点,因为每个人都是根据自己的经济条件、闲暇时间、动机和目的来确定不同的旅游方式的,因此,他们对出游人数、时间季节、旅游目的地的选择、产品价格、服务水平等方面有着不同的要求。

练习与思考

1. 解释下列概念:可支配收入,可随意支配收入,闲暇时间。
2. 什么是国际旅游者?什么是国内旅游者?
3. 我国对海外来华入境旅游者以及国内游客是如何界定和分类的?都有哪些具体规定?
4. 实现旅游活动的客观条件是什么?
5. 什么是旅游动机?旅游动机分哪几种类型?
6. 各种不同类型的旅游者在需求上有什么特点?

案例分析

洪洞大槐树寻根祭祖游

说起山西洪洞县,国人多数皆知,因为这里有牵动着无数中国人思绪的洪洞大槐树寻根祭祖园。

大槐树寻根祭祖园之所以出名,是因为这里的古槐树异常。这里的第一代古槐,是汉代古槐。到明代时,这株古槐成为了千万人瞩目的明代大移民出发地。如今,汉代古槐已枯死,第二代古槐从第一代古槐根部冒出,第三代大槐树又从枯死的第二代古槐根部长出,一代接一代,延绵不断,一直至今。如今,第三代古槐已有近100年的历史,根深叶茂,庇荫后人。

大槐树寻根祭祖园是一处庞大的明代移民文化博物馆。移民文化，在这里得到了淋漓尽致的宣泄与记录。这里是根祖文化、寻根文化的一处源头。准确地说，洪洞大槐树寻根祭祖园，已成为闻名全国的明代移民遗址，成为数以亿计的大槐树后裔寻根祭祖的圣地。作为著名旅游景点，现已成为国家4A级旅游区。

明朝初年，朝廷在广济寺院设局驻员，集中移民，编排队伍，发放"凭照川资"。据记载，明洪武至永乐十五年间，明朝政府移山西民于京、冀、鲁、豫、皖、苏、鄂、秦、陇等十余个市省，六百多年来，移民子孙繁衍遍布全国各地，辗转迁移海内外者又不知多少，移民子孙数以亿计。于是，广济寺院，大槐树下便成了移民荟萃、开跋外迁的集散地，移民启程时，纷纷折槐为记，依依惜别，频频回首，最后只有大槐树和汾河滩上的老鹳窝依稀可辨，故大槐树和老鹳窝也就成了惜别家乡的标志。"问我祖先在何处，山西洪洞大槐树"，"祖先故居叫什么，大槐树下老鹳窝"也就成为海内外流传千古的民谣和槐乡后裔追根溯源的指南，洪洞大槐树处也因此名扬天下。

五百多年来，古槐树一直牵系着遍及全国二十多个省、市，五百多个县、镇以及东南亚许多国家和地区古槐后裔的心。到大槐树下寻根问祖者络绎不绝，寻根文化在大槐树祭祖园已延续几十年。但寻根最多的是近十几年以来的事。这十多年内，到大槐树寻根人数大约已有二百多万了。他们来自河南、山东、河北、北京、天津、陕西、安徽、江苏等省市。这些寻根的人们留下一桩桩动人的寻根故事，深深地留在人们的记忆中。

资料来源：李彬"问我祖先在何处，山西洪洞大槐树"。北京：《中国旅游报》2004年7月19日第9版。

> **小组讨论**
>
> 1. 前来洪洞大槐树的大多数旅游者都属于哪种类型的旅游？为什么？
> 2. 这些旅游者有哪些特点？假如你是大槐树的管理者，通过开展怎样的服务内容才能更好地满足这些游客的需求？

第四章

旅游资源

 **知识要点**

通过本章的学习,掌握

- 旅游资源和旅游对象的相互关系,我国旅游资源的特殊含义。
- 旅游资源在旅游活动三因素中的结构功能。
- 旅游资源分类的方法,旅游资源的特点。
- 旅游资源开发的概念、原因、目标和内容,旅游资源开发的原则。
- 对旅游资源进行保护的必要性,旅游资源遭受破坏的原因。
- 旅游景点的概念、类型、作用。
- 形成现实旅游地必须具备的条件,掌握旅游点、旅游区和旅游线路的概念。
- 旅游线路的类型和设计原则。

 技能要求

通过本章的学习,能够

- 结合本地区情况列举出当地较为著名的旅游资源,分析这些旅游资源转化为现实的旅游产品的过程。
- 了解本省或邻近地区的世界遗产资源,分析其被划分为历史遗产、自然遗产(或双重遗产)的原因。

- 了解当地一些旅游景点和旅行社的旅游线路,并尝试设计一些新的旅游线路。

旅游资源是实现旅游活动的基本要素之一,现代旅游学研究把旅游资源作为旅游活动的客体。旅游资源是旅游业建立和发展的前提,旅游资源的数量、品级以及旅游资源的组合状况等,对一个国家或某一地区的旅游业发展具有直接的影响。正确认识合理开发利用旅游资源,使之成为富有吸引力的旅游目的地、旅游吸引物,是旅游业经营者的首要任务之一。

第一节 旅游资源的概念

一、旅游资源与旅游对象

1. 旅游资源与旅游对象

准确地说,旅游活动的客体应当被称为旅游对象,它是能够激励人们产生旅游动机,诱使人们产生旅游行为目的的各种事务的总称。它包括旅游资源和旅游设施两个方面。西方国家通常将其称之为旅游吸引物、旅游目的地。

资源是在自然界和社会中客观存在的,它具有多样性,而旅游资源是其中的一类。凡是能够激发旅游者旅游动机,吸引旅游者前来观光、游览,满足其生理和心理需求的一切自然事物、文化事物、社会事物或其他各种客观事物都可以构成旅游资源。为了便于理解旅游资源,我们在此强调:首先,旅游资源是招引旅游者来访的吸引力的本源。第二,虽然表现吸引力的核心因素是某种事物,但是该事物吸引力的真正发挥,实际上同以它为核心所形成的环境有关。第三,某一事物所具有的作为旅游资源的地位未必是永恒的,它今天能对旅游者具有吸引力,它今天就具有作为旅游资源的地位。如果它有朝一日失去了这种吸引力,也就不再是旅游资源。

在现实中,旅游对象是经过人为开发的事务。旅游对象中的旅游资源,也仅限于现实的旅游资源。潜在的旅游资源将随着开发而充实到旅游对象中去。

旅游设施是专为旅游者提供休闲条件、满足生活需求的娱乐设施和服务设施,其专业性很强。而其他许多设施也常在旅游业中起非常重要的作用,以至于有人将其误认为是可以和旅游设施混为一谈的。我们可以通过下列示意图对旅游对象、旅游资源、旅游设施的相互关系进行说明:

从这里可以看到,旅游资源在旅游对象中占首要地位。旅游者对旅游目的地的选择首先考虑的是旅游资源,它的吸引力大,就有可能使旅游者以宽容的态

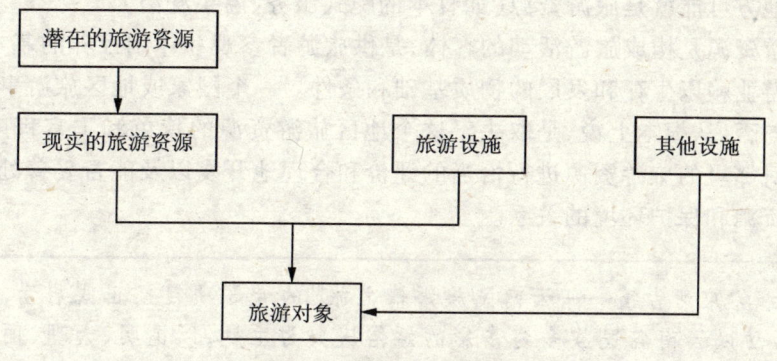

图 4-1　旅游对象的构成

度来对待旅游设施不足和服务差的问题。人类早期的旅游活动中,很少有人计较设备设施问题。但随着人民生活水平和需求层次的不断提高,设施与服务也提高了地位,成为必不可少的因素。有些设施(如娱乐设施和文化设施)因为能够像其他旅游资源那样起到娱乐和知识性的作用,也被一些旅游理论研究学者纳入到旅游资源的范畴。

旅游对象是旅游产品的重要组成部分,旅游业的发展者与经营者应学会正确地评价、积极地保护、科学地开发与合理地利用所在地区的一切旅游对象。

当各种单体的旅游对象有机地聚合在某一地区,经过开发创造出一个旅游环境后,该地区就被旅游者认定为旅游目的地。这个旅游目的地的旅游对象种类越齐全,内容越丰富,数量越多,质量越高,就会对旅游者产生越强的吸引力。

2. 我国旅游资源的特殊含义

在我国旅游界的理论研究和实践活动中,大多数情况只使用旅游资源这一概念,很少使用旅游对象这一术语。这两个概念已经合二为一了。

旅游资源是指对旅游者具有吸引力的自然存在和历史文化遗产,以及直接用于旅游目的地的人工创造物。旅游资源可以是有具体形态的物质实质,如风景、文物,也可以是不具有物质形态的文化因素,如民情风俗。

旅游资源的概念包括这样一些内涵:

① 旅游资源存在于目的地,这就排除了从客源地到目的地之间的因素。

② "资源"的概念本身意味着"有用",因而,旅游资源应该是形成从客源地到旅游地去的客流的促进因素。

③ 旅游资源应该是直接用于欣赏、消遣等方面的因素,而不包括为了达到这些目的而必须使用的纯粹接待因素(如旅游设施)。

④ 在不同的地方,旅游资源的构成不同,一个地方只是纯粹的接待因素,到

另一个地方可能就是旅游资源(如日本的跪式服务、温泉洗浴)。

旅游资源是构成旅游活动的客体,是供旅游者参观和休闲疗养的基本要素,也是旅游业赖以生存和发展的物质基础和条件。一个国家或地区旅游事业的发展成功与否,从根本上说,是取决于这个地区旅游资源的特色和丰富程度,取决于能否对那里的旅游资源进行恰当的评价和合理地开发以及能否妥善处理好开发旅游资源和保护环境的关系。

云南"束河古镇——云南民族婚情之旅"的专题项目已正式启动。本次旅游活动以云南各民族多姿多彩的婚俗庆典为主题,以昆明、大理、丽江、西双版纳为先期开发的目的地,围绕白、傣、纳西、彝族的婚俗风情,让新婚青年,金、银婚纪念的伉俪们体验傣族贝叶文化及小城佛教的奇异婚情,白族本族崇拜的美丽婚俗和纳西族、彝族等婚情。

主要行程有9天,从第一天昆明机场鲜花接机,新人量身裁衣后,就直飞西双版纳。新人在傣家村寨举行傣族婚礼,在野象谷空中走廊接受大象、孔雀对伉俪们的祝福,然后乘飞机到大理,在苍山洱海畔山盟海誓。在民居举行白族婚礼后乘汽车赴丽江,在海拔5 000米的玉龙雪山扇子峰下新人们举行证婚仪式,乘飞机返昆明,在游览石林时举行彝族婚礼。整个过程让伉俪们充分享受、体验不同风情演绎下的惊喜和幸福感受,同时配以婚情纪念册、光碟及东巴文、贝叶经结婚证等一系列具有浓郁民族婚情的纪念品,让每一对新人及金、银婚伴侣一辈子回味无穷。这项活动既可以扩大外界对云南特别是对各少数民族风情的了解,又为云南旅游业实现五年倍增计划创造了一个新途径。

本次婚情之旅活动中,作为新推出的一个旅游新景区束河古镇,将把她美丽的自然风光、原生态的人文历史以及高原新水城的迷人风采展现在世人面前。

据悉,游客可根据自己对少数民族婚俗的偏爱不同,选择不同形式的婚礼,价格也将按具体要求量身订做,实行对游客人性化服务。

根据我国旅游资源的特殊含义,"云南民族婚情"能否构成旅游资源,为什么?

如果说"云南民族婚情"能够成为旅游资源,为什么直到现在人们才将它开发利用?

如果不通过"云南民族婚情"的形式,直接推出旅游新景区的自然风光和高原新水域,能否将它顺利建成旅游目的地?

资料来源:刘粟,"云南新推民族婚情之旅"。北京:《中国旅游报》2004年8月9日第13版。

二、旅游资源在旅游活动三因素中的结构功能

在现代旅游活动的三因素中,旅游资源是作为旅游活动的直接对象,即旅游活动客体而存在的。尽管迄今为止,人们对旅游资源的表述尚无完全一致的说法,对于旅游资源的性质与范畴也还存在着争议,但其作为旅游活动的直接对象,对旅游者所具有的双向功能,在历来各种有关旅游资源概念的表述中实际上已得到较广泛的认同。

1. 旅游资源的旅游吸引功能

旅游资源首先表现为是对旅游者直接"有用"并具根本性"用途"的旅游活动对象。这种非经济的"有用"性,其实质即是旅游资源对旅游者的旅游吸引功能。古往今来,旅游者为什么要选择到一定的地方去旅游,甚至是不远千里、万里,跋山涉水、历经艰辛也在所不辞?其前提就是旅游地存在着某种或某些直接吸引旅游者相对其常住地而言具新奇、美妙、舒适、刺激、适体等特征的环境性吸引因素,甚至是能使人魂牵梦萦、流连忘返的因素。如著名诗人贺敬之所讴歌的桂林山水;"云中的神,雾中的仙,神姿仙态桂林的山;情一样深,梦一样美,如情似梦漓江的水"。具备这类激发旅游者旅游动机的首要外在条件因素,正是旅游资源核心所在;也正是这种旅游吸引功能把旅游者从常住地吸引到旅游资源的所在地。

从旅游活动的定义出发,旅游吸引功能应是具有突出休闲性、审美性、娱乐性与生活模拟体验性的吸引功能,并非纯政治性、军事性、工作性、专业性的吸引功能。这种吸引功能还强调的是一种能吸引旅游者身临其"境"去展开旅游活动的功能,有别于一般可就地欣赏的文学艺术、电影、电视等所具有的艺术吸引功能。

具有旅游吸引功能就是旅游资源的本质属性与核心内容,也应是旅游资源范畴的根本性约束条件。一方面,就类别而言,凡是世间具有旅游吸引力的因素,无论是自然存在、人类创造还是社会现象都可能成为旅游资源;另一方面,也只有具备旅游吸引力的客观存在因素才能成为旅游资源,而远非自然环境与社会环境中存在的所有因素都是旅游资源。为此,西方旅游学界甚至普遍直接使用"Tourism Attraction"(可译为"旅游吸引物"或"旅游吸引因素")这一名词来替代我国使用的"旅游资源"这一概念。

当然,旅游资源的旅游吸引功能是相对于旅游者,或者说是相对一定的客源市场而存在的。由此决定了旅游资源高度的市场特性。任何一种相对独立于旅游者而存在的客体因素能否对旅游者或者说一定的客源市场具有旅游吸引力,

而其吸引力的大小又是评判旅游资源价值高低最基本的标准。总之,离开了客源市场这一对象,旅游资源也就失去了其本质特征与自身价值,也就不再成其为旅游资源。

2. 旅游资源的旅游效益功能

旅游资源的开发利用不仅是为旅游业带来直接经济效益的根本基础,而且还能通过促进综合性的旅游消费活动,给其他相关产业带来一定的经济效益。当前许多国家或地区把旅游业作为本国或本地区的支柱产业或经济增长点,也不无体现旅游资源开发的综合经济效益。

旅游资源的旅游效益功能同时体现于社会效益与生态环境效益。"三效益"功能也是由旅游资源开发利用的特殊性所决定的。诸如旅游资源的合理开发利用,可改善和美化旅游地的环境,带来区域与城市形象的提升,促进区域历史文化遗产的发掘与保护、地区间的文化交流以及精神文明的建设等等,都是旅游资源的社会效益及生态环境效益功能的体现。

旅游资源的旅游效益功能也对旅游资源的具体范畴做出了相应的规定。那些不可能为旅游业现实利用的吸引因素,如千百年来人们所向往的太空星际旅游吸引因素,就至少不可能作为现实的旅游资源;一些仅对某些人、某些家庭具有吸引力的因素(如"外婆的澎湖湾"之类概念),或不能相对稳定地起作用的旅游吸引因素也不宜作为旅游资源;已被一些国家或地区利用为旅游资源的赌博、色情、迷信等具有社会危害性的吸引因素,虽然也能带来可观的经济效益,但在我国这样的社会主义国家,就不宜、也不能将其作为旅游资源;对于某些进行旅游开发后很可能会导致生态资源破坏的旅游吸引因素,如一些特殊的自然保护区,不宜或不能将其作为旅游资源开发。

旅游资源效益功能决定了只有在现实条件下就能利用的旅游吸引因素才是现实的旅游资源,在当前条件下尚不能加以旅游开发利用的吸引因素最多只能是潜在的旅游资源。

旅游资源的"三效益"功能在区域旅游开发中既具有统一性,同时彼此之间又可能出现一定的矛盾性。由此决定了在对旅游资源的开发利用中,一定要注意寻求经济效益、社会效益和生态环境效益的最佳结合点,以实现可持续发展。

3. 旅游资源概念的表述

从我国现代旅游业兴起以来,不少研究者对旅游资源都有自己的定义,各方对旅游资源的内涵理解存在着共同性,也有差异性,较具代表性的观点有:

- 旅游资源就是吸引人们前往游览、娱乐的各种事物等原材料。这些原材料可以是物质的,也可以是非物质的。它们本身不是游览的目的物和吸引物,必须经过开发才能成为有吸引力的事物。(黄辉实,1985年)

- 凡是能为人们提供旅游观赏、知识乐趣、度假疗养、娱乐休息、探险猎奇、考察研究以及人民友好往来和消磨闲暇时间的客体和劳务,都可称为旅游资源,是发展旅游业的物质基础。(郭来喜,1985年)
- 凡是能够造就对旅游者具有吸引力环境的自然因素、社会因素或其他任何因素,都可构成旅游资源。(李天元、王连义,1990年)
- 旅游资源是在现实条件下,能够吸引人们产生旅游动机并进行旅游活动的各种因素的总和。(陈传康、刘振礼,1990年)
- 自然界和人类社会凡能对旅游者产生吸引力,可以为旅游业开发利用,并可产生经济效益、社会效益、环境效益的各种事物和因素者均可视为旅游资源。(国家旅游局资源开发司和中国科学院地理研究所,1992年)
- 旅游资源是指对旅游者具有吸引力的自然存在的历史文化遗产以及直接用于旅游为目的的人工创造物。(保继刚,1993年)
- 旅游资源是指在自然界或人类社会中凡能对旅游产生吸引力、有可能被用来规划开发成旅游消费对象的各种事与物(因素)的总和。(苏文才、孙文昌,1997年)
- 旅游资源是经过人们开发,并在特定时空范围内被利用的,对旅游者具有吸引力的自然界和社会界的客观存在。(刘伟、朱玉槐,1999年)
- 凡是能激发旅游者的旅游动机并使其产生旅游行动,能成为旅游业所利用并产生一定经济、社会及生态环境效益的任何自然和方法因素,都可称之为旅游资源。(国家旅游局人事教育司,2001年)

谢彦君认为,究竟怎样界定旅游资源,把握并承认以下事实至为关键:首先,旅游资源因可以向旅游者提供愉悦的凭借而对旅游者具有某种吸引力,不具备这种吸引力的任何形式都不是也不会成为旅游资源;其次作为一种资源形态,旅游资源主要存在于一种潜在的待开发状态,同时也包括已开发但尚未耗竭其旅游开发价值(或尚未得到完全开发)的那一部分资源;再次,旅游资源完全因其他目的生成而存在,只是由于人们的价值观的缘故而在一定历史时期成为旅游资源;最后,旅游资源不管是以单体或复合体的形式存在,都依托于一定的地域空间,是绝对不能移动的。按照这样的认识,谢彦君给旅游资源下了这样的定义:

旅游资源是指客观地存在于一定地域空间并因其所具有的愉悦价值而使旅游者为之向往的自然存在、历史文化遗产或社会现象(谢彦君,《基础旅游学》中国旅游出版社2004年版,第98—100页)。

第二节 旅游资源的分类与特点

一、旅游资源的分类

旅游资源的种类很多。在旅游学、旅游地理学和区域旅游资源的调查研究与开发方案的编制过程中,都要涉及到旅游资源的分类问题,同很多其他事物的分类一样,采用不同的分类标准,所划分出来的旅游资源类型往往也会存在差异。一般来说比较普遍的分类法是,按照其表现内容的基本属性,可以将旅游资源划分为自然旅游资源、人文旅游资源和以社会旅游资源为代表的其他旅游资源三大类。

(一) 自然旅游资源

所谓自然旅游资源是依照自然发展规律天然形成的旅游资源,是可供人类旅游享用的自然环境,它寓于自然界的一定空间位置、特定的形成条件和历史演变阶段。凡是具有观赏、游览、疗养、科学考察或借以开展其他活动的价值,从而能够引起旅游者来访兴趣者,都属于自然旅游资源的范畴。自然旅游资源依其表现形式的不同,其种类也多种多样。一般地讲,主要可分为以下几种:

1. 气候条件。如风和日暖、光照充足、空气清新、干爽宜人,等等。
2. 风光地貌或自然景观。如辽阔的草原绿地、幽雅秀丽或气势宏伟的山川湖泊、温暖而无鲨的海滨与沙滩、罕见的地质结构、壮观的瀑布、火山区以及奇特的洞穴,等等。
3. 动植物资源。如大片的森林、珍稀树种、奇花异草、珍禽异兽。体现在具体环境上,如优雅的垂钓环境、供打猎的天然猎苑或供拍照、观赏的野生动物园、供参观游览的国家公园及野生动植物自然保护区,等等。
4. 天然疗养条件。如天然矿泉、泥浴场、疗效温泉以及其他各种具有医疗或美容作用的天然资源。

我国有着为数众多的自然旅游资源。其中有些这类资源已被联合国科教文组织列入世界自然遗产和世界文化与自然(双重)遗产。截止到 2004 年,被列为世界自然遗产的这类资源已有四处,即湖南的武陵源、四川的九寨沟和黄龙寺、云南的三江并流;被列为世界文化与自然(双重)遗产的这类资源已有四处,即山东的泰山、安徽的黄山、四川的峨眉山—乐山大佛和福建的武夷山。

(二) 人文旅游资源

所谓人文旅游资源是指以社会文化事物为吸引力本源的旅游资源,它是在人类历史发展和社会进程中由人类社会行为促使形成的具有人类社会文化属性的悦人事务,其形成和分布不仅受历史、民族和意识形态等因素的制约,而且还受自然环境的深刻影响。人文旅游资源有时也被称作人造(man—made)旅游资源,特别是在欧美国家的旅游研究中更是如此。人文旅游资源的构成比较复杂,包括有形的人文旅游资源和无形的人文旅游资源两种。此外,在有形的人文旅游资源中,又可分为历史的人造资源和当代人有意识兴建的当代人造旅游资源。

对于人文旅游资源的表现类别,可作如下的划分:

1. 历史文物古迹。例如不同时代遗留下来的历史建筑、文明遗迹以及流传至今的宗教庙宇和寺院等等。这些建筑和遗迹往往是一个国家或民族历史发展的物证,同时在设计和建筑风格上都有不同于其他国家或民族的独特之处,因而往往是有形的人文旅游资源中最宝贵的组成部分。

2. 民族文化及有关场所。民族文化的范畴十分广泛。这里主要指民族历史、民族艺术、民族工艺、风俗习惯以及与此有关的传统节日庆典活动等等。集中反映和表现这些内容的场所便是西方学者称之为"旅游吸引物"的重要构成部分,例如博物馆、美术馆、纪念馆、藏书馆、民俗展览和表演馆、民族工艺品生产场所、反映民族特色的园林,等等。由于民族文化的独特性,因而往往成为旅游者好奇和兴趣的所在。特别是可供旅游者亲自参与的节日庆典活动,以及可让其亲身体验的民族生活方式和传统的民俗活动,往往对旅游者有更大的吸引力。

3. 有影响的国际性体育和文化盛事,或简称重大节事活动,即国外有些旅游研究中所称的 Mag—events。例如主办国际奥林匹克运动会、世界杯足球赛、洲际运动会以及国际性的音乐节、戏剧节、电影节,等等。这类重大的国际盛会往往最能引来大量的国际游客,同时也是主办国扩大旅游宣传的极好时机。

4. 以主题公园为代表,富有特色并具备一定规模的现代人造游乐场所或其他消遣娱乐型的现代人造旅游景点。

中国是一个有着 5000 年历史的文明古国,有着光辉灿烂的民族文化。在这些宝贵的历史遗产中,有很多都已经成为世界人文旅游资源的佼佼者。截止到 2004 年,我国已有 30 处被列为世界自然文化遗产,居世界第三位。其中,被列为世界文化遗产和世界文化人文景观的旅游资源就达 26 处(含世界文化与自然双重遗产)。见表 4-1 中国世界遗产一览表。

表 4-1 中国世界遗产一览表

序号	名 称	获得认定时间及类型		发布省份
1	泰山风景名胜区	1987 年	双重遗产	山东
2	甘肃敦煌莫高窟	1987 年 12 月	文化遗产	甘肃
3	故宫	1987 年	文化遗产	北京
4	秦始皇陵及兵马俑	1987 年 12 月	文化遗产	陕西
5	周口店北京猿人遗址	1987 年 12 月	文化遗产	北京
6	中国长城	1987 年 12 月	文化遗产	京、津、冀、晋、甘、宁
7	安徽黄山风景名胜区	1990 年 12 月	双重遗产	安徽
8	五陵源风景名胜区	1992 年 12 月	自然遗产	湖南
9	九寨沟风景名胜区	1992 年 12 月	自然遗产	四川
10	黄龙风景名胜区	1992 年 12 月	自然遗产	四川
11	西藏拉萨布达拉宫	1994 年 12 月初	文化遗产	西藏
12	河北承德避暑山庄及周围寺庙	1994 年	文化遗产	河北
13	武当山古建筑群	1994 年 12 月	文化遗产	湖北
14	山东曲阜孔庙、孔府、孔林	1994 年 12 月	文化遗产	山东
15	江西庐山风景名胜区	1996 年 12 月	文化遗产	江西
16	峨眉山和乐山大佛	1996 年 12 月	双重遗产	四川
17	丽江古城	1997 年 12 月 3 日	文化遗产	云南
18	江苏苏州古典园林	1997 年 12 月	文化遗产	江苏
19	山西平遥古城	1997 年 12 月	文化遗产	山西
20	北京颐和园	1998 年 11 月	文化遗产	北京
21	北京天坛	1998 年 11 月	文化遗产	北京
22	重庆大足石刻	1999 年 12 月 1 日	文化遗产	重庆
23	武夷山	1999 年 12 月	双重遗产	福建
24	安徽古村落（西递、宏村）	2000 年 11 月 30 日	文化遗产	安徽
25	明清皇家陵寝（明显陵、清东陵、清西陵）	2000 年 11 月 30 日	文化遗产	湖北、河北、河北
26	洛阳龙门石窟	2000 年 11 月	文化遗产	河南
27	都江堰	2000 年 11 月	文化遗产	四川
28	云冈石窟	2001 年 12 月	文化遗产	山西
29	三江并流	2003 年 7 月 2 日	自然遗产	云南
30	高句丽遗迹	2004 年 7 月 1 日	文化遗产	吉林
31	中国澳门建筑	2005 年 7 月	文化遗产	中国澳门特别行政区
32	大熊猫栖息地	2006 年 7 月	自然遗产	四川
33	安阳殷墟	2006 年 7 月	文化遗产	河南
34	中国南方喀斯特	2006 年 6 月 27 日	自然遗产	云南、贵州、重庆
35	广东开平碉楼与村落	2007 年 6 月 28 日	文化遗产	广东

（三）其他旅游资源

泛指除上述两类旅游资源之外其他属性的旅游资源。通常包括那些能够反映或表现目的地的社会、经济以及科学技术发展成就或特色，从而能对外来旅游者产生吸引作用的各种事物。由于这些事物的属性并非属于严格意义上的"人文"概念，正像经济学和社会学并非人文科学而属社会科学一样，所以我们在这里将这些旅游资源划作另外一类。较为常见的这类旅游资源主要包括：

1. 经济建设成就。这类旅游资源不仅可吸引消遣型旅游者前来观光游览，同时也是吸引商务旅游者前来考察的重要吸引因素。从带有普遍性的意义上讲，目的地的经济成就集中体现于该地的城市建设上。知名度高的大城市往往成为旅游发达的中心地，吸引着大量的游客前来观光。商务旅游者的目的地多是工商业发达的现代化城市，也是因为那里的经济发展成就，使他们产生访问和考察的兴趣。例如我国深圳市在建市之后的短短时期内，在旅游接待方面之所以能够取得令人瞩目的成绩，与其说大量的海内外游客是被那里以"锦绣中华"为代表的人造旅游景点所吸引，不如说是对那里的经济建设成就及其所带来的种种变化感兴趣。除了城市建设之外，一些超大型的工程建设项目，往往也可以成为这类旅游资源的构成部分。

2. 科技发展成就。例如美国国家宇航中心以及我国的卫星发射基地都是外来游客感兴趣的事物。

3. 社会发展成就。反映和表现目的地社会发展状况的事物都属此类。这类事物尤其为外国旅游者感兴趣，因而也是吸引其来访的重要因素。很多来我国访问的外国旅游者之所以要参观学校、幼儿园、养老院、居民社区等，就是因为他们对我国的社会发展感兴趣。

4. 目的地居民对外来访问者的友善和好客态度也可构成当地的一项旅游资源。夏威夷旅游管理当局长期以来在其对外旅游促销中，经常以当地社会的"阿罗哈"（热情好客）为宣传主题，可谓是这方面的典型范例。

除了上述根据旅游资源表现内容的性质归属所作的类型划分之外，还有其他若干种关于旅游资源类型的划分方法。

在旅游研究中，从旅游资源的利用角度而言，可将其划分为可再生性旅游资源与不可再生性旅游资源。可再生性旅游资源是指那些在使用过程中，如果出现耗损过大或遭受毁坏的情况，可通过适当的途径进行人工再造的旅游资源。以主题公园为代表的各类现代人造景点便属此类中的典型。不可再生性旅游资源通常是指那些在漫长的历史过程中形成，并保留至今作为旅游资源的自然遗存和文化遗存。这类旅游资源一旦因使用过度或管理不善而遭到破坏，其损失将无法挽回。纵然设法采取人工措施进行补救,也无法通过重新再造使其能够真正复原,因为其原有的天然价值或历史价值已经大为降低,甚至不复存在。因此,对于这类不可再生的旅游资源,例如某一典型的生态环境、古建筑、古墓葬和古文化遗址等,尤应注意在保护的前提下进行合理开发和利用。

此外,根据旅游资源景观属性划分的旅游资源类型,最具有代表性是中国科学院地理研究所和国家旅游局资源开发司于1990年做的"中国旅游资源普查分类表",在这一类方案中旅游资源被分为两级、八大类、108种基本类,其中前四大类属于自然旅游资源,后四类属于人文旅游资源。具体分类内容见表4-2:

表4-2 中国旅游资源普查分类表

级别:自然旅游资源

大类	基本类型
地表类	典型的地质构造、标准地层剖面、古生物化石点、自然灾变遗迹、观赏岩洞、名山风光峡谷风光、峰林景观、石林风景、土林风景、丹霞景观、大山风光、黄土景观、沙漠景观、戈壁景观、风蚀风光、海蚀风光、沙滩、岛屿风光、其他等
水体类	湖泊风光、瀑布风光、名泉风光、风景河段、漂流河段、冰川风景、浪潮景观、游览海域
生物类	森林风光、草原风光、古树名木、珍稀植物群落、特殊物候景观、野生动物栖息地、典型的自然生态景观
气候与天象类	避暑胜地、避寒胜地、云海、雾海、冰雪风景、树挂奇观、天象胜景

级别:人文旅游资源

大类	基本类型
历史类	古人类遗址、古城遗址、古工矿遗址、古作坊遗址、历史交通贸易遗址、古代文化科学教育遗址、历代军事遗址、历史纪念地、名人故里、古墓葬、帝王陵寝、古代水利工程、古桥梁、古代宫殿建筑、古园林、古代宗教建筑、古塔或塔林、历史祭祀建筑、石窟造像、摩崖石刻、岩画、故宅院、古衙署、传统街区、古城镇、其他古建筑
近现代类	地方标志建筑、地方代表性建筑、现代城市风貌、工矿设施、水电工程、车站、港口、桥梁、其他水工交通设施、农场、林场、养殖场、农林业试验基地、科教设施、社会福利设施、修养疗养设施、城市著名雕塑、纪念陵园、名人故居、名人陵寝墓地、其他纪念性建筑、仿古建筑
文化游乐体育类	动物园、植物园、其他类型公园、游乐场所、狩猎场、文化设施、著名体育运动场馆
风情胜地类	特色城镇、商业闹市区、民俗街区、购物中心、乡土建筑、典型民族村寨、城乡盛会、节庆活动、民间艺术、地方特产、名菜名食、特殊医疗

旅游资源分类是不断发展的,在近几年来旅游实践的基础上,研究人员和国家旅游行政主管部门相继推动制定了《中国旅游资源普查规范(试行稿)》(国家旅游局资源开发司,中国科学院地理研究所,1992年)、《旅游资源分级分类系统修订方案》(1997年),并在其中设计出相应的打分、模糊定量评价技术。在1997年的资源分类系统中,旅游资源被分为3个景系、10个景类、95个景型,其结构如图4-2所示:

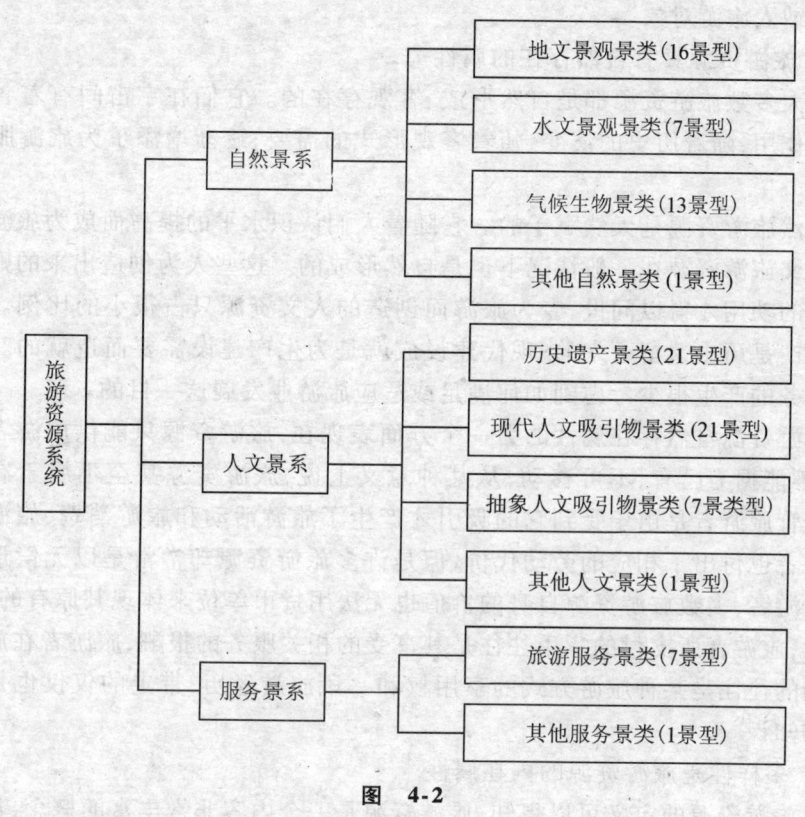

图 4-2

二、旅游资源的特点

旅游资源不同于其他类型的资源,更不同于传统的物产资源,这些不同点恰好体现了旅游资源与众不同的特点。这些特点主要包括:

1. 旅游资源的特性和特色极为突出,垄断性强

任何类型的旅游资源都有自己独特的性质,即使完全同类的旅游资源也各具特色。旅游资源的特性和特色是衡量其对游客吸引力大小的重要因素,也是

旅游资源开发的先决条件之一。它对旅游资源的利用功能、开发方向、发展、规模及其经济和社会效益起着决定性作用。因此,旅游资源的特性和特色是旅游资源开发的生命线。

旅游资源的特性和特色是构成旅游产品具有吸引力的重要原因,并且特殊的旅游资源往往具有垄断性。它们各具特色,在世界上分布的范围较为狭窄,有些甚至是独一无二的。这些旅游资源吸引力极强,单凭自身的声望,足以使旅游者将其纳入旅游对象。

2. 旅游资源具有自然存在的属性

绝大多数旅游资源都是自然形成、客观存在的。它们在宇宙间有着各自的位置和作用,随着历史的演变,随着客观形式的需要,逐渐增添了为旅游服务的功能。

自然旅游资源是天然赋予的。它随着人们认识水平的提高而成为旅游吸引源。人文旅游资源在一般情况下也是自然形成的。这些人为创造出来的财富都因各自的功用才得以问世,专为旅游而创造的人文资源只占很小的比例。历史文化遗产是历史遗留下来的,现代建设成就是为生产建设需要而造就的。当初这些事务的产生很少考虑到如何满足或适应旅游业发展这一目的。

旅游资源自然存在属性的另一个方面表现在,旅游资源只能供旅游者原地享用,不能据为己有,不可移动,从某种意义上说,旅游资源甚至不属于有价商品。尽管旅游者是由于受到它的吸引才产生了旅游活动和旅游消费,旅游资源的开发者也付出了相应的劳动代价,但是许多旅游资源却常常是以无偿形式提供给旅游者,多数旅游资源自身的价值也无法用货币单位来体现其原有的价值。事实上,旅游者所支付的货币往往是其享受的相关服务的报酬,旅游者在旅游中购买到的往往是某种旅游方式的享用权和一段旅游经历,带走的仅仅也是一些感受和知识。

3. 多样性是旅游资源的内在属性

从旅游资源的定义可以得知,旅游资源是一个内容非常丰富的概念,任何能够造就对旅游者具有吸引力的环境和事物都可以成为旅游资源。从前面列举的资源分类中可以得知,各种自然、人文因素都有成为旅游资源的可能。这是客观世界的复杂性决定的,也与旅游需求和旅游动机的多样性有着内在的联系。当今世界上的每一个角落都有旅游者涉足的可能。这从一方面说明了人们旅游动机的广泛性,从另一方面也证明旅游资源是多种多样的。有趣的现象是,许多旅游资源的开始完全应归功于那些精力旺盛的旅游者。在开发者们认识其存在价值以前,它们也许只是当地人熟视无睹的一种客观存在。旅游者就像点石成金的行家一样,以他们的热情和兴趣督促着建设者们认真开发那些被遗忘的旅游资源。任何地方都不存在旅游资源有无的问题。旅游资源就像许多美好的事物一样,缺少的不是其本身,而是发现和建设,这取决于人们对它的理解。

4. 变化性表现了旅游资源的生命周期

旅游资源总是随着人类物质文明和精神文明的进步而不断补充着、发展着。旅游需求的不断变化影响着旅游资源的吸引程度。名噪一时的旅游胜地可能随着人们兴趣的转移而萧条,鲜为人知的地方却因投旅游者所好而日趋兴旺。虽然各个单体的旅游资源很少有根本变化,但其吸引力却常常随着人们旅游兴趣的转移而改变,使整个旅游资源地具有明显的生命周期变化。只有不断地增添旅游资源的种类,丰富旅游活动的内容,才有可能使旅游地的吸引力程度达到较高的水平,使旅游地的兴旺势头持续得更长久。

5. 易损性要求我们应当努力保护旅游资源

同传统的物产资源使用情况相比较,旅游资源属于非消耗性资源,只要管理和利用得当,是可以用之不竭的。这一认识在逻辑上似乎并无问题。真正的问题在于这一认识结论中的必要前提——管理和利用得当——在现实中往往难以得到有效的保证和实现。由于这一原因,旅游目的地国家或地区如果对其旅游资源利用和保护不当也是很容易使其遭到破坏的。不仅有形的旅游资源是如此,无形的旅游资源也有同样的问题。一项使用过度的有形资源可能会因此遭到破坏难以修复和更换,一项维护不当的无形资源一旦遭到破坏也是短期内难以恢复的。

6. 可创新性使得人造旅游资源成为当今旅游的一大亮点

随着时间的发展,人们的兴趣、需要以及社会时尚潮流也在发生变化。这使得人造旅游资源的创新成为必要和可能。此外,在传统旅游资源匮乏的地区,当地为了发展旅游业,也可能会凭借自己的经济实力人为地创造一些旅游资源。新加坡旅游业的发展可谓是这方面的典型例子之一。此外,无论是以迪斯尼乐园为代表的各类主题公园,还是我国洛阳的牡丹花会和山东潍坊的国际风筝节等等,几乎无一不是这种创新人造旅游资源的例证。

认识旅游资源的这些特点对于发展旅游业,特别是对于一个国家或地区的旅游规划与开发、旅游市场营销以及旅游资源保护等工作都具有一定的实际意义。

案例分析

"绝版三峡游"带来后遗症

2004年6月以来,由于客源极其匮乏,重庆市近80%的三峡旅游船停运,"三峡游"跌至14年来最低谷。三峡森林旅行社旗下的"总统五号"豪华游轮最惨时一个团只有两名游客,一趟下来,亏损近10万。执行总经理刘铭在接受《重庆商报》记者采访时说,去年这个时候游船几乎爆满,今年的游客连去年同期的20%都不到。

面对三峡旅游整体萧条,巫山县旅游局推出了"增景不增价"措施,把小三峡和小小三峡连成一条线,原来两次门票现在只收一次,并在一些景点安排对唱山歌、吹唢呐吸引游客。奉节和宜昌联手大力打造"宜奉宜"线路,把三峡游的时间从五天缩减到两天。现在,豪华游轮下跌了200美金/人,只相当于普通船一等舱的票价,内宾船就更便宜了。可是低廉的价格并没产生立竿见影的效果,重庆市旅游局市场开发处处长刘仁菊坦言,三峡游目前处于低迷期。

造成"三峡游"低谷的原因很多,三峡水库蓄水后,一些老景点的招牌特点失色,其中以夔门和小三峡尤为突出。夔门素以雄伟著称,现在水位升高到158米,远远看去,夔门就像一座小山。三峡大宁河的沙滩和鹅卵石曾让游客流连忘返,现在河面拓宽,游客既不能下船,也看不到沙滩,只好把大量时间耗在了船上。老景点恢复需要时间,新景点开发却跟不上。如丰都雪玉洞,其独特的喀斯特地貌拥有4个全球之最,但它的配套设施却让游客望而却步。

不过,业内人士承认,此轮低谷是三峡一期蓄水前热炒的"三峡告别游"和三峡二期蓄水前恶炒的"绝版三峡游"的后遗症。位居"中国旅游40佳"和"14条旅游热线"之首的三峡黄金旅游线,每到旅游旺季就会出现"一票难求"、"一铺难求"的现象,巫山县靠打出的"告别三峡"品牌,也一度超过阳朔,成为中国旅游第一县。"三峡游"一夜兴起,无论是当地旅游主管部门还是旅游企业都急着把蛋糕"做大",却忽视了景区的可持续开发和品牌的树立。水涨了,三峡绝版了,人头攒动的壮景来也匆匆,去也匆匆。

根据旅游资源的特点进行分析,此次"三峡游"进入14年来最低谷的原因是什么?你们认为"三峡游"旅游资源经过新一轮的开发和配套设施的建设还能够成为旅游热点吗?

资料来源:潘灯:《"明星"景区:苦果在浮躁过后》。北京:《中国旅游报》2004年8月9日第13版。

第三节 旅游资源的开发

一、旅游资源开发的概念

所谓开发,一般是指人们对资源及其相关方面进行综合开发的过程。因此,旅游资源开发实际上是指人们对旅游资源、旅游设施、客源市场的开发,生态环境治理以及社会环境优化等的过程。其目的在于将旅游资源转化为旅游经济资源,为当地创造社会经济效益。因此,我们可将旅游资源开发界定为:为发挥、提高和改善旅游资源对游客的吸引力,使得潜在的旅游资源优势转化为现实的经济优势,并使旅游活动得以实现的经济活动。这种经济活动的实质,是以资源为"原材料",通过一定形式的挖掘、加工和完善,以达到展示其价值,满足旅游者需求的目的。

因此,旅游资源的开发是一项综合性、全面性的工作。其开发内容不仅涉及到对自然和人文景观的选择和布局进行规划,还要对交通、城市基础设施进行规划,甚至还会涉及管理等机构的建立、有关人员的培训,为了开拓利用这些旅游资源而对与之有关的接待条件进行开发和建设,以便使旅游所在地成为一个有吸引力的旅游环境或接待空间。为正确理解旅游资源开发的概念,我们还应当注意把握以下两个方面的问题:

第一,以市场为导向,以发挥、改善和提高旅游资源吸引力为着力点,通过生产加工使其变成旅游吸引物,是旅游资源开发的实质。开发旅游资源就是要发挥资源的各种旅游功能、增强对游客的吸引力。同时,旅游资源开发是一种经济行为,在市场经济体制下,旅游资源开发必须以市场为导向,不能有什么资源就开发什么资源,而应首先研究市场,开发利用那些市场需求大、能够畅销的旅游产品,处理好市场与资源的关系。只有这样,才能增强旅游资源的吸引力,才能使旅游资源成为真正的旅游吸引物,为旅游业服务。

第二,旅游资源的开发还是一项有组织、有计划的经济技术系统工程。所谓系统工程是指必须对旅游资源的各方面进行充分地论证和评价。在开发内容方面,不仅要考虑旅游资源的个体开发,还要对旅游设施、旅游服务、旅游环境、旅游客源市场等方面进行系统协调地开发,使旅游资源开发与旅游活动相关方面相互适应,协调发展。在开发效益方面,不能只考虑旅游经济效益的大小,而应同时分析论证开发所带来的社会效益和生态效益。只有三大效益同时具备,才能实现旅游资源的可持续利用。那种以牺牲社会效益和生态效益为代价去追求经济效益的做法无异于自我毁灭。在开发进程上,必须规划在先,实施在后,不可一哄而上,要有计划、有重点、有层次地层开,逐步拓展各种功能,科学合理地利用旅游资源,防止造成资本闲置和浪费。

二、旅游资源开发的原因

同工业产品一样,一个以旅游吸引物为核心的旅游点形成之后,都将经历一个由盛到衰的演变过程。这一过程所经历的时间可能很短,也可能很长,这须视具体情况而定,但演变总会发生这一从无到有的逐渐兴旺、然后又逐渐衰退直至很少有人问津的发展过程,这个过程被称为该旅游点的生命周期。因此,以某项旅游资源为核心而形成的一个旅游点的生命周期可划分为初创期、成长期、成熟期、衰退期等几个阶段。具体表现为随着时间的推移,该旅游点能够吸引前来的游客人数会出现先是由少至多,经过一段时期之后又由多逐渐减少,乃至几乎无人问津的情况,如图4-3所示:

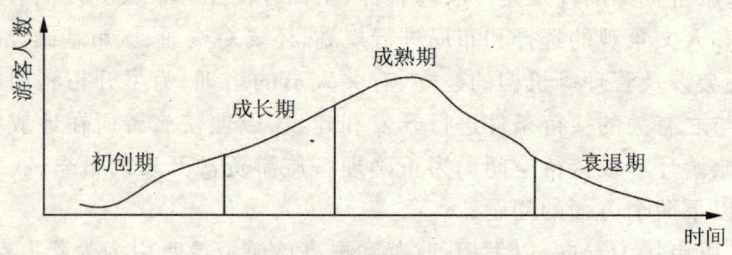

图4-3 旅游景点的生命周期

引起这种变化的原因是该处旅游资源的吸引能力变化。我们已经知道,旅游资源的吸引力在很大程度上是旅游者主观效用的反映。经初次开发后的旅游资源即旅游点的旅游吸引物由于适应当时游客的需要而吸引力逐渐增大,因而来访的旅游者人数也逐渐增多并形成盛况。但随着时间的进展,供需两方面都可能出现新的变化情况。例如,供给方面可能会出现环境污染或接待能力不足或旅游服务质量下降,这些都会影响旅游资源的吸引力;需求方面则可能因时尚潮流的变化而发生兴趣转移。即旅游者从最初开发后的旅游吸引物那里已经得到了足够的满足,因而希望寻找和觅得新的满足。上述这些情况,特别是需求方面的变化,最终会导致该地旅游吸引力的衰退。从理论上讲,以某项旅游资源为核心的旅游点的生命周期终有其完结之时,这只不过是时间早晚的问题。解决这一问题的根本办法就是不断进行开发,不断更新,使其不断获得新的生命力。

三、旅游资源开发的目标和内容

对于一个旅游目的地来说,所谓开发旅游资源,实际上就是通过适当的方式把旅游资源及其所在地改造成为具有吸引力的旅游环境,从而使旅游资源的吸引力得以发挥、改善和提高的技术经济过程。因此,旅游资源的开发工作并非仅仅局限于旅游资源或旅游景点本身的开辟和建设,更多地是在选定拟开发旅游资源的基础上,对与之有关的接待条件进行开发和建设,以便使旅游资源所在地获得一个有吸引力的旅游环境和活动空间。所以,旅游开发是一项综合性和全面性的工作,其主要内容,除了对各类旅游吸引物进行选择、布局、改善外,还包括旅游供给设施,市政工程,公用事业设施的兴建、管理,接待机构的建立和旅游地工作人员的培训等等。因此,严格意义上说,我们所说的"旅游资源开发"就是国际学术界所说的"旅游开发"或"旅游业开发"(tourism development 或 development of tourism)。

一般来说,旅游资源只有通过开发才能为旅游业所利用,而旅游资源的价值大小直接受到旅游开发是否合理、旅游资源是否充分利用的影响。一些尚未被利用或部分被利用的旅游资源通过开发,可以加强其吸引力的深度和广度,提高其综合使用价值,一些已被利用的旅游资源通过进一步整合和合理开发,可以更加充分地体现其使用价值,扩大旅游地的经营规模和经济水平。

旅游开发的目标可以有多种角度的取向,如旅游开发是为了接待国际旅游者还是国内旅游者,是专题性的旅游开发还是大众化的旅游开发,是供观赏的还是供娱乐的,是面向全国的还是面向本地市场的,这种开发的取向选择与资源本身的"可塑性"有关,也与旅游市场的需求有关。如果旅游开发的目标不明确,就会造成供求脱节,经济效益低下。

旅游资源开发的主要内容可以归纳为以下几点:

1. 搞好重点旅游景区、景点的建设与管理

旅游资源在旅游业中必须要经过开发才能被利用,旅游景点和景区就是旅游开发中的一个重要组成部分,旅游景点和景区建设包括两个类型:旅游景区景点的初次建设;旅游景区景点的深入开发建设和改造等。但是,这里说的建设是广义上的概念,不一定指的就是新景点的兴建和传统景点的改建,它还应该包括对旅游资源的保护等方面的内容,以及对游客活动项目、活动形式等软件内容的开发与更新。

2. 提高旅游地的可进入性

在旅游开发研究中,所谓可进入性(accessibility)是指旅游资源所在地同外

界(特别是同主要客源市场地区)的交通联系及其内部交通条件的畅通和便利程度。便利的交通条件对于旅游目的地旅游开发的成功至关重要。因为旅游活动具备异地化的特征,旅游者往往要经过漫长的旅途来到旅游地。即使旅游资源自身的质量再好、品味再高,如果没有便利的交通,其作为旅游吸引物和旅游对象物的应有价值也难以实现。因此,如何合理地安排旅游地的外部和内部交通是旅游开发中的又一个重要内容。这里的交通安排既包括交通线路的设计、旅游交通设施的配套、交通工具的选择等方面,而且还应当包括有关交通手段运营的合理安排(以陆路交通为例,要有交通运输公司以合理的客运班次开展运营,以方便游客出入旅游目的地)。现代旅游者对舒适度和效率的要求越来越高,往往要求旅途所用的时间尽量短而且舒适,游的过程相对长而且参与性强。在对旅游交通进行规划时要充分考虑旅游者的这些要求。

3. 建设和完善旅游基础设施和上层设施

关于旅游基础设施(Infrastructure)和旅游上层设施(Superstructure)的概念,目前人们的认识不尽相同,因而所指的内容也有差异。纵观国内外的旅游研究文献,主要有两种划分标准。一种是根据旅游者对有关设施的依赖程度,将旅游者对有关设施的依赖程度,将旅游者在目的地逗留期间必须依赖和使用旅游接待地区不可缺少的有关设施划为旅游基础设施;而那些对旅游者来说虽然也很重要,但并不是非依赖不可的有关服务设施则划为旅游上层设施。

按照这种划分,以饭店为代表的住宿设施被划入旅游基础设施。旅游上层设施则多指影剧院、夜总会、赌场、俱乐部等各种娱乐接待场所(见 Salah Wahad,1974 年)。另一种划分标准则是根据有关设施的建设特点,将建于地下和地表的一般公用事业设施划为旅游基础设施,而将建于地上的各种旅游服务设施划分为旅游上层设施(见 Mcintosh & Goeldner,1984 年)。按照这种划分,饭店等住宿设施则被划入旅游上层设施。

根据我国发展旅游业的实践,我们主张在与旅游有关的各种设施中,凡属其主要使用者为当地居民,但也必须向旅游者提供或者旅游者也必须依赖的有关设施应划为旅游基础设施(亦可简称基础设施)。之所以称其为基础设施是因为如果没有这些设施,便没有必要建造饭店等旅游接待设施。如果一定要建造,也不会有客源,因为旅游者来此无法正常生活。这类设施包括:(1)一般公用事业设施。例如供水系统、排污系统、供电系统、通讯系统、道路系统等,以及与此有关的配套设施,如机场、车站、港口码头、停车场、夜间照明设施等。(2)满足现代社会生活所需要的基本设施或条件。例如银行、商店、食品店、医院、公园、治安管理机构等。对于需原始开发的旅游资源,特别是在待开发的旅游处女地,建设上述基础设施的必要性是显而易见的。但在多数情况下,被开发地区在这方面都有一些原已存在的基础。然而这些原有的基础设施在数量或能力上、布局上大都是在决定发展旅游业之前根据当地人口的需求规模进行设计和建造的。随着外来游客的大量涌入,很可能出现供应能力不足的问题,因而需要进一步增建和扩建。

旅游上层设施实际上就是我们通常所说的旅游服务设施,即那些虽然也可供当地居民使用、但主要是供外来旅游者使用的服务设施。换言之,如果没有旅游者,这些设施便失去了存在的必要。这类设施主要包括如饭店、旅游问讯中心、旅游商店、某些娱乐场所等等。由于这类设施主要供旅游者使用,因此需根据旅游者的需要、生活标准和价值观念来设计建造,并据此提供相应的服务。

4. 培训能够提供专业服务的工作人员

国际旅游业发展的经验和教训告诉我们,无论是一个旅游目的地还是一个景区或景点,其吸引力的本源虽然在于所拥有的旅游资源,但是旅游服务工作的好坏或质量高低,也会相应地增强或削弱该地对客源市场的吸引力。在拥有同类旅游资源的目的地或景区、景点竞争的情况下,员工质量和服务水平将构成竞争力的关键要素。只有培训出一流的员工才能提供一流的服务,而且除必要情况下,旅游目的地需要引进一些关键岗位的管理人员外,更多的管理者也需要利用当地的人力资源自身来解决。因此,抓好专业服务人员的培训有助于提高旅游产品的竞争力。

5. 搞好旅游市场的开拓

旅游资源的开发要取得预期的经济、社会和环境效益就应该注重旅游市场的需求和变化。只有尽力满足旅游市场的需求,自身的利益才能得到满足。因此,旅游开发应该依据本地旅游资源的特色和优势确定其开发的目标市场,有针对性地进行开发和市场营销,努力扩大客源和开拓旅游市场。

四、旅游资源的评价及开发项目的可行性研究

1. 旅游资源的评价

在开发旅游资源之前,首先需要对拟开发的旅游资源进行评价。评价的目的是分析其开发价值,以便确定其开发后的吸引方向和开发规模。采用何种评价标准是旅游资源评价工作中的关键性问题。纵观人们对旅游资源的评价,常见的评价标准一般有三类。

(1) 美学标准。在我国,很多人往往采用美学的标准对旅游资源,特别是对自然景观资源进行评价,根据美学标准评定某项旅游资源质量的高低。也就是说通过分析景观环境与景物的美感特征来评定其观赏价值。以这类标准评价旅游资源有可取之处，特别是某些评价结果有利于对外进行旅游宣传，因而这类评价是十分必要的。但是这种评价结果难免受到评价者的主观影响。由于不同的人有着不同的审美观，所以评价者自认为是美感质量很高的某项景观资源，对于其他一些人，特别是对于来自其他地区或国家的旅游者来说，也许并不具有多大的吸引力。因此单纯采用这一标准评价旅游资源显然是不够的。

（2）社会标准和历史标准。用这类标准对拟开发旅游资源进行评价时，前者主要着眼于该项资源能否表现当地现今的社会发展水平和文化特色，后者则着重强调该项资源能否反映过去的历史社会风貌。将这些标准同时用于对某项旅游资源的开发评价，难免会出现意见分歧。例如在郑州黄河游览区的旅游资源开发主题的评价上，有人在强调黄河文化的同时认为应重点突出其社会成就和发展状况；但也有人认为黄河是中华民族的摇篮，其开发主题应以中华民族历史文明的古代环境色彩为重点。如果单纯以这些标准评价，无论哪一种意见占上风，都很难保证开发后的黄河游览区对客源市场有多大的吸引力。因此，如果依据只按这类标准评价后的结论进行投资开发，风险很大。

（3）市场标准。采用市场标准对拟开发资源进行评价，要着重于开发后的旅游资源对客源市场的吸引力。这种评价多使用定理分析，能够体现开发工作的经济观点和市场观念。但是严格地讲，采用这种标准进行的评价往往不再只是对旅游资源本身进行评价，而是涉及到了有关开发项目的投资评价问题。

实际上，对旅游资源进行评价的理想方法是将上述标准结合起来进行综合评价。具体讲便是从市场观念出发，综合考虑美学、社会及历史等评价标准。就发展旅游业而言，这种综合评价应当成为旅游资源评价工作的基本方法。

2．旅游资源开发项目的可行性研究

旅游资源开发项目的可行性研究是在对有关开发项目进行投资决策之前所从事的初步调查研究。可行性研究的目的是为投资决策提供可靠的客观依据。可行性研究结束之后，开发者才能在定性的基础上组织开展实际的规划设计工作。也就是说，在肯定了开发项目的可行性，并根据这一结论做出投资决策之后，下一步的规划和设计工作才会有把握。因为规划设计工作的主要目标是如何使已经肯定下来的可行性获得最佳实现效果。

（1）开发者的实力和资格。在并非由政府投资开发的情况下，这一内容尤为重要。在我国，旅游资源开发多由各级政府投资进行，因而人们往往不大注意对这方面内容的分析。实际上，即使是由政府投资，也应根据量力而行的原则对当地的经济实力和技术力量进行分析和评价。如果是由某个企业提出开发要求,并且由贷款机构负责有关开发项目的可行性研究,那么了解开发者的经济实力和经营资格就更为必要了。

（2）分析和预测市场需求。主要通过市场调研工作摸清项目开发后的游客来源、客源类型、市场规模、游客的消费水平以及开发地周围一定距离之内有无竞争的同类旅游区或旅游点等。

（3）分析项目开发和经营微观条件。例如劳动力条件、工程技术条件、有关旅游资源本身的条件等。通过分析,列出可供选择的解决办法,并就有关费用进行测算。

（4）分析当地宏观社会经济条件。例如当地居民的生活水平、社会风俗以及基础设施状况等。这一分析的目的是就开发后可能会影响到的更广泛的社会方面进行损益分析(CRA)。当然,并非所有的可行性研究都需要就可能影响到的社会方面进行全面的损益分析。是否就有关社会影响进行损益分析视谁对可行性研究结果感兴趣而定。一般地讲,国家和地方政府所需要的这类开发可行性研究报告都应包括较为广泛的损益分析。不包括社会损益分析的可行性研究结果只能说明从微观经济利益上该项目可行,但不能显示该项目开发后的社会效益是否理想。所以,国家和地方政府在考虑开发问题时,目光必须要长远而不能只考虑近期经济利益;同时必须要眼界开阔,既看到项目开发后的积极结果,也要看到项目开发可能对当地社会经济的副作用。只有充分预测项目开发后所带来的利益和损失,才能做出正确的开发决策。

五、旅游资源开发的原则

从世界旅游业发展的经验来看,要科学开发合理利用旅游资源,并且在开发中取得良好的经济效益,必须遵循以下原则:

1. 突出个性的原则

旅游资源的开发,应突出个性,充分揭示和发现其本身独有的特色,把各项旅游资源有机地结合起来,形成一个主题,以此来树立当地的旅游形象。有个性,有特色,就容易在旅游者或潜在旅游者心目中造成强烈的意象,就有吸引力,也就有了竞争力。所谓个性突出,是有意识地开发、创造一个有吸引力的形象,具有其特有的风格和形象识别。例如香港以"魅力香港,万象之都"为主题来开发"都市旅游",突出现代东西文化、中外文化交汇的大都市的个性特征,以国际大都市丰姿多彩的风貌展现在游客面前。

突出个性还表现在对有关旅游资源实施开发过程中,特别是对那些属于自然遗产和文化遗产的现存旅游资源,应尽可能做到保持其自然和历史形成的原

始风貌。例如,九寨沟自然风景区的风景优美,自然朴实,诗情画意,意境深邃,它的鲜明特色是体现和充满着大自然的原有风貌和特色。经过多年开发,九寨沟原有的特色更加真实和鲜明地表现出来。在景区中虽然有一点设施和点缀,却能与环境相融合,没有画蛇添足之感。

突出个性更要注意表现民族化、保持传统地方格调,使来访者能够观新赏异,体验异乡风情。英国在旅游开发过程中就非常重视对传统文化的保护并以此来体现民族特色,如伦敦两日一次的白金汉宫皇家卫队换岗仪式,几乎每次都吸引数万至数十万游客。

2. 保护自然环境和生态平衡原则

开发旅游资源的目的是为了利用。但在某种意义上,对某些旅游资源,特别是对自然旅游资源和历史遗产资源来说,开发的本身就意味着一定程度的"破坏"。近年来随着大众旅游发展,环境问题和生态平衡问题已成为世界各国旅游研究专家们所瞩目的热门课题。人们普遍认为,如果对旅游发展所带来的环境和生态问题熟视无睹,旅游业将失去其继续发展的基础。对此,人们提出了不少这方面的新概念,例如强调维护自然环境的"生态旅游"(Ecotourism)以及讨论如何能使旅游业延续发展的"健康旅游业"(Sustainable tourism)等。这些都说明在开发利用旅游资源的同时,必须着眼于自然环境和生态平衡的维护,不能单纯片面强调开发而不顾及环境的破坏问题。

3. 以市场为导向的原则

旅游资源的开发应以旅游市场的需求变化为依据,以最大限度地满足旅游者的需求为标准。由于旅游者的旅游动机与市场需求经常变化,旅游资源在市场竞争中随时面临着入时或过时,以及扩大或丧失吸引力的问题,因而旅游资源的开发,应注重旅游市场的调查和预测,了解消费者的需求,随着市场的变化而选择开发重点,减少开发的盲目性。

例如,现代旅游活动向多样化和参与性方面发展,在旅游资源的开发上就必须迎合这一市场特点。例如,由张艺谋在桂林漓江导演的《印象·刘三姐》山水演出就是以市场为导向原则的一次大胆的艺术创新,也是对漓江山水旅游资源的一次再度开发。它在艺术构思、舞台审美、声光应用等方面和漓江美丽的山水旅游资源进行了成功组合。这场演出以漓江为舞台,山为指挥,水为旋律,通过序幕、对歌、家园、情歌、渔火、盛典、尾声等七场水上歌舞,表现了传统、自然与生命的艺术融合。夜幕下的漓江,在不同角度的灯光照耀下,远处奇峰若隐若现,近处水面上,衬着刘三姐的歌声,时而渔夫秉灯泛舟捕鱼,时而展现落霞、炊烟、牛群、牧童、洗衣村妇晚归的田园风光;灯光一变,突然又见上百条竹排掩在几里长的红布后左右穿梭,犹如不断翻滚的红海浪;演到巨型月牙灯上出现"裸女"天浴,把整场演出推向了高潮。全场既有抒情的韵味,也有宁静的诗意,更有澎湃的激情,可以说,这是凝聚了桂林山水、刘三姐传说和张艺谋独特艺术的一曲自然交响乐。更值得赞许的是,它充分利用了山边江面这个大舞台的优势,出动了上百条竹排和数百名演员,气势恢宏,场面浩大,歌舞中又加进了电影、体操、杂技、撑竹排,乃至高科技声光魔术的某些特技,给人耳目一新的感觉,在旺季时每场的门票收入达到40多万。由于演出是在夜间进行,又促使游客在阳朔住宿,既增加了旅游收入,又带动了游客在阳朔消费;演出还吸收了七个村成百上千名农民,自带竹排参加演出,给当地农民开辟了一条增收之路。因此,《印象·刘三姐》山水演出和漓江美景的组合充分体现了以市场为导向原则在旅游资源开发中的成功运用。

> 进入20世纪90年代以后,我国旅游资源开发开始更加注重市场的意义,于是出现了所谓的市场或消费者导向。这种导向强调市场的存在与否及其规模和结构特征是决定旅游资源开发规模、指向和层次定位的基本依据,这一思想的现实性恐怕来自这样三个方面的考虑:第一,在多数情况下旅游资源可以且仅仅构成其开发的基础;第二,良好的资源可能因为可进入性差(存在空间障碍和文化障碍等)而不具有开发价值;第三,在没有资源的地方,如果市场需求强劲,也可以生产出某种旅游产品,这说明资源在旅游业经营中不是惟一的决定性因素。因此,在现阶段,更多的人坚持在开发旅游资源时,要考虑的第一位因素就是市场是否存在。

资料来源:谢彦君,《旅游基础学》,中国旅游出版2004年版,第112页。

4. 三大效益相统一的原则

旅游开发过程中必须注重三大效益的统一性,即生态效益、社会效益和经济效益的统一,旅游资源开发必须尽力照顾到上面各方面的效益。

首先,开发旅游资源要注意生态效益,不要因开发而破坏山体、水体、植被、树木、水质、空气等。相反,要通过旅游资源的开发,使山体、水体等更加优美,使植被覆盖率更高,使一些花木得到保护,使水质变得更加清洁,使空气变得更加清新等。不少旅游地或旅游风景区经过开发后,使生态环境质量大大提高。新加坡被称为花园城市,又是著名的旅游城市,城市到处可见鲜花争艳,绿树成荫,空气中清香飘荡,使游人倍感舒适和爽快。与此同时,我们也不能忽视,由于旅游资源开发而使生态环境恶化的情况也屡见不鲜,一些地方与其说是对旅游资源的开发,不如说是对旅游资源和生态的破坏。

其次,开发旅游资源要注意社会效益,即对社会进步能产生积极影响,包括对人类的智力开发、知识的普及、思想教育、社会道德风尚等。如博物馆、展览馆、纪念馆等。作为旅游资源对旅游者都能从不同的方面起到积极有益的作用,能够开发人们的智力。增长人们的历史、文化、科学、民俗、军事等方面的知识,增强人们的爱国主义思想和高尚的道德情操等等。凡是能对社会进步产生积极作用的旅游资源应首先开发,而对社会进步不能产生积极作用,甚至会产生消极作用的旅游资源,就不能开发。

再次,开发旅游资源应注意开发者的经济效益。旅游资源是旅游业建立和发展的基础,旅游业既然是一种产业,当然就要关注投入与产出的对比分析。作为旅游投资者,他的投资和经营目标是利润的最大化,如果开发旅游资源不能带来经济效益或经济效益甚微,旅游业就难以发展。我国近些年来,修建了许多人造景点,成功者不少,失败者也很多。成功者游客盈门,收入丰厚;失败者门前冷落,入不敷出,陷入困境,甚至倒闭。因此,开发旅游资源后如不能带来经济效益,就会难以为继。

5. 注重多样性的原则

旅游资源多样性原则主要是从较大范围和领域的角度着眼,而不是特指某一景区、景点中的旅游资源。在前面的第一点中,我们谈了突出旅游资源的个性问题,与现在所谈的旅游资源的多样性,二者是什么关系呢? 旅游资源的多样性,是以各个旅游资源的个性化或者说特色化为基础的。所谓多样性,主要的不是数量多,而是种类多样。多样就是各有特色的旅游资源的聚合。如在一个较大的旅游城市中,有10个特色各异的旅游资源不为多,有3个特色相同的旅游资源不为少。当然特色相同,也就等于没有特色。如果不是着眼于某一个旅游城市,而着眼于全国、全局,旅游资源就更应多样化,因为在全国范围内有更为丰富的旅游资源。全局的旅游资源的多样化,也要以不同城市、不同地区各具特色的旅游资源为基础,如上海为现代都市城市,杭州为湖水城市,桂林为山水城市,西安为古都城市,苏州为园林城市,香港为购物城市,济南为泉水城市,大连为海滨城市等等。正是这些不同风貌城市,才构成了我国旅游资源的多样性。

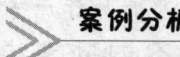
案例分析

世界第一部全新概念的山水实景演出《印象·刘三姐》

"唱山歌嘞,这边唱来那边和,山歌好比春江水,不怕滩险弯又多……",由著名导演张艺谋等人执导、历时五年、数易其稿的世界第一部全新概念的山水实景演出《印象·刘三姐》给观众带来了动人的山歌,梦幻的漓江及感怀的印象。

《印象·刘三姐》位于桂林市阳朔刘三姐歌圩,作为世界最大的山水实景演出,它巧妙地将壮族"歌仙"刘三姐的山歌、广西少数民族风情、漓江渔火等多元素创新组合,融入桂林山水之中,诠释了人和自然的和谐关系。演出人员约600人,整个演出如梦如诗,气势恢宏,场面宏大,极富视觉和听觉冲击力。全剧分为序·山水传说、红色印象·对歌、绿色印象·家园、蓝色印象·情歌、金色印象·渔火、银色印象,盛典以及尾声·天地唱颂等五个部分,时间75分钟。

桂林山水、刘三姐传说、张艺谋构成了《印象·刘三姐》山水实景演出最具感召力的三大金字招牌。身临《印象·刘三姐》剧场,你会被这个举世无双的剧场所震撼。

一块放映着《刘三姐》老电影片段的银幕在雾气中隐隐亮起,在歌曲唱完之后,瞬间的静默突然被光影打破,被灯光照亮的峻峭山峰犹如魔术般撞入人们的眼帘,引得一片惊叹。15盏探照灯的光束交错映亮了整个天空。河面上奇迹般地出现了几只竹筏,身着盛装的壮族少女站在竹筏上,用清亮甜美的歌声向所有的观众致意,燃起的渔火照亮了她们红润的脸庞,一盏、两盏……星星点点的渔火从天边亮了起来,仿若星星一般,把水面、河岸和舞台连接在一起。

以山水圣地桂林山水实景作为舞台、以经典神话《刘三姐》作为母体和素材,把自然山水风光和历史文化资源结合在一起,使整台节目创造了如诗如梦的视觉效果:山峰的隐现、水镜的倒影、烟雨的摇曳、月光的披洒,使"刘三姐"山歌和民族风情、漓江渔火等元素经过创造组合,不着痕迹地融入山水,还原于自然,并巧妙利用山峰屏蔽及回声,形成天然的立体声效果,创造出天人合一的境界。展示了壮、苗、瑶等少数民族服装和音乐。

《印象·刘三姐》演出的舞台打破了传统演出有限空间的局限,形成天然的立体效果。如梦如幻的桂林山水,背景是方圆两公里的漓江、12座神秀的山峰;这里的演员无论男女老少,大部分是当地的农民;这里的歌声都是当地少数民族群众平时对歌时唱的山歌,比如侗族大歌;这里的演出道具,比如竹筏、渔网、耕牛、自行车、鸬鹚等,都是当地渔民平时的生产、生活用具;这里的场景,比如漓江

牧童、洗衣村妇、渔舟唱晚、撒网捕鱼、耕牛归家等,都是当地渔民平时原汁原味的生产生活场景。进入到这种纯自然的山水和生产生活场景中,不由回忆起过去的一些事情,有一种回归的熟悉感和亲切感。

这台大型实景演出将作为桂林一个永久性的旅游文艺演出,每天上演,并向全球推介。

把广西举世闻名的两大旅游、文化资源——桂林山水和"刘三姐"的传说进行巧妙地嫁接和有机地融合,《印象·刘三姐》受到了广泛的好评。中国旅游专家称之为是继桂林山水之后的又一"极品"。世界旅游组织的一位官员看了《印象·刘三姐》之后,激动地说:无论从世界每一个角落,买飞机票来都值得!《印象·刘三姐》丰富了桂林这一旅游名城的内涵,原来游客只是白天有旅游活动,晚上就没有去处了,而这个项目营造出"白天看自然,晚上看人文"的桂林旅游新方式,吸引更多的游客到桂林旅游,提升了桂林乃至广西旅游业在国际上的地位和形象。

资料来源:邝伟楠,《〈印象·刘三姐〉成为广西旅游又一"极品"》,《中国旅游报》2004年6月11日第6版。

> **小组讨论**

1. 根据我们学习的定义来分析,《印象·刘三姐》属于旅游资源的开发吗?这种开发是否可以有效地延长旅游景点的生命周期?为什么?
2.《印象·刘三姐》符合旅游资源开发的哪些原则?

第四节 旅游资源的保护

一、旅游资源进行保护的必要性

旅游资源是旅游业存在和发展的根本基础。从理论上讲,旅游资源作为一个国家或地区旅游业的基本资产,如果开发和利用得当,可以用之不尽,从而可造福于子孙万代。但是实际上,人们在资源的开发、利用和管理等工作中,往往存在着这样或那样的问题。从而很容易使旅游资源遭受破坏或损坏。这种破坏轻者会造成旅游资源质量的下降,从而影响其原有的吸引力;重者则有可能导致这些旅游资源遭到损毁,从而危及该地旅游业的存在基础。

在某种意义上,开发本身就意味着破坏,这是不可否认的客观事实,但是在根据发展旅游业的需要而必须对旅游资源进行开发的情况下,人们也完全有可能通过周密的规划和完善的设计将发生危机的可能性减至最小。我们不能因噎废食,不能为了"保护"这些资源而反对必要地开发它们,更不应将开发与保护两者对立起来。片面强调旅游业的需要而不顾其他是不应该的,过分坚持自然主义的观点同样也是不足取的。关键在于对这些资源要加以利用,为满足人类的需要服务。在这个问题上,开发的目的是为了利用,保护的目的也是为了利用。因此两者之间没有、也不应有根本的冲突。因此,在任何资源开发之前,都必须认真进行可行性研究,制定保护资源的切实方案,防止资源原貌和环境遭到破坏。

二、旅游资源遭受破坏的原因

造成旅游资源被破坏的原因是多方面的,但总的来说,这些原因基本可以划分为自然性原因和人为性原因。

1. 自然性原因

由于自然作用的原因致使某些旅游资源遭受损坏的情况是显而易见的。一些大的自然灾害,如地震、洪水、泥石流等等,固然会使受灾地区的旅游资源遭到重大破坏,但是这类情况并非常见。除了这类人力不可抗拒的原因之外,最为常见的破坏性自然因素莫过于日久天长的风化作用。例如,以山西大同云冈石窟为代表的我国众多著名的石窟,长期以来一直面临着自然风化作用的侵害。由于长期的风雨剥蚀和后山石壁的渗水浸泡,云冈石窟的大部分洞窟外檐裂塌,很多雕像被风化,有些已经断头失臂,有些则面目模糊。在其53个洞窟中,目前只有少数不多的洞窟能供游人观赏,其余大多数洞窟皆因损坏严重而无法开放。除了自然风化原因可对旅游资源,特别是对历史建筑和文物造成危害之外,其他原因例如一些动物(鸟类、白蚁)的破坏作用也可对这些旅游资源的安全构成威胁。

2. 人为性原因

在这类原因中,一部分是属于因旅游者行为不当而造成的破坏。例如号称世界7大奇观之一的埃及金字塔,由于过去长时期中大量游人的攀登,已经受到严重损害。有人估计,如果这一情况得不到控制,金字塔将不会再继续存在1万年。我国的万里长城也存在类似的问题。旅游者的乱刻乱画则更加剧了问题的严重性。在欧洲地中海地区,有些地方由于度假者的大量涌入和乱丢废弃物,也出现了严重的环境污染。我们应该认识到,每一项旅游资源的接待能力都是有限度的,都有其接待旅游者的负荷极限,一旦超过这个极限,其遭受破坏的可能性便会成倍地增加。

但是，对旅游资源的人为性破坏并不完全是由外来旅游者造成的，还有一类人为性破坏往往是由旅游资源所在地的当地人，甚至是由当地的旅游企业造成的。这类性质的人为破坏比旅游者造成的问题更严重，而且更不容易控制。例如据我国新闻单位的有关报道，有些居住在长城附近的农民竟挖取长城砖石用为建房材料；武汉曾有些单位向东湖内倾倒垃圾；有些地方盗掘古墓文物的事件屡有发生，以至于流传有"要致富、挖坟墓"之说。至于有关对林木乱砍滥伐、盗猎稀有野生动物、不受控制的经济活动对水源或空气及生态环境的污染和破坏等方面的报道，时至今日依然屡见不鲜。其他国家中的这类例子也多不胜举，例如罗马城的一些古代纪念建筑正在遭受工业排气管道排出的一氧化碳气体的侵害；印度的泰姬陵因空气污染的作用，其洁白的颜色正在变黄；东非的天然野生动物园由于面临当地人口大量增长的压力，其占地范围正在日渐缩小；非洲的犀牛和大象等稀有动物因人们大量偷猎也面临灭绝的危险。

在旅游业的自身行为方面，有些地方在开发和建设风景区的过程中，由于不注意保护环境或者出于一己私利等原因而导致当地环境景观遭到破坏的现象也并非罕见，例如随意炸山取石，砍伐森林，大兴土木，等等，其结果是风景区尚未建设好，却已被破坏很严重了。此外，旅游业的过度开发客观上也会导致当地旅游资源和环境质量的下降。以一些作为世界文化和自然遗产的旅游景区为例，由于宾馆、商店、交通索道、人造景观等非遗产建筑物或构筑物的大量兴建，导致了这些景区的人工化、商品化和城市化，从而破坏了遗产的真实性和完整性。例如，我国湖南的武陵源就曾被世界遗产组织的专家提出过严肃批评。我国有关专家对此也认为，如果这种局面得不到扭转，世界遗产组织有可能会将武陵源列入《濒危世界遗产名录》。在历史上，美国的黄石国家公园就曾经进入过《濒危世界遗产名录》。

以上所述只是这类问题和现象的一部分，远远不是其全部。人们应当对这类问题有清醒的认识。如果要使这些旅游资源将来能继续造福于人民，服务于国家和地区旅游业的发展，便要积极采取措施对它们加以保护。

三、旅游资源的保护

对于旅游资源的保护应当采取积极的、主动性的保护措施，即以"防"为主，以"治"为辅，防治结合的原则。要运用法律、行政、经济和技术等手段，加强对旅游资源的管理和保护。

从法律保护手段来说，在瑞士、日本、墨西哥、法国、埃及等国，在它们制定的法规中，详细地规定了保护各种资源的具体条款。在瑞士的森林法规中，明确地规定:每年种树量要多于砍伐的数量;不论是谁,即使自己的私有树也不能随意砍伐。埃及旅游法规定:除非旅游部长许可,任何人不得以任何方式利用、开发、占有或处置任何旅游区或其中一部分。

从行政手段来看,许多国家根据旅游资源的观赏、历史、文化科学价值和环境质量、游览活动等条件,将其划分为不同级别的保护。美国于1906年通过古迹法,授权总统以文告形式设立国家遗址,现在美国每一个国家公园都有独立的立法。《法国风景区的文物保护法》规定,在国民教育部长领导下,设立一个"风景、景色和高级景物委员会"负责对文物古迹和风景区的清理和划级工作。这个委员会根据文物古迹的艺术性、历史性、科学性和传奇性,将其划分成若干级别,分别登记入册。

而对于自然作用带来的危害,主要应采取必要的技术措施加以预防。例如将秦俑和半坡这样的古迹建为室内展览馆,以减少风化的影响;对容易遭受鸟类危害的古建筑在有关部位设隔离罩等,将裸露的风吹日晒下的旅游资源加罩或盖房予以保护。例如,乐山大佛曾建有13层的楼阁覆罩其上,既金碧辉煌,又保护了神像,后毁于战火。类似这样的建筑应该恢复和建设。对于因条件限制不易采取类似措施的旅游资源,则应经常检查,对发现的问题要及时进行治理和修缮。

为了防止由于旅游者方面的原因而对旅游资源可能带来的危害。首先应加强本地的旅游规划工作,充分估计接待能力饱和对旅游资源的破坏性影响。一旦出现"人满为患"这种接待能力饱和甚至超负荷接待的情况,便应采取要么提高价格、要么设法将游客引流分散往其他参观点、要么控制来访游客进入数量等选择措施,因为这种时候旅游资源遭受破坏的威胁最大。此外,对于重要的文物建筑及珍稀动植物等要架设隔离装置,避免游客触摸攀爬,对违反有关规定者要予以制止,并视情节严重程度给予批评、课以罚款直至追究其法律责任。

对于除旅游者以外的其他人为原因对旅游资源造成的破坏,除应加强对旅游资源保护的宣传外,还应制定必要的法律或法规加以约束:由于旅游资源的多样性及其在一定程度上具有主观效用的特点,人们似乎难以制定一项全面的旅游资源保护法。但我国有不少法令都直接与保护旅游资源有关,例如文物保护法、森林法、环境保护法以及野生动物保护法等等。在采取预防性措施的同时,对危害和破坏旅游资源的单位和个人要给予必要的行政处罚和经济处罚。对造成严重破坏者,要追究有关人员的法律责任。

无论是治理因自然作用原因而对旅游资源造成的危害,还是因人为原因而对旅游资源造成的破坏,关键是要分派和落实有关保护工作的责任。我国是社

会主义国家,旅游资源多为国家和全民所有,因而在健全管理机构、落实保护责任方面本应有一定的便利之处,但是由于在管理体制方面存在的问题,有些地方的旅游资源保护工作仍有空白。这些问题有待在改革过程中加以解决。

埃及:保护古迹重于吸引游客

按照轮换次序,胡夫金字塔将从2004年初起关闭一年以进行内部整修,在吸引游客和保护古迹之间,埃及选择了后者。当然,大批外国游客是冲着胡夫大金字塔来的,然而,保护国宝可是埃及的千年大计。

吉萨金字塔群位于埃及首都开罗西南约10公里处,其中最负盛名、也是最大的一座金字塔是胡夫金字塔,其次是哈夫拉金字塔,孟考拉是最小的一座。建于4 500多年前的胡夫金字塔是当今世界上规模最大的巨石建筑,被称为"世界古代七大奇迹"之一。

埃及政府于几年前开始实施三大金字塔轮流开放制度,以期最大限度地保护金字塔。出入金字塔的游人众多,游客在塔内参观时呼出的气体在墙壁上凝结成盐渍,并渗入墙体,对构成金字塔主体的花岗岩和石灰岩造成破坏。金字塔在关闭期间,维修人员完全用人工方法清除墙表的盐渍,用浸透蒸馏水的纱布吸出墙体内的盐分。此外,他们要用对塔体无害的化学制剂擦掉一些不文明的游客在墙壁上留下的涂鸦。与此同时,修缮小组要对塔内的照明和通风设备进行清理、维修和保养。

采取轮换开放制和设立巡视员只不过是埃及政府保护金字塔的整体规划中的一环。埃及已于去年开始实施一项为期3年的计划,旨在完善对吉萨金字塔景区的管理,更好地保护和开发金字塔旅游资源。根据这一计划,景区四周将依据地势修建一堵设有3个出入口的围墙,把景区完全封闭起来。景区内还将修建一条电动无轨列车线路,游客既可以乘坐列车,也可以步行按照固定路线参观游览。在这条电动无轨列车线路开通后,所有车辆和牲口都将被禁止进入景区,从而消除车辆和牲口对文物古迹的污染和破坏。你们认为埃及政府在金字塔这一旅游资源的开发和保护的问题上是否发生了矛盾?为什么?在以上这片短文中,你们认为埃及金字塔遭受破坏的原因主要来自哪方面?

资料来源:《埃及:保护古迹重于吸引游客》,《中国旅游报》2003年10月10日第15版。

第五节 旅游景点

一、旅游景点的概念

旅游景点被认为是旅游系统中最重要的组成部分,它是激励游客旅行的主要因素,是旅游产品的核心。任何一个可供旅游者或来访者参观游览或开展其他休闲活动的场所都可以称为旅游景点。旅游景点小到一个历史建筑物、一处名人故居、一所博物馆,大一些的可以是像杭州西湖、美国大峡谷、肯尼亚的野生动物保护区等旅游景区这样的概念。严格地讲,所谓旅游景点实为面向所有大众开放的游览景点或游人参观点。不论是在中国还是在外国,任何一个旅游景点所接待的来访游人都不只限于来自异国或他乡的国内外旅游者。特别是那些地处城市或人口密集地区的旅游景点,其所接待的游人或参观者中的相当多数实为当地居民,而非外来的旅游者。了解这一点,对于旅游景点的管理和经营具有非常重要的意义。然而,由于旅游景点这一称谓已经约定俗成,只要人们知其所指也就足够了,没有必要就称谓问题再去争论。

由于上所述旅游景点的概念范围过于宽泛,首先我们应当注意将景点和旅游目的地区别开来。一般来说,景点是独立的单位场所,以一个特色为主,划分明确,面积不大的区域。而旅游目的地在面积上要大得多,包括数个景点以及旅游者所需要的各项服务。其次,要注意将旅游资源与旅游景点区别开来。作为旅游业部门的组成部分,我们对旅游景点的概念需要特别规定为那些由某一组织或企业对其行使管理的旅游景点,即有明确的界线同外界相隔并有固定的出入口,对游人的出入行使有效控制的游览点或参观点。所谓明确的界线是指该景点的区域范围或圈以围墙、或设以栅栏、或借助某种天然条件(例如河流、山沟等难以逾越的自然屏障)形成的边界,从而使人们不能随便出入。对于这种有管理的旅游景点,国际旅游学术界有人将其定义为:旅游景点是指"专为供来访公众参观、游乐和增长知识而设立和管理的长久性休闲活动场所"(Middleton,1988年)。

这一定义旨在反映和强调,作为一个旅游景点,应当符合或具备以下几个方面的条件或特点:

1. 专用性。旅游景点是指定的用来供游人开展上述各类休闲活动的场所。这种专用性的指定要么出于商业性决策,要么出于政府有关部门的公益性决策。但不管出于哪一种决策,旅游景点的上述职能都是不可改变的,如果发生改变,则不再属于真正意义上的旅游景点。例如,工厂、学校、乡村和部队军营也都可

供旅游者参观或游览,但它们都不属于规范意义上的旅游景点,因为它们的职能都不是专供游人参观。换言之,只有那些其职能是专供游人参观、游览或开展其他休闲活动的场所方可称为真正的旅游景点。

2. 长久性。这里所说的长久性是指作为一个旅游景点,必须有其长期固定的场址,并利用这一场址发挥其固有职能。这里对其长久性的强调,主要是用以同那些没有固定场址的旅游吸引物区别开来,例如某时某处临时举办的展览、娱乐活动、流动演出及民间盛会等等。由于这类暂时性的旅游吸引物有其不同的组织和营销方式,并且没有长期专用的固定场址,因而不属于规范性旅游景点的行列,特别是在讨论旅游景点的经营管理时更是如此。

3. 可控性。旅游景点必须有人行使管理,必须能够对游人的出入行使有效的控制,否则,从旅游业经营的意义上讲,便不属于真正的旅游景点,而只能是一般的公众活动区域。但是,这一定义下的旅游景点并非仅限于指那些对来访游人收费的旅游景点,同时也包括那些有人行使管理、但对游人实行免费参观的旅游景点,后者多见于政府部门和社会团体出于社会公益目的而兴办和管理的参观和游览场所。需要说明的是,目前世界各国的绝大多数旅游景点都实行购票准入的做法。纯商业性的旅游景点旨在通过门票收费,去补偿其全部运营成本并获取利润。对于由政府部门和社会团体兴办的旅游景点,有些是旨在通过门票收费去补偿其流动费用而非建设投资,有些则仅仅是为了减少有关方面所支付的费用补贴。总之,从世界各国的情况看,不论出于上述何种目的,旅游景点管理的发展趋势是实行门票收费,而不是免费参观游览。

二、旅游景点的类别

旅游景点的类别很多,人们对其划分方法也不尽相同。一般来说旅游景点的类别划分可有以下几种情况:

1. 按照其设立性质,可以划分为纯商业性的旅游景点和公益性的旅游景点。前者指投资者完全是出于营利目的而建造或设立的旅游景点,因而这类旅游景点纯属企业性质。后者指政府部门和社会团体出于社会公益目的而建造或设立的旅游景点。这类旅游景点中虽然也多采用收费准入的管理方法,但实行收费的目的不是营利,更不是为了借以回收其建设投资。

2. 按照景点所依赖的吸引因素的形成原因,可以划分为自然旅游景点和人造(或人文)旅游景点。前者的吸引因素属大自然的赋予,后者的吸引因素或为人类历史遗产或为现代人造产物,但不论如何,都属建筑或人类遗址、名人故居等等。后者指由多项参观或游览内容共同构成的一个旅游景点。

3. 按照景点展示内容的多少,可以划分为单一性旅游景点和集合性旅游景点。前者指仅有一项参观或游览内容的景点,如山西的黄河壶口瀑布景点。后者指由多项参观内容共同构成的一个旅游景点。

4. 按照游客旅行的目标和停留时间的长短,可以划分为主要景点和次要景点。前者是人们休闲旅行的主要目标,游客会用大部分时间呆在这里,因为这里有他们所喜爱的某项活动。后者指游客去往主要景点或返回途中顺便观光的地方,其作用是使旅程不显得过长,提供餐饮机会,或是使游览的内容更加丰富多彩。

5. 按照景点的内容和表现形式进行类别划分是中外最为常见的做法。根据这类标准,旅游景点主要包括以下几种主要类别:

古代遗迹(Ancient Monuments),尤指挖掘出土和加以保护的古迹,例如古城防建筑、古墓葬等。我国西安的半坡遗址、秦俑坑,北京周口店的猿人遗址,洛阳的古墓葬展览馆等,都属这类景点。

历史建筑(Historic Buildings),指以历史上遗留下来的各种建筑物为主要游览内容而设立的旅游景点。这些建筑物包括历史上遗留下来的城堡、宫殿、名人故居、庙宇寺院、历史民居等等。

博物馆(Museums),该系列十分庞大。其中可分为两大类,一类是以特定收藏品为展示内容的博物馆,例如中外的各种科学博物馆、历史博物馆、军事博物馆、交通运输博物馆等等;另一类则是以特定场址为展示内容的博物馆,例如我国的故宫博物院、美国的殖民地时期威廉斯堡博物馆、英国的铁桥堡博物馆等都属此类。另外,博物馆还可按其收藏品来源范围进行划分,例如国家博物馆、地区博物馆、地方博物馆。

美术馆(Art Galleries),美术馆多数以收藏和展览历史或传统美术作品为主。

公园和花园(Parks and Gardens),指以具有特色的自然环境和植物景观为主要内容的旅游景点,例如国家公园、自然保护区、著名的花园和园林等等。

野生动物园区(Wildlife Attractions),指以观赏野生动物为主要活动内容的旅游景点,例如动物园、水族馆、观鸟园、天然动物园、蝴蝶庄园等等。

主题公园(Theme Park),这类旅游景点多为以某一中心主题为基调而兴建的大型人造游览娱乐园区,以美国佛罗里达州的迪斯尼世界最为著名。我国北京的世界公园、深圳的世界之窗、锦绣中华、中国民俗村和欢乐谷等旅游景点都属此类。

早期产业旧址(Industrial Archeology Site),指那些在已经遗弃的早期工矿产业旧址基础上开发形成的参观景点,主要使参观者了解当地早期的社会生产和技术状况。例如早期的采矿业、纺织业、铁路运输业以及运河码头等旧址。

值得一提的是,国外关于景点划分的概念和类型也有其他不同观点。按照约翰·斯沃布鲁克的观点,景点可以大致分为四种类型:一是具有特色的自然环境;二是并非为吸引游客而建造的房屋、建筑群和场所,如宗教活动场所(但现在却是吸引着大量游客出于休闲消遣的目的前来参观访问);三是专门为吸引游客并满足其要求而建造的房屋、建筑群和场所,如主题公园;四是特殊活动(见表4-3)。

表4-3 约翰·斯沃布鲁克关于景点的四种类型

自然环境	最初并非为吸引游客而建造的人造景观	专门为吸引游客而建造的人造景观	特殊活动
海滨 溶洞 悬崖 河流湖泊 森林 野生动植物	教堂、清真寺 豪华宅邸和古建筑 古代遗址、纪念碑 古代园林 工业旧址 蒸汽火车 水库	游乐园 主题公园 露天博物馆 文化遗产中心 乡村公园 小船坞 展览中心 园艺中心 工艺品中心 参观工厂、车间 对游客开放的农场 野生动物园 娱乐中心 赌场 矿泉疗养地 业余活动中心 野餐地 博物馆、美术馆 休闲购物中心 滨水开发区	观看、参加体育比赛 艺术节 市场与集市 传统的民俗活动 历史纪念日 宗教仪式

资料来源:约翰·斯沃布鲁克,《景点开发与管理》,中国旅游出版社2001年版,第6页。

三、旅游景点在旅游业发展中的重要作用

1. 景点产品在目的地旅游业整体产品构成中居于中心地位。我们知道,构成景点的基础是当地的旅游资源。在很多情况下,旅游景点往往是展现当地旅游资源精华的场所。因此,旅游景点在目的地旅游业中的地位同旅游资源的地位是同样的。简言之,在旅游业中,人们对交通运输和饭店产品的需求基本上都属于派生性需求,因此,交通运输产品和饭店产品对旅游者的来访起着一种支持或保证的作用。相比之下,景点产品对旅游者的来访则起着一种激发或吸引的作用。旅游者之所以去某地访问,从根本上讲是受该地旅游资源吸引的结果。

作为旅游资源的重要组成部分和典型体现,人们对景点产品的需求也就构成了根本性需求。正是在这个意义上,同旅游业中其他行业的服务产品相比较,作为旅游资源的代表,景点产品在目的地旅游业整体产品构成中居于中心的地位。

2. 旅游景点对目的地的经济会产生积极影响。旅游景点的建立,可以为目的地赚取大量的外汇收入,而且有助于平衡国家财政收入。例如,伦敦的军旗阅兵式、温布尔登网球锦标赛和古建筑每年都吸引着成千上万的外国游客访问英国。景点也是国家财政收入的来源之一,因为其雇员需要纳税,景点也需要上缴营业税。政府部门还往往直接拥有一些著名的旅游景点,可以从门票中取得收益。这笔收入可以用来保护国家的文化遗产。游客在景点花费在当地和地区经济中还会产生乘数效应,并间接支持着食品生产、餐饮、工艺品、纪念品等行业。同时,景点雇员的消费也会在当地产生乘数效应。

3. 景点还可以为当地社区提供直接和间接就业机会。根据英国旅游局的估算1992年,英国共有景点5552个,共提供84000个就业机会(数据来源:英国旅游局和苏格兰旅游委员会,1993年)。我国一些经济落后地区,在旅游业发展过程中,其旅游景点的建立也为安置就业提供了大量岗位。例如山东枣庄山亭区北庄镇因当地旅游景点的建立,在短短两年半的时间就有4000多农民加入到旅游业队伍中来。桂林因旅游景点众多,所以在城市居民中,有2/3的家庭进入了旅游服务业。

达勒姆郡比米什北英格兰露天博物馆

达勒姆郡比米什北英格兰露天博物馆第一年共有20个周末对外开放,接待5万游客。到20世纪80年代末,该景点每年接待的游客数量达50万人次,其中一半多来自本地区以外。但是,游客数量的增长很不稳定。1975至1985年之间,游客的数量从30多万人次下降到了20万人次左右。

比米什博物馆的资金来源是地方当局和一些机构的资助,还有一个信托基金会在帮助解决景点不断发展的财政需要。博物馆目前创收情况很好,因此地方政府的拨款只占总收入的三分之一。

20世纪80年代末,是比米什博物馆经营状况最佳的时期。1986年,新的游客中心开放,博物馆被评为本年度最佳博物馆。1987年,比米什博物馆又荣获该年度欧洲最佳博物馆。1988至1989年,博物馆雇佣的员工数量相当于137个全日工,总收入达110万英镑,运营成本为30.2万英镑。

资料来源:约翰·斯沃布鲁克,《景点开发与管理》,中国旅游出版社2001年版,第25页。

四、景点经营中应注重的主要问题

实践表明,旅游景点的经营状况受突发性外部环境因素变化的影响程度通常不是很大。这一点与大型饭店及交通客运企业的情况不大相同:这一方面是因为大多数旅游景点的经营规模都比较小,另一方面是与旅游景点的市场构成中包括了大量的当地居民有关。但是,一个旅游景点若要长期经营成功,其经营者除了要做好内部的管理工作之外,也不应忽视以下几项长远性外部环境因素的影响:

1. 竞争因素

旅游景点的竞争突出表现为两个方面:其一是地处同一地区内的各景点之间的竞争。由于大多数旅游景点都面对同样的市场,因此,同一地区内景点数量的不断增加,意味着一个景点必须更加努力工作才可能维持其游客接待量不减;其二是同周边相邻地区景点的竞争。由于越来越多的地区出于发展经济和增加就业等原因而想到发展旅游业,从而使旅游景点的供给能力也在增加,并且在一定的距离范围内构成对周边地区旅游景点的竞争。在这种竞争不断加剧的经营环境中,一些原有的旅游景点可能不再能够吸引足够数量的游人来访,甚至可能被排挤垮台。

因此,旅游景点的经营者必须要随时关注竞争状况的发展,以便确定相应的对策。

2. 市场需求层次变化

随着改革开放的深入扩大,人们的出国经历在增多,或者通过电视对国外情况的了解也在增多。由于这些情况的影响,人们势必会以国际水准来衡量和要求国内的旅游景点。除此之外,由于国内某些一流景点的开发水准和服务水准不断更新,人们也同样会以此为参照去衡量其他的旅游景点。所有这些都会影响人们的需求层次变化,从而导致人们对旅游景点产品的质量也会越来越挑剔。

因此,旅游景点的经营者必须要随时关注人们需求层次的变化方向和变化速度,及时更新景点的服务条件和服务质量水准。

3. 新技术的发展与应用

随着现代科技的发展,一些新技术的出现也会为景点的建设和更新改造带来新的机会。例如,目前,声、光、电、激光等现代技术以及塑料和碳纤维等新型材料都已应用为现代展示手段,甚至连过山车之类的娱乐设施所使用的传统滑道也已让位于使用管形钢材的新式螺旋轨道和立式环形轨道。此外,随着技术的发展和生产能力的提高,利用电脑操纵的各种模拟器已不再像过去那样昂贵。由于这些模拟技术可以创造出令人如临其境的逼真动感和视听效果,因而可能会越来越多地应用于旅游景点的建设和更新改造之中。

如果哪个景点不注意这类新技术的应用,不能适时地引入和利用这些新技术,那么由于前两项因素的影响,其后果是不难设想的。

亚洲最大的主题乐园——日本豪斯登堡

耗资 25 亿美元的豪斯登堡主题乐园,位于日本九州的长崎。总面积 152 公顷,是东京迪斯尼乐园的 2 倍,它拥有 6 000 米的人工运河、11 座博物馆、12 处娱乐设施、70 家购物中心、44 家餐厅、4 家酒店,堪称世界第一大主题乐园。乐园于 1992 年 3 月 25 日开业,以荷兰风情为主题。同时在不同季节,以郁金香、海洋、收获、圣诞节、农历新年等为主题,设计风格各异的盛大表演活动,并在晚间安排精彩的运河游艇音乐秀、激光秀、水舞秀、焰火秀。此外,豪斯登堡最值得骄傲的"豪斯登堡宫殿"更是分毫不差地再现荷兰女王宫殿原型,拥有宽阔的庭园、美术馆和日本最大的圆顶壁画间。

豪斯登堡不仅是一个主题乐园、也是一个探索未来信息化的试验城市。为了实现与自然共存的理念,豪斯登堡学习荷兰建国建设,在长崎不毛之地上,从土壤改良着手,开辟了 6 000 米的人工运河,并在运河沿岸种植 40 万株树木、30 万朵鲜花,使土地再现生机;其次为了不使海洋受到污染,建成大规模的下水处理设施,做到不让一滴废水流入海洋;为了防治用水不足而引进日本最大的海水淡化设备;同时采用天然气发电,并用残余的热能作为蒸汽能源建设完备的余热发电系统。地下埋设有电线、自来水上下水管道、光缆、有线电视线路等共用管道。所以,触目所及看不到一根电线杆,营造出 17 世纪荷兰城镇风貌,力求建设超越时空和国界的完善的高级休闲度假城市。

随着豪斯登堡知名度的提高,来访的亚洲游客日趋增多。为了更好地加强对海外游客的服务,豪斯登堡特别在园区内最受欢迎的 4 个娱乐设施内,引进中文、英文、韩语的多语音导览系统。东京迪斯尼乐园开业以后,豪斯登堡的游客接待量一度大幅度下降,为了应对新的强有力的竞争对手,该园不惜投入巨资连续投建了几个极端刺激的娱乐乘骑,接待人数开始回升并一度几乎恢复到迪斯尼乐园开业之前的水平。但由于日本连续几年的经济衰退,乐园自 1996 年就连年亏损,新的投资加重了该园的债务负担,最后只能宣告破产。

资料来源:张凌云,《国外景区景点案例探讨(三)》,中国旅游报 2003 年 9 月 10 日第 15 版。

第六节 旅游区(点)及旅游线路的形成

一、旅游地

旅游资源开发和保护的最终目的是利用,即造就和完善良好的旅游环境,形成以旅游区、旅游点为核心,包括旅游目的地的文化、民俗、历史、风情在内的理想的旅游目的地。

简单地说,旅游地就是旅游者访问的旅游目的地。从旅游业的活动来看,旅游地的存在是其能够借以经营的现实基础。特定空间的旅游资源要变成现实的旅游地必须具备以下三个基本条件:

1. 具有一定数量和吸引力较强的旅游资源

这是旅游区(点)形成的基础,即我们所说的吸引要素。所谓旅游目的地,最简单地说,就是能够满足旅游者终极目的地的地点或主要活动地。或者说是能够使旅游者产生旅游动机,并追求旅游动机实现的各类空间要素的总和。这里所说的要素,至少包括三个层次:首先是吸引因素,即各类旅游吸引物,它们是能够吸引旅游者前往旅游的各种事务,如水滨、林地、悬崖、庙宇、历史遗迹、会议中心、现代工程设施、博览会、特殊节庆活动等。他们可以是地点吸引物,也可以是事件吸引物,可以是自然吸引物也可以是人造吸引物。这些吸引物还包括无形的要素,除了物质要素之外,还包括非物质要素。总之,这是旅游目的地形成不可缺少的要素,也是一个旅游地获得成功开发的首要因素。其次是服务要素,即各类旅游服务的综合。第三是环境要素。

2. 形成一定规模的设施接待能力和服务水平

这是开展旅游业的物质保证和软件条件之一。设施接待能力通常理解为住宿、购物、娱乐方面的设施,我们也可以把服务要素本身看成是一类旅游吸引物。现代旅游不同于古代旅行,它是人们的一种高级享受,设施的质与量的水平可能还会决定游客是否肯光顾该旅游区。当然,有些刚刚进入开发阶段的旅游区(点)的设施条件可能不太完善,而旅游者先睹为快的心理可能会使这里出现旅游兴旺的假象。但如果不充分认识设施的重要性,该地区的旅游热可能会迅速结束。因为设施不完善所造成的问题常常使那些打算享受舒适旅游生活的人们产生怨言,从而冲淡了诱人的旅游资源给予他们的快感。

3. 具有一定的可进入性

可进入性是旅游活动的前提,也是旅游地发展的条件。可进入性包含的内容很多,这里主要是指交通、管理体制、政策、社会安定程度以及当地居民对旅游业的态度。交通的可进入性是指旅游者能否进得来、散得开、出得去;管理体制和政策是指当地管理部门对旅游业是否支持,是否能多方面开放;社会安定程度是指能否保证旅游者的人身财产安全以及有无较为完善的保险业务等;当地居民对旅游业的态度是指当地人能否认识旅游业这一社会现象,能否理解旅游业对该地区社会经济的好处以及对游客的好客程度等。当地人是否好客这一问题十分复杂,常常发生这样的情况,本来有着好客传统的民族由于接触到某些不适应当地人或损坏了该地区人民利益的旅游者而变得冷漠无情。因此,提高旅游目的地居民对旅游业的认识和文化素质,向旅游者宣传当地的民族传统习惯和尊重当地习俗,是旅游开发的主要条件。

旅游地是有生命周期的,一些旅游地在不断完善,另一些旅游地在不断开辟,也有一些旅游地在走向衰落。

二、旅游地的规模和范围

旅游地的规模和范围不尽相同,这里重点论述旅游点、旅游区和旅游线路。

1. 旅游点

旅游点是相对独立的、可供人们游览、能满足某种旅游经历的旅游空间。一座园林、一片水域、一座山峰或是一项工程都可以成为旅游点。旅游点的特点是旅游内容单一,有可能无须配备大型旅游设备,以自身特有的吸引力,招徕游客。所以,旅游点的个性必须鲜明。像武汉的黄鹤楼以其雄伟的建筑、悠久的历史、美丽的诗文、吸引了大批中外游客,堪称我国著名的旅游点。旅游点可以成为旅游区的组成部分,如杭州西湖风景名胜区就是由西湖新、老十景组成的。旅游点是旅游区形成的基础,要提高旅游产品的质量,就必须首先抓好旅游点的建设。

2. 旅游区

旅游区是由一定数量的旅游点,拥有一定质量资源和一定质量的交通网络、旅游接待设施,在相应的分布范围内足以供旅游者停留一定时间的旅游空间。它的跨度差别很大,大至一个国家,小至一个乡村。在旅游规划中为了方便往往把包含多个景点的规划对象简称旅游区。

具体地说,旅游区应具备以下一些条件:(1)旅游区应该有一个或一个以上的中心城市,这类城市既是游客集散的枢纽站,又是旅游者的膳、宿、交通和购物的供应中心。(2)旅游区内存在一定数量的不同特色的旅游点,以便连接短距离线路和串联各旅游点时不使旅游者情绪低落,并能形成进得来、散得开、出得去的最佳格局。(3)旅游区一般来说和行政区划相一致,以便对旅游区的总体开发有统一规划。

在现实中旅游区域是由旅游自然资源和人文资源两方面结合及特定的地理环境上较多形似性而形成,所以这种旅游区域与行政区域可能有一定联系,但也可能不受行政区域的限制。旅游区域有以下几个特点:(1) 区域的完整性。每个旅游区域在地域上必须连成一片,区域内有比较方便的交通,并照顾到现行行政区域的完整。(2) 每个旅游区域拥有相当数量和质量的旅游点与旅游区,可以满足旅游者的各种旅游经历。(3) 旅游区域内必须有一个或几个交通枢纽,具有较完善的游客集散功能。(4) 旅游区域要内外相衔接,形成点、线、区的完整交流,以利于整个地区范围内必要的分工与协作。

3. 旅游线路

旅游线路实际上是旅行系统在线性轨迹的投射。从空间尺度划分,旅游线路可以分为两种基本类型:一是大尺度的旅游线路设计,它实际上包含了所有要素的衔接;二是小尺度的线路设计,即旅游景区的线路设计,它在很大程度上与旅行社无关,是旅游规划的内容。在此我们主要讨论的是前者。从这个意义说,旅游线路是旅行社或其他旅游经营部门利用交通为旅游者设计的串联若干旅游点或者旅游城市的合理走向。旅游线路的形成受到旅游点、交通条件、旅游市场、旅游时间等因素的制约,可在一个旅游区或行政区内自成体系,也可以进行旅游区域之间的协作,共同安排。如山西北部的"佛教文化旅游线"是以佛教四大名山之首——五台山和世界文化遗产——云冈石窟为主要游览物,突出佛教文化的艺术特色,将大同、恒山、五台山和太原连成一线,在国际旅游市场上形成了一条具有影响的旅游线路。而江苏的"古运河江南之行"旅游线路,是把苏州、无锡、常州、镇江、扬州等旅游文化名城进行了串联。

在旅游市场上,包价旅游通常是按照已经确定的旅游线路出售的,其内容包括:游览的风景点、停留时间、交通工具、服务项目等。所以,有效的旅游线路的推出对于提高旅游业的经营效益有着重要作用。

总之,旅游资源的保护与开发最终都要以形成旅游点、旅游区为目的,否则就失去了资源保护与开发的意义。

三、旅游线路的类型和设计原则

一个成功的旅游线路设计推向旅游市场会得到旅游者的欢迎,同时旅游者对这个旅游区域的旅游目的地的认知也会因此而加强。因为旅游线路是旅游者或旅行社选择、规划、串联若干旅游城市或景点的合理走向。旅游线路的形成受到旅游点、交通条件、旅游市场、旅游时间等因素的制约,可在一个旅游区或行政区内自成体系,也可进行旅游区域之间的协调工作,共同安排。例如,江苏省的

"古运河江南之行"旅游线路,就是由大运河把苏州、无锡、常州、宜兴、镇江、扬州等旅游文化名城串联起来,全长230公里。

旅游线路可以分为交通线路和游览线路两部分。交通线路是以公共交通工具的运输为主要形式,表现为城市之间的连接,是市际铁路、公路的串联。游览线路则是以旅游城市一日游,或景区景点内的活动为主的,多为纯粹的旅游交通。

1. 旅游线路的类型

旅游线路的类型大致有以下几种(见图4-4)。

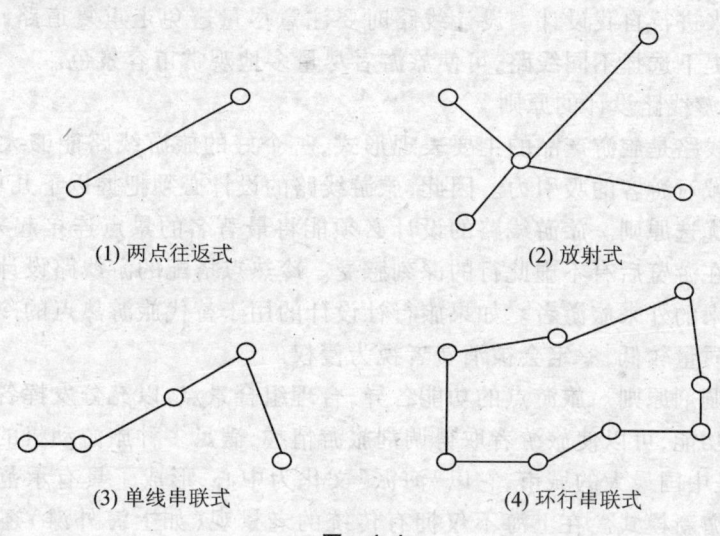

(1) 两点往返式　　　　(2) 放射式

(3) 单线串联式　　　　(4) 环行串联式

图　4-4

(1)两点往返式。远距离旅游表现为乘坐飞机往返于两个城市之间,若在旅游城市内则表现为住地与景点的单线连接。此种线路容易使旅游者感到乏味。所以景点必须通过宣传扩大其知名度以吸引客源(如山西的黄河壶口瀑布景点)。而知名度有限、值得观赏的景物过小或过少、活动内容单一、所处位置距离较远的景点极可能受到旅游者冷落(如河北沧州铁狮子)。

(2)放射式。由于地理条件的限制,有些城市的景点分散在城外四方,各景点之间无公路连接,旅游者去任何一个景点后都必须原路返回到出发点。此种线路其实是两点往返式的演变,由一个交通起点站通往方向各异的景点。如果时间有限,旅游者多选择知名度高、交通运输便利的景点。中国山海关的景点就非常典型地呈此种分布。

(3)单线串联式。远距离旅游以乘火车较为典型,城市中则表现为若干景点被一条旅游线路串联,使旅游者在一天中可以从事不同旅游项目,调节活动情

趣,这是较为理想的线路(如北京十三陵/八达岭线路)。

(4) 环行串联式。这是单线串联式的变化形式。由于此种线路没有重复道路,接触的景观、景点也较多,客人会感到游览行程最合算。远距离乘船旅游采用此种线路设计较为合适,如中国的三峡游览和苏杭运河游览等线路都是如此。

(5) 网络分布式。旅游城市中的公路将各景点覆盖其中形成网络,此种网络可供旅游者任选景点与道路,是最理想的交通线路。但旅游者在设计线路或挑选景点时可能会因缺乏必要信息而感到困惑,希望有人提出建议或通过查阅旅游地图来进行自我设计。设计线路时要注意尽量避免走重复道路,在不影响交通的前提下选择不同线路,可使旅游者尽量多地观赏市容景色。

2. 旅游线路设计的原则

旅游线路是旅游产品的主要表现形式,一个好的旅游线路能够大大增强一个旅游区域对游客的吸引力。因此,旅游线路的设计必须把握以下几项原则。

(1) 优选原则。旅游线路的设计必须能将最著名的景点连接起来,这样才能使客人在游览后有不虚此行的深刻感受。冷热点搭配的游线路设计不适于针对慕名而来的外来旅游者。如果旅行社设计的用于替代旅游热点的冷点线路的活动项目质量较低,一定会被消费者视为侵权。

(2) 调剂原则。旅游点的功能各异,合理组合景点,以充分发挥各个景点的旅游实用功能,可以使旅游者取得调剂旅游情趣,满足多种旅游动机的效果。例如,上海是中国最大的城市,它以"海派"文化为中心,形成了具有示范意义的国内都市旅游新模式。在上海不仅拥有传统的老景观(如上海外滩)还有一些吸引游客的新景观,这些新景观包括单体建筑(如东方明珠电视塔)、区域性改造项目(如人民广场、南京路)、基础设施改造项目(地铁、内环线高架路)、小区建设(古北小区、康乐小区),这些作为新上海的形象能够吸引游客的眼球,而且,就连上海市民的早市生活也成了国外游客的看点。

(3) 节约原则。科学合理的旅游线路设计应能体现出路程、时间、体能、费用等四方面的节约,这样才能确保旅游者的利益。

(4) 便利原则。一方面,旅游线路的设计应便于客人选择景点、时间、交通工具或活动方式;另一方面,为了适应千差万别的旅游动机、满足不同的旅游行为,旅游经营者要规划多种线路,以供游客选择。

本章提要

1. 旅游资源是实现旅游活动的基本要素之一,是对旅游者具有吸引力的自然存在物和历史文化遗产,以及直接用于旅游目的地的人工创造物。一般来说,它可以分为三大类：自然旅游资源、人文旅游资源和社会旅游资源。

2. 旅游资源开发实际上是指人们对旅游资源、旅游设施、客源市场的开发，生态环境治理以及社会环境优化等的过程。其目的在于将旅游资源转化为旅游经济资源，为当地创造社会经济效益。其主要内容，除了对各类旅游吸引物进行选择、布局、改善外，还包括旅游供给设施，市政工程，公用事业设施的兴建、管理，接待机构的建立和旅游地工作人员的培训等等。

3. 一个以旅游吸引物为核心的旅游点形成之后，都将会经历一个由盛到衰的演变过程。这一过程所经历的时间可能很短，也可能很长，但演变总会发生这一从无到有的逐渐兴旺、然后又逐渐衰退直至很少有人问津的发展过程，我们把这一过程称之为该旅游点的生命周期。以某项旅游资源为核心而形成的一个旅游点的生命周期可划分为初创期、成长期、成熟期、衰退期等几个阶段。引起这种变化的原因是该处旅游资源的吸引能力的变化。解决这一问题的根本办法就是不断进行开发，不断更新，使其不断获得新的生命力。

4. 旅游资源作为一个国家或地区旅游业的基本资产，如果开发和利用得当，可以用之不尽，从而可造福于子孙万代。但是实际上，人们在资源的开发、利用和管理等工作中，往往存在着这样或那样的问题，从而危及该地旅游业的存在基础。因此，对于旅游资源的保护应当采取积极的、主动性的保护措施，即以"防"为主，以"治"为辅，防治结合的原则。

5. 严格地讲，所谓旅游景点实为面向所有大众开放的游览景点或游人参观点。作为旅游业部门的组成部分，我们对旅游景点的概念需要特别规定为那些由某一组织或企业对其行使管理的旅游景点。作为一个旅游景点，应当符合或具备的条件或特点是：专用性、长久性和可控性。

6. 旅游资源开发和保护的最终目的是利用，即造就和完善良好的旅游环境，形成以旅游区、旅游点为核心，包括旅游目的地的文化、民俗、历史、风情在内的理想的旅游目的地。

练习与思考

1. 解释下列概念：旅游对象、旅游资源、自然旅游资源、人文旅游资源、旅游资源开发、旅游地、旅游点、旅游区、旅游线路。
2. 旅游资源在旅游活动三因素中的结构功能表现在哪些方面？
3. 旅游资源的特点是什么？
4. 为什么要进行旅游资源开发？旅游资源开发的目标和内容是什么？
5. 我们对旅游资源的评价，常见的价值标准有哪些类型？

6. 旅游资源开发应当遵循哪些原则？为什么？

7. 旅游资源遭受破坏的原因有哪些？在对旅游资源进行保护方面，主要能够采取哪些措施？

8. 旅游景点的概念及其特点是什么？它有哪些类型？

9. 旅游线路有哪些类型？设计旅游线路应当遵循哪些原则？

案例分析

科学发展红色旅游

红色旅游是指以革命圣地和纪念地为主要旅游吸引物的旅游活动。红色旅游往往以重大政治事件（如抗日战争胜利多少周年、建国多少周年、建党多少周年等纪念活动）为契机，以5—10年为周期的排浪式发展态势。为了早点赶上发展，一些自视有红色垄断资源的地区不作任何的规划就开始发展旅游，将较低级的产品火速上市，结果是低质量、低品味带来了低效益。有些地方即使进行过旅游规划，但由于规划的不足，红色旅游仍处于自发的点状发展态势。如果没有把自身置身于全国旅游发展的大盘之中，缺乏对旅游资源的整合，就必然出现缺少特色，趋同化倾向严重的局面。

区域经济的发展是当今经济发展的一大特点。环渤海湾旅游圈、长江三角无障碍旅游区、泛珠江三角洲无障碍旅游区的形成标志着中国旅游已进入区域发展的新阶段。中国红色旅游资源的相似性和跨地域性决定了发展红色旅游不能关起门来单独发展，而应走区域合作和区域整合之路。目前红色旅游合作与整合已初见端倪，如江西省旅游局和陕西省旅游局为了利用和开发好各自享有的红色旅游资源，不失时机地实行资源共享、品牌共用、市场共建、客源互送、利益双赢，努力通过双方的精诚合作，携手打造红色旅游精品线路和品牌，在全国推出南昌——吉安（井冈山）——赣州（瑞金）——西安——延安——北京"红色旅游之旅"。泛珠江三角洲首次横跨三省、深层次红色旅游合作的结晶——"红三角旅游护照"也即将横空出世，将实现韶关、郴县和赣州的红色旅游资源的深层次合作。

资料来源：邓念梅，《科学发展红色旅游》，《中国旅游报》2004年8月6日第6版。

小组讨论

1. 以上案例所谈到的两条红色旅游线路的设计依据了旅游线路设计的哪些原则？

2. 从地图上找出案例中谈到的两条红色线路，说明他们属于旅游线路的哪种类型？

3. 你们认为这些旅游点的串联是否具有吸引力？我们应当重点吸收哪些类型的游客参加这些"红色旅游线路"的旅行？

第五章 旅游业

> **知识要点**

通过本章的学习,掌握
- 旅游业的概念、构成、行业特点。
- 旅行社的定义、分类、作用、业务性质。
- 旅游饭店分类、旅游饭店的等级、旅游饭店的作用、旅游饭店的产品及其特点、饭店的集团化经营、我国饭店业的发展。
- 旅游交通的作用、旅游交通的类型、影响旅游者选择旅游交通方式的因素。
- 旅游服务是旅游业的核心产品、旅游服务的概念、旅游服务的特点、服务质量。
- 旅游产品的概念和构成,旅游产品组合与开发。

> **技能要求**

通过本章的学习,能够
- 举例说明旅游服务质量对旅游业的发展起着至关重要的作用。
- 了解当地旅游业的构成及行业特点。
- 实际调查影响当地旅游者选择旅游交通方式的因素。

旅游是一种综合性的社会经济活动,它的产生和发展是和社会经济的发展相联系的,是社会经济发展到一定阶段的产物。旅游业始于何时,现已无法可考,但19世纪初在英语中出现"旅游"一词,而那时的"旅游"(tour)一词与航海、漫游的意思相近似,这和个人暂时离家外出寻求娱乐的含义仍有所不同。在19世纪中叶,旅游业就随着交通运输业和旅馆业的发展而产生了一次飞跃。西方旅游业可划分为三个主要发展阶段,第一阶段是从其开始产生到铁路时代时期。第二阶段包括整个铁路大发展时期。在两次世界大战之间,私人汽车、公共汽车和长途汽车得到很大发展,第二次世界大战后民用航空的发展和私人汽车共同成为旅游的主要交通工具,这一切构成三个阶段。如今旅游业已成为世界上最大的产业。

旅游学涉及到经济、管理、市场营销、金融、财务、法律、建筑、装潢、心理学、食品学、历史、地理和风土人情等方面的知识,从这个意义说,它不仅说明旅游学是一门知识很强的综合性学科,而且也决定了旅游业涉及领域的广泛性。难怪有人说,旅游业就像是由一个或一系列经济部门和非经济部门共同组成的巨大的商业集团,为旅游者提供服务,是旅游业的共同职能。在旅游供求活动中,旅游饭店、旅行社、旅游交通构成了旅游业的三大支柱产业。

第一节 旅游业的性质

旅游业是一项新兴的朝阳产业,由于旅游者对旅游需求具有多样性特征,从而也导致了旅游业作为一种系统行业的高度分散性,"食、宿、行、游、购、娱"以及旅游信息等各方面都属于旅游业基本的服务范畴。但是,随着旅游业的迅猛发展和行业内部竞争的日益激烈,增生的各种新兴业务的不断涌现,使得旅游业成为一个综合性的动态概念——随着时间和环境的变化不断解构,又不断重整。有关资料显示,旅游业已跃升为世界上经济产出最大的行业,而且伴随着21世纪全球经济一体化,它会以惊人的发展速度,使其在各国经济发展规划中占据着重要的位置。

一、旅游业的定义

旅游业的概念是在两次世界大战之间形成的,由瑞士教授亨吉科和克拉波夫下的定义,后来被旅游科学专家国际协会(AIEST)采纳了。该定义指出:旅游业是产生于非居民的旅行和逗留的种种现象和关系的总和,这种旅行和逗留不会导致永久定居或任何盈利活动。

我国大陆旅游学界将"旅游业"定义为:"旅游业是以旅游市场为对象,为旅游活动创造并提供所需商品和服务的综合性产业。"

日本旅游学家土井厚认为:"旅游业就是在旅游者和交通、住宿及其他相关单位中间,通过办理旅游签证、中间联络、代购代销、通过为旅游者导游、交涉、代办手续,此外利用本商社交通工具、住宿设备,提供服务从而取得报酬的行业。"

土井厚从旅游的过程和旅游者与旅游机构的关系来阐述,比较具体,可称之为"狭义"定义,或管理意义上的定义。

旅游业是旅游需要的结果,但旅游业不像其他产业那样界限分明,由于旅游资源的开发和利用是旅游业发展的必要条件。旅行社、旅游交通和旅游饭店是旅游业的三大支柱;计划、财政、通讯、公安、工业、农业、园林、商业等为旅游业提供了客观环境。正因为它涉及到其他产业的各个方面,因此从宏观上看,旅游并非一个界限分明的产业,其产品是由有关的诸多产业或行业共同提供的。从微观上看,几乎任何一个旅游企业的服务对象都不仅限于旅游者或游客。所以旅游业的投入和产出难以清晰地测算和确定。或许正是由于这些原因,在世界上大多数国家颁布的标准产业分类中,都没有将旅游业列为单独的立项产业。

但是,在实践中,旅游业却是一项实际存在的产业,虽然各国在自己的产业划分标准中未将旅游业作为一项产业单独立项,但在本国经济发展规划中都将旅游业纳为其中一项重要的内容。旅游业作为一项产业是客观存在的,旅游业不像其他产业那样界限分明的情况只能说明着旅游业的特点。旅游业的产品和产出的构成涉及多种有关产业的情况同样也是其特点的反映。尽管这些产业或行业的主要业务或产品有所不同,但在涉及旅游方面,它们都有一个共同之处,这便是便利旅游活动,通过提供各自的产品和服务满足统一旅游者的需要,从而它们的不同产品也便在总体旅游产品或旅游商品的前提下统一了起来。

1. 从旅游过程来分

(1) 有关旅游准备的行业:提供旅游信息的新闻、广播、出版、通讯等旅游宣传的行业,办理预订业务的旅行社,出售旅游用品的商店。

(2) 有关旅游移动的行为:包括主要的交通工具。

(3) 有关旅游逗留的部门:旅馆业、餐饮业、博物馆、公园、娱乐设施。

2. 从旅游业构成来划分

(1) 直接旅游企业:旅行社、饭店、餐馆、旅游商店、航空公司、旅游景点、游乐场所。

(2) 辅助旅游企业:饭店管理公司、旅游商品服务公司、旅游影视、广播、出版系统。

(3) 开发性组织:有关旅游的政府机构,旅游局、海关、公安局、财税局、文物局、园林局、旅游学校、科研机构。

二、旅游业的构成

根据联合国《国际产业划分标准》(Indexes to the International Standard Industrial Classification of All Economic Activities)以及对直接或间接从事旅游服务、旅游经营和旅游管理的具体部门加以分析,旅游业的构成应该包括旅行社业、以宾馆为代表的住宿业、交通运输业、餐饮业、游览娱乐行业、旅游用品和纪念品销售行业、各级旅游管理机构及行业组织等,其中旅行社、旅游饭店和旅游交通构成了旅游业的三大支柱。在构成旅游业的各类企业中,又可划分为直接旅游企业和间接旅游企业。所谓直接旅游企业是指有赖于旅游者的存在而生存的企业,其典型代表是旅行社、交通客运企业和旅馆企业。那些虽然也为旅游者提供商品和服务,但其主要供应对象并非旅游者,或者说旅游者的存在与否并不危及其生存的企业可称之为间接旅游企业,如餐馆和游览娱乐企业。由此可见,旅游业是由直接旅游企业和间接旅游企业及支持发展旅游的各种旅游组织构成的。如图所示:

表 5-1 旅游业的七个组成部分

住宿接待部门	交通运输部门	旅行社组织部门
• 涉外饭店、宾馆 • 农场出租住房 • 出租公寓/别墅 • 度假村 • 野营营地等	• 航空公司 • 海运公司 • 铁路公司 • 城市公共汽车 • 长途汽运公司	• 旅游经营商 • 旅游批发商 • 旅游零售代理商 • 会议安排组织商 • 预订服务代理商

直接旅游企业

餐饮服务部门	游览娱乐场所经营部门
• 旅游定点餐厅 • 宾馆餐饮部 • 老字号特色小吃 • 民间美食城 • 餐饮摊点、商贩	国家公园/花园/动物园 主题公园 博物馆 娱乐城/休闲中心 自然历史文化遗产
旅游商品经营部门	目的地旅游组织部门
• 旅游定点购物商店 • 旅游商品直销厂家 • 大型商场、商店 • 超级市场 • 纪念品摊点、商贩	• 各级旅游管理机构 • 国家旅游组织 • 地区/州旅游组织 • 地方旅游组织 • 旅游协会

间接旅游企业

资料来源:马勇、周霄,《WTO 与中国旅游产业发展新论》。北京:科学出版社,2003 年版,第 25 页。

三、旅游业的行业特点

在产业类型划分中,旅游业属于第三产业。第三产业统称服务性产业,它大体上包括四个方面的服务,其中就包括饮食、旅游、娱乐等个人生活消费方面的服务。旅游业除具有第三产业的共同特征外,还具有以下特点。

(一)兼容各种服务功能为一体(吃住行游购娱)

旅游业是一个高度分散的行业,它由不同规模、不同作用、不同地点、不同企业性质、不同组织类型、不同服务范围、不同服务方式的各种企业所组成。这些企业有一个共同的目的,就是为旅游准备条件,并提供商品和服务,以满足旅游者的需要。而游客需要的是在旅游中食、住、行、游、购、娱的全部享受,组成旅游产品的各个因素只有结合在一起才能创造出合乎旅游者需要的使用价值,游客的综合性需求,决定了旅游业的综合性的构成:饭店、餐馆、交通运输、商业、文物园林、文化卫生、通讯等各行各业中都有一部分或全部成为旅游业的构成要素,以满足旅游者各个方面的需求。

旅游业的综合性还表现在旅游商品上。旅游商品是由旅游资源、旅游设施和旅游服务构成的,它不仅包括社会中一些物质资料生产部门生产的劳动产品,而且包括非物质资料部门创造的精神产品;不仅包括了非社会的自然创造物,而且包含了旅游部门与社会向旅游者提供的各种服务。

(二)劳动密集型的就业结构

判定一个企业或行业是否属于劳动密集型的标准并非其表面上雇用职工人数的多寡,也不是其投资数额与职工人数的比例大小,而是其工资成本在其全部营业成本和费用中所占比例的高低。由于旅游业的产品是以提供劳务为主的旅游服务,同其他产业相比,不存在销售成本或销售成本较少,从而使工资成本在全部营业成本中占据的比例较大,因此,旅游业被称为密集性行业。

(三)旅游业是敏感性行业

旅游业比其他经济部门更具有敏感性,从旅游业的内部看,每接待一定数量的旅游者,需要在时间上有精确的安排,在旅游活动内容上有周到细致的计划,需要食、住、行、游、购、娱的各个环节有机衔接,紧密联系。一旦在某个环节出现纰漏,耽误了行期,就会发生一系列的连锁反应,造成整个旅游供给的失调,影响旅游业的经济效益。从旅游业外部看,各种自然、政治的、经济的和社会的因素,都有可能对旅游业产生影响。20世纪80年代初的经济危机导致全球经济急剧衰退,严重打击了国际旅游业,国际旅游业收入的年增长率连续3年下降。1980年的增长率为22.84%,而1981年的增长率仅为1.89%,1982年和1983年更是出现了-5.45%和-0.14%的负增长。1990年爆发的海湾战争使得新加坡、泰国、菲律宾等主要旅游国的旅馆饭店因大量欧美和日本游客处于安全考虑,取消旅游计划,使其住房率下降了10%。2003年的非典和近期的世界上的恐怖主义的行为,都对旅游业造成了沉重打击。所以,旅游业具有较强的敏感性。为了克服各种因素所带来的不良后果,许多旅游企业正涉足到国民经济其他行业,走多种经营和集团化管理的道路。

（四）旅游业是服务性行业

旅游业既不从事物质资料的生产,也不以商业交换为主。它是以自然风光、文物古迹等旅游资源为凭借,为旅游者参观游览提供劳务服务而获得比较高的经济效益和社会综合效益。旅游业提供各种服务的收入在旅游业的全部经济收入中占有相当大的比重。1988年我国旅游业的创汇能力仅次于服装、原油而位居第三位,国内旅游服务收入为187亿元,占该年文化生活服务支出的45%。2004年中国入境旅游人数达到1.09亿人次,国际旅游外汇收入257.4亿美元,国内旅游人数11.02亿人次,国内旅游收入4 711亿人民币,全国旅游业总收入6 840亿元人民币。

四、旅游业的作用

由于旅游业的性质、发展规模和运行状况使其在各国的国民经济中占有重要的地位。

（一）为旅游目的地增加外汇收入。旅游业是一种服务性的行业,它所提供的商品具有无形性、不可转移性、不可贮存性等特点,这些都决定了国外的游客必须离开居住地来到旅游目的地才能实现旅游的目的。当外国游客一到旅游目的地,就会有住宿、饮食、购物、娱乐等需要,而目的地提供的服务是有偿的,所以,旅游业的外汇实现率比一般商品出口的外汇实收率要高很多。

（二）可带动相关产业的发展。旅游业的发展与其他相关行业有着密切的关系,能够直接或间接的带动交通运输、商业服务、建筑业、房地产业、邮电、金融、保险等相关产业的发展。

（三）可以发展地区经济。随着旅游业的发展,会带来国内财产的移动和再分配。由于旅游目的地旅游资源吸引力的增强,会使旅游人数上升,造成对旅游服务人员的需求增加,从而为当地居民创造了就业机会;增加了政府的税收;促进了当地的多种经营。

（四）促进了国内外的友好往来。旅游是一种民间的活动,广泛地开展和参与旅游活动,可以扩大国内和国际间的接触范围和了解别人的机会。游客旅游的目的不仅是游览异地的自然风景,还希望能领略到当地的风土人情。所以,旅游目的地的旅游工作者通过热情友好的服务,良好的道德风貌,可以促进不同国家、地区人民的友好往来。

第二节 旅 行 社

英国人托马斯·库克于1841年组织的500多人乘坐敞棚火车旅游被世人公认为近代旅游历史的开端。1845年库克正式开展旅游的机构被称为世界第一家旅行社。世界旅行社协会联合会(UFTAA)于1966年11月22日在罗马成立,它是由1919年在巴黎成立的欧洲旅行社组织和1964年在纽约成立的美洲旅行社组织合并而成的,总部设在布鲁塞尔。2003年1月1日正式更名为旅行社协会联合会。

一、旅行社的定义

1996年,我国国务院颁布的《旅行社管理条例》第二条第八项规定:"旅行社是指以营利为目的,从事旅游业务的企业",其中的旅游业务是指为旅游者代办出、入境和签证手续,招徕、接待旅游者旅游以及为旅游者安排食宿等有偿服务的经营活动。

尽管不同国家或地区对旅行社的性质有不尽相同的规定,但其中都包含了以下两个特征:(1)提供与旅行有关的服务是旅行社的主要职能;(2)以营利为目的决定了企业的性质。因此,旅行社是从事有关旅行业务的行业的总称。

二、旅行社的分类

(一)国外旅行社分类

世界各国对旅行社类型的划分并非完全相同。在西方国家中,旅行社按其业务特点可分为三大类:

1. 旅游批发商(Tour Wholesaler),是主要经营批发业务的旅行社或旅游公司。所谓批发业务是指旅行社根据自己市场需求的了解和预测,大批量地订购交通运输公司、饭店、目的地经营接待业务、旅游景点等有关旅游企业的产品和服务,然后将这些单项产品组合成为不同的包价旅游线路产品或包价度假集合产品,最后通过旅游中间商销售他们的包价旅游线路和项目。这种旅行社经济实力一般比较雄厚,规模较大,因而这类旅行社的数量也相对较少。

2. 旅游经营商(Tour Operator),其业务与旅游批发商基本相同。然而旅游经营商一般都拥有自己经营的零售网,除了可通过中间代理商出售其包价产品外,还可通过自己经营的零售网点直接向广大公众出售这些产品。而旅游批发商则没有自设的零售网点,只是通过各种从事零售业务的中间商出售自己组织的包价旅游产品。

3. 旅游代理商(Travel Agent),是旅游零售中的典型代表。旅游代理商的角色是代表顾客向旅行批发商和经营商以及各有关行、宿、游、娱等方面的旅游企业购买其产品,反过来也可以说旅行代理商的业务是代理上述旅游企业向顾客销售其各自的产品。旅行代理商的具体业务包括:

(1) 为潜在旅游者提供有关旅游点、客运班次、旅游公司产品及旅游目的地情况的咨询服务;

(2) 代客预订(交通、食宿及游览和娱乐门票等);

(3) 售发旅行票据和证件;

(4) 陈列并散发有关旅游企业的旅游宣传品;

(5) 向有关旅游企业反映顾客意见。

旅游代理商提供的服务是不向消费者和顾客收费的,其收入的主要来源是被代理企业所支付的佣金。

旅游代理商多为小型企业,由业主自任经理。但是随着集团经营的发展,不少规模较大的旅游零售公司也发展起来,并占据了相当大的市场份额。众所周知的英国托马斯·库克公司是目前英国最大的旅游代理商,拥有自己的分支零售网点达2 000多个。

以上三类旅行社虽有分工,但实际上他们的业务常有交叉。

(二) 我国旅行社的分类

我国对旅行社的分类不同于国外,在1996年以前,我国曾将旅行社划分为三类,即一类旅行社、二类旅行社和三类旅行社。随着1996年我国《旅行社管理条例》(以下简称《条例》)的颁布,我国对旅行社的分类作了新的调整。《条例》中按照不同旅行社的经营范围,将我国的旅行社划定为两类:国际旅行社和国内旅行社。

1. 国际旅行社

国际旅行社的经营范围包括入境旅游业务、出境旅游业务和国内旅游业务。具体业务内容包括:

(1) 招徕外国旅游者、海外华侨和港澳台同胞来中国内地旅游,为其安排交通、游览、住宿、饮食、购物、娱乐及提供导游等相关服务。

(2) 招徕我国旅游者在国内旅游,为其安排交通、游览、住宿、饮食、购物、娱

乐及提供导游等相关服务。

（3）经国家旅游局批准，招徕、组织我国境内居民到国外和港澳台地区旅游，为其安排领队及委托接待服务。

（4）经国家旅游局批准，招徕、组织我国境内居民到规定的与我国接壤国家边境地区旅游，为其安排领队及委托接待服务。

（5）经批准，接受旅游者委托，为旅游者代办入境、出境及签证手续；

（6）为旅游者代购、代订国内外交通客票、提供行李服务；

（7）其他经国家旅游局规定的旅游业务。

2．国内旅行社

国内旅行社的经营范围仅限于国内旅游业务，具体业务内容包括：

（1）招徕我国旅游者在国内旅游，为其安排行、游、住、食、购、娱及提供导游等相关服务；

（2）为我国旅游者代购、代订国内外交通客票、提供行李服务；

（3）其他经国家旅游局规定的与国内旅游有关的业务。

在批发业务方面，我国的旅行社与国外的旅行社经营的内容区别并不大，都是在组织产品、形成旅游线路的基础上适当加价推出销售。但在代理预订业务方面，我国的旅行社同很多国外旅行社都有差异，主要表现在我国旅行社在代理业务中，一般不向被代理的企业收取佣金，而是向顾客收取手续费。

三、旅行社的作用

旅行社是旅游活动的产物，它既是旅游产品的组合者，又是旅游产品的销售者和代销者。旅行社在世界各国的旅游业发展中都起着非常重要的作用，它为旅游者和旅游饭店和旅游交通之间搭桥服务。

（一）旅行社是旅游活动的组织者

旅行社的中心工作就是组织客源市场，为旅游目的地引进客源，旅行社作为旅游业三大支柱产业之一，旅行社是依法成立并具有法人资格，在旅游经济活动中从事招徕、接待旅游者，组织旅游活动，获得经济收入，实行独立核算，自负盈亏的旅游企业。旅行社在旅游产业内部各行业部门中发挥着"龙头"作用，它既是旅游产品的生产者，又是旅游产品的营销者，通过自己的活动把旅游者和旅游经营者联结起来，促使旅游经济活动有效地开展。

（二）旅行社是旅游产品主要的销售渠道

旅游业中的交通运输部门、以旅馆为代表的住宿业部门以及其他旅游服务部门虽然也直接向旅游大众出售自己的产品，但其相当数量的产品都是通过旅行社销售给旅游者的。在现代大众旅游的情况下,旅游产品各组成部分的生产者经常不直接与旅游者发生购销接触,而是通过旅行社这一中间媒介完成销售工作。旅游者可以通过旅行社了解到旅游目的地的任何情况,无论它在地球的任何一个角落,只要在旅行社的业务范围内。所以,旅行社不仅在客源地与目的地之间架起旅游的桥梁,而且也为目的地旅游产品沟通了销售渠道。参加团体包价旅游的旅游者是百分之百地通过旅行社购买全过程涉及的有关旅游产品。

(三)旅行社是增强旅游目的地吸引力的主要力量之一

发展旅游业,不仅要兴建各类饭店,提供方便的交通运输,同时还要有繁多的旅游项目以增强旅游目的地的吸引力。如设立游乐场、度假村、浴场等等,同时要把单纯的风光旅游变为丰富多彩的知识旅游、技能旅游,如了解少数民族生活习俗旅游、海水浴疗旅游、温泉浴健身旅游、探险旅游、中国书法学习旅游等等,都是旅行社应该推出的旅游项目。旅行社的工作就是要把参观、游览项目由死变活,要在住、食、行、娱、购等各方面统一规划,做到既丰富多彩,又要有特色。这样不仅可以丰富国内和国际游客的旅行生活,也可以扩大国内和国际客源市场。

四、旅行社的业务性质

旅游业是一项以满足旅游者精神文化需求为主要目的,为旅游者提供服务的一种经济文化产业。

(一)旅行社是劳动密集型企业

由于旅游产品是一种无形产品,它的组合、加工一般不需要机器设备,转手销售也不需要仓库进行储存,旅行社的业务其实就是组织与服务工作。它主要是由一批管理、采购和销售人员以及翻译导游人员组成的,除了必要的办公室、办公设备和通讯设备外不需要什么固定资产,也不需要太多的周转资金,主要靠人的劳务获得收入,所以旅行社是一个劳动密集型的企业,是一个投入较少而产出较大的企业。在国内,旅行社的迅速增加是产生削价竞争的一个原因,使旅行社的利润下降,对服务质量和对外声誉产生不利的影响。这一特点要求旅行社管理人员强烈的竞争意识和较高的经营管理能力,善于把握机遇,开拓前进,在和同行、尤其是国外旅行社做生意时,即要在互利基础上建立起良好的合作关系,又要警惕吃亏上当,要有规范化的交易制度和严密的契约手续。

(二)旅行社是依附性很强的企业

旅行社作为旅游中的中介机构是不可能单独进行业务活动的,首先,它必须依靠海外各客源市场的旅游商销售其产品,为此,需要有一批地区上分布合理,数量上足够和关系比稳定的国外客户作为引进客源的网络,以便在市场变化很快和同行竞争激烈的情况下能得到充分的客源。其次,旅行社还必须依靠本国众多的旅游服务供应者为其顾客提供各种旅游服务,这就需要和国内的交通部门、饭店、餐馆、车船公司及各地的接待旅行社建立一个完整的供应网络,以便能得到需要的服务和优惠的价格。这两个网络中的任何一个如果不健全,或者出了问题,依附于它的旅行社就会受到重大的影响。

(三) 旅行社的业务有很强的季节性和地区性

季节性强,即旺季游客多,淡季游客少。地区性强,即旅游热点地区游客多,冷点地区游客少,这是旅行社也是整个旅游业的特点。至于冷热点地区的差别,是由旅游资源、交通和接待设施及知名度等多种因素形成的,也不是短期内能够改变的。但是这种旺淡季节差和冷热地区差对旅行社的经营效益是一个不利因素,要设法加以缓解。一是要努力开辟淡季和冷点的特有旅游产品。二是利用价格杠杆和有关旅游供应单位合作,在淡季和冷点地区用低价吸引游客;三是旅行社善于根据不同季节安排自己的工作。

第三节 旅游饭店

旅游饭店在旅游业的三大支柱产业中,起着为旅游者提供住宿的作用。旅游饭店的水平标志着旅游接待国或地区旅游业的发展水平及旅游企业的管理水平。旅游活动自古有之,饭店也就应运而生,其发展进程经历了古代客栈时期、大饭店时期、商业饭店时期和二次世界大战以后进入的新型饭店时期。至 20 世纪 60 年代,出现了不少在世界各地拥有数十乃至上百家企业的大饭店公司,从而形成了庞大独立的饭店行业。

一、旅游饭店的分类

由于旅游者的旅行目的和动机不一,其旅游需求也各不相同。为了满足各类旅游者的需要,出现了不同类别的不同等级的饭店。对饭店进行分类的目的一是有利于推销,二是便于与同类型饭店进行比较,以检验饭店的经营效果。

(一) 根据饭店的特色和宾客特点分类

1. 商务型饭店(The Commercial Hotel)。此类饭店多位于城区,靠近商业中心,以接待商务旅行者为主。

2. 度假型饭店(Resort Hotel)。此类饭店多位于海滨、观光地和温泉附近,主要为度假客人提供住宿、饮食、娱乐和各种交际活动的场所。其中最突出、最主要的项目是它的康乐中心。如今将度假型和商务型饭店相结合经营的饭店市场前景更好。

3. 会议型饭店(Convention Hotel)。专门为各种从事商业、贸易展览会、科学讲座会的商客提供住宿、膳食和展览厅、会议厅的一种饭店。

4. 长住型饭店(Residential Hotel)。主要接待长住的商务和度假客人。

(二)根据饭店的经济类型和饭店规模划分

1. 根据饭店的经济类型划分(在我国特有的一种饭店分类方法):国有经济饭店、集体经济饭店、私营经济饭店、联营经济饭店、股份制经济饭店、外商投资经济饭店、港澳台投资经济饭店。

2. 根据规模划分为大、中、小型饭店。

(三)根据同交通工具或交通设施的关系划分为汽车旅馆、铁路旅馆、机场饭店和港口饭店等等。

(四)根据经营管理方式分:独立饭店、连锁饭店、三资饭店等。

二、饭店的等级

各国对饭店等级的划分不一,但目前许多国家依照饭店所提供服务项目的多寡和服务质量的优劣,将饭店划分为不同的等级,一般分为五级,用"星"的数目(或字母"A"、或直接用"级")来表示,称之为星级。星数愈多表示饭店的等级愈高。一般情况下,一星级、二星级饭店属于低档饭店,三星级属于中档饭店,四、五星级饭店属于高档饭店。我国的旅游饭店在1988年起实行星级制度。

(一)饭店的等级通常是按"硬件"和"软件"的标准来划分的

1. 硬件标准

(1)饭店的建筑。建筑包括结构、外表和设计。建筑结构讲究、材料高级、外表美观、设计新颖、布局别致的饭店档次应较高些。建筑面积也是衡量饭店的标准。饭店的星级越高,要求客房面积越大和更具有较为完善的饮食和娱乐辅助设施,所以高星级饭店每间客房的综合面积应该大些。

(2)饭店的设施。饭店的设施包括家具、用具等设备设施的项目多少,其规格和数量;顾客用品的配备,康乐设施和辅助设施的配备等。

(3)饭店的地理位置。地理位置越好,土地价格高,客源就会较多,饭店的等级就可以定得高些。

(4)饭店的综合投资造价。投资造价高的饭店应属于高档饭店。由于饭店的规模不一,可按平均每间客房的投资造价来划分。豪华级饭店综合投资应较高,造价高的饭店一般设施质量也较高。

(5)客房的价格。档次高的饭店由于每间客房的综合投资高,其客房出租价格就应该高些。

2. 软件标准：软件标准主要是指质量方面的标准。以软件标准划分等级很重要，有些饭店虽然投资造价高、设施配备高级而且齐全，但由于保养不好且服务质量差，饭店仍无法属于高档饭店。软件标准有：

（1）设备保养程度。客房和其他设备的清洁整齐程度、磨损程度、设备运行的正常程度。

（2）服务项目。档次越高的饭店应为客人提供的服务项目越齐全。

（3）服务质量。服务质量的好坏取决于服务员的外表、仪表、礼貌、礼节，服务员的服务态度、服务技术、服务效率。

（4）餐饮质量。餐饮营业点的设置情况，高档次的饭店规定要有一定档次和类型的餐饮营业点。餐饮产品的质量、菜肴的味道以及他们的名声对饭店等级的高低都有影响。

（二）我国星级的划分以饭店的建筑、装饰、设施设备及管理、服务水平为依据，具体的评定方法按照国家旅游局颁布的设施设备评定标准、设施设备的维修保养评定标准、清洁卫生评定标准、服务质量评定标准、宾客意见评定标准等五项标准执行。

一星：设备简单，提供食、宿两项最基本的饭店产品，能满足客人基本的旅行需要。设施和服务符合国际流行的基本水平。

二星：设备一般，除食宿基本设施外，还设有简单的商品部、邮电、理发等便利设施。服务质量较好。

三星：设备齐全，有多种综合服务设施。服务质量较好。

四星：设备豪华，服务设施完善，服务项目健全。服务质量优秀。

五星：饭店的最高等级，其设备、设施、服务项目设置和服务质量均为世界饭店业的最高水平。

其中我国旅游局将四星级及其以下星级饭店的星级评定权下放给个省市旅游局，促进了我国星级饭店的推广工作。并且在 2003 年 12 月 31 日起，根据 GB/14308-2003《旅游饭店星级划分与评定》标准，我国饭店开始执行一星、二星、三星、四星、五星和白金五星六个等级标准。

三、旅游饭店的产品及其特点

（一）饭店产品

旅游饭店的产品从顾客的角度讲是一段住宿经历。它是由物质产品、客人感觉上的享受和心理上的感受组合而成的。顾客在饭店中住宿经历的质量好坏,主要取决于饭店产品的物质形态,如建筑物、家具、布件、食品、饮料以及其所提供的各种服务,同时还取决于顾客主观的经历和看法。

从饭店的角度讲,饭店产品是由饭店有形的设施和无形的服务组成。

1. 饭店的位置。饭店所处的位置,指它与机场、车站的距离,周围的风景环境,距游览景点和商业中心的远近等。

2. 饭店的设施。设施完善的饭店产品对顾客有很强的吸引力。

3. 饭店的服务。饭店的服务包括训练有素、端庄大方、懂得礼貌、恭敬待客的服务员,操作熟练、动作熟练、动作轻盈利落、主动热情、善为客人处理意外情况的现场管理人员,以及能讲标准、流利的国际语言,使客人感到安全可靠的服务。良好的服务是饭店产品中最为重要的部分。

4. 饭店的气氛。气氛是客人对饭店的一种感受。

5. 饭店的形象。饭店通过销售与公共活动在公众中形成的良好的形象,涉及饭店的历史、知名度、经营思想、经营作风、产品质量与信誉度等诸多因素,是最有影响的活广告。

6. 饭店的价格。饭店的价格也是饭店产品组成的一部分。

(二) 饭店产品的特点

饭店产品与一般商品比较,具有以下特点:

1. 生产与消费同步

饭店出售的产品不存在"独立"的生产过程,它受顾客即时需要的制约,其生产过程和消费过程几乎是同步进行的。只有当顾客购买并在现场消费时,饭店的服务和设施相结合才能成为饭店产品。

2. 饭店产品是组合产品

饭店产品是由有形的设施设备和无形的服务组合而成的,即客人在饭店购买的是一段由物质、感觉和心理上感受的住宿经历。

3. 价值不可储存

由于饭店出售给客人的是综合的服务设施,同时还提供服务,并不发生实物转让,即客人买到的只是设施设备及服务的使用权,而非所有权。所以饭店的产品就不同于一般的商品一样,一时卖不出去,可以储存起来以后再出售。

4. 饭店产品质量受人为影响较大

饭店产品对质量虽有标准规范的规定,但在很大程度上受制于宾客对产品的主观评价。因此,良好的产品是由良好的生产者和良好的消费者共同组成的,具有明显的非稳定性的特征。

四、旅游饭店的作用

旅游饭店在社会和经济中的作用,特别是在旅游业中的地位与作用是不可低估的。

(一)饭店业在社会中的经济作用

饭店业属于旅游业,是旅游业的三大支柱产业之一。它是一个国家或地区旅游接待能力的重要标志之一。饭店的数量和服务质量往往又是衡量一个国家或地区旅游业发展水准的重要尺度。现今随着旅游业的发展,旅游饭店也在发展,饭店业的发展会刺激国内消费,形成新的消费热点,从而推动国家及地区的经济发展。

(二)旅游饭店是创汇的重要渠道

旅游业在国民生产总值中所占的比重越来越多,已经成为许多国家的一个重要的创汇渠道。而旅游业中饭店的外汇收入又增加了国民收入,对国家来说是一部分新创造的价值。2002年我国旅游外汇收入为203.85亿美元,其中住宿和餐饮方面的创汇收入为42.25亿美元,占当年旅游外汇总收入的20.7%。

(三)旅游饭店能吸纳大量的劳动力

当一个国家的经济越发达,高科技和智能化的程度越高,人口和就业的压力相对人口基数较高的国家就越是一个难以解脱的困惑,在这种情况下,企业能保证效益又能更多地吸纳社会劳动力将是对社会的一个贡献。旅游饭店属于劳动密集型行业,它能较多地吸纳社会劳动力,再加上其灵活的用工制度对调剂社会劳动力会起到积极的作用。

(四)旅游饭店是一个国家或地区的文明礼貌窗口

饭店是一个礼貌行业,饭店在把国外文明礼貌的内涵和形式引进饭店的同时,也充分吸收了我国人民传统的文明礼貌美德,形成了我国饭店业文明礼貌规范和程序,因为饭店要为来自于各国的旅游者服务,饭店的文明礼貌必须达到相当高的水准,所以,饭店就会成为社会倡导文明的一种力量。

五、饭店业的集团化经营

饭店集团化经营是从第二次世界大战后,由于国际旅游业的迅猛发展,极大地刺激了国际饭店业的发展,许多饭店业主意识到在激烈的市场竞争中,单一饭店的独立经营形式是难以应付竞争的局面的背景下产生的。

饭店集团是指以经营饭店为主的联合经营的经济实体,它可以由一个或几个 Hotel Chain 组成。Hotel Chain 在我国称作联号饭店、连锁饭店或统称为饭店集团。它在本国或世界各地以直接或间接形式控制两个或两个以上饭店的经济体,以相同的店名和店标,统一的经营程序,同样的服务标准和管理风格与水准进行联合经营。

饭店行业是集中度非常高的行业,在世界范围内,200家最大的饭店集团基本上垄断了饭店市场或者说主导了市场,这种垄断和主导主要体现在几个方面:一是有统一的标准,形成了消费者的高度信任感;二是有统一的品牌,这样统一的品牌遍及世界,使消费者感到非常方便;三是有统一的饭店销售和组织网络。大的饭店集团内部彼此之间供应的客源一般可以占到30%以上。由于集团化经营在这三个方面的优势,使国际性的跨国集团在国际竞争中处于有利地位。

表 5-2　2002 年全球饭店集团排名榜

排名	饭店集团名称	总部	饭店数(座)	客房数(间)
1	圣达特集团	美国	6 513	536 097
2	六洲集团	英国	3 333	514 873
3	万豪国际公司	美国	2 557	463 429
4	雅高	法国	3 829	440 807
5	选择国际饭店集团	美国	4 664	373 722
6	希尔顿饭店公司	美国	2 084	337 116
7	最佳西方国际公司	美国	4 064	308 911
8	喜达屋国际饭店集团	美国	748	226 970
9	卡尔森/雷迪森	美国	847	141 923
10	希尔顿国际饭店集团	英国	384	96 380
11	凯悦饭店/凯悦国际	美国	210	92 278
12	洲际集团	美国	390	83 456
13	索尔·梅利亚	西班牙	325	81 096
14	特威集团	法国	285	75 000
15	卢浮宫上流人士饭店	法国	900	68 990
16	万哈姆国际公司	美国	201	51 342
17	费尔科旅馆信托公司	美国	183	48 857
18	美国长住饭店	美国	455	48 431
19	拉昆塔客栈	美国	349	42 865
20	韦思特门特饭店集团	美国	332	40 000
45	中国香港香格里拉集团	香港	38	19 658
47	上海锦江集团	上海	77	18 278
117	文华东方集团	香港	18	7 402
226	凯莱国际饭店公司	北京	11	3 301
242	马可·波罗饭店集团	香港	7	2 950
253	经苑国际饭店	香港	5	2 731

资料来源:《饭店世界》2003 年第 5 期,第 58 页。

从表 5-2 中可以看到饭店业集中化在欧美国家中的普遍存在。从全球饭店业情况看，目前在全世界位居前 20 位的大型饭店连锁公司共拥有客房大约 407 万间，而位居前 10 位的饭店公司大约就拥有 344 万间客房，由此可见，全球饭店业集中化的程度更是十分明显。

（一）饭店集团的经营形式

1. 直接经营形式。饭店集团在本国或世界各地拥有多家饭店，所有下属饭店均由该饭店集团直接投资，从土地、饭店房产所有权直到人才选拔、经营管理等各方面都由集团直接控制。这种形式要求饭店集团必须拥有较强的经济实力。

2. 租赁形式。饭店集团通过签订租约，长期（一般为 20 年）租赁业主的饭店。饭店集团公司按租约向业主支付租赁费有两种方式，一是承租者每月按双方约定的固定数额支付一笔租金给业主；另一种是订立最低限额租金，正常的租金按经营利润的一定分成比例计算，但不得低于此限额，或者在此限额之上再加收按比例分成的租金。

3. 管理合同形式。在管理合同中，管理公司是饭店产权的代理人，它代理所有者经营饭店，不承担经营风险。饭店的职工是所有者公司的职工，所有者公司应该向职工负责，管理公司是代所有者公司管理企业和职工。

管理合同是一种互惠合同。对于管理公司来说，这是一种以较小的投资扩展饭店集团的方法。可以不直接投资建设饭店或购买股份，而在世界各地扩展饭店网点。

4. 特许经营（Franchising）。又称为饭店名使用权转让，是指出让者企业出让某一已经出名产品的权利。采用这种经营形式的饭店集团，根据业务计划在一定的国家或地区，选择店址、设施规模、服务水准等诸方面比较合适的饭店，准许其加入该饭店集团，并使用所属饭店集团的名称和标志、广告销售和预订网络，而饭店的产权没有过渡，饭店的具体经营管理仍由业主自己负责。饭店集团主要负责受让饭店的经营管理的指导工作，包括开业前准备工作的指导和开业后经营管理的指导及其他所需要的帮助；受让饭店向集团支付特许经营权购买费、特许权使用费等作为报酬。

（二）饭店集团经营的优势

1. 市场优势

饭店集团在连锁经营中使用统一的店标，并在广告、推销和公共关系方面加强开发力度，使公众对饭店集团产生深刻印象，从而提高饭店集团的知名度，形成较大的客源市场。饭店集团采用统一的订房系统，通过电脑网络处理客户信息,提高了对客服务效率,吸引和稳定了客源,促使客源在本集团内流动。

2. 安全投资的优势

饭店集团规模庞大,资本雄厚,信誉好,又同各行业有着广泛的密切联系,这一切为饭店集团迅速筹措资金投资开发、采用新技术或增加新的服务项目创造了条件。同时,饭店集团经营地理范围广,分布于不同的国家和地区,降低了经营风险和投资风险。

3. 管理优势

饭店集团具有较成功的管理优势。形成了自己独特的经营风格和有效的管理体系,能为所属的饭店制定统一的经营管理方法和程序,为饭店的硬件设施和服务规定严格的标准。饭店集团为所属饭店在生产和技术上的专业化、部门化提供条件,对饭店开发阶段和更新改造提供所需的可行性研究、建筑设计、装潢等服务。为使设备设施统一,采用总部集中采购,达到降低饭店经营成本的目的。

4. 人才优势

大的饭店集团有自己的培训基地和培训系统。如假日集团建立了假日大学,希尔顿集团在休斯敦大学设立自己的饭店管理专业。饭店集团内部设有培训部门,负责拟定培训计划,并聘请各类饭店经营专家为所属饭店提供在职员工的培训。

5. 信息优势

饭店集团设有专门的信息系统,进行信息的收集、处理和传递工作。通过广泛收集各方面的信息,及时了解市场动态,不断改善经营管理,适时调整经营战略,以保证本集团在国际上的竞争能力。

(三) 中国饭店集团的现状与发展

中国改革开放以来,国际上很多的大饭店集团已经以各种形式打入我国,并在高星级饭店市场上占据了越来越大的优势。

我国现有大饭店的数量已经不少,但是从网络化的角度来说,真正形成规模的饭店一家也没有,饭店经营向网络化发展,是国际性的新趋势,我国饭店业的网络化发展已经开始启动,但是未形成规模和气候。这主要是由于在经济实力和技术实力方面仍有很大的差距,没有强化网络化发展的观念。我们的国际竞争力很薄弱,即缺乏网络化大型旅游饭店集团。我国第一家饭店集团(公司)——上海锦江饭店集团,成立于1984年3月。我国现在大部分饭店都没有进入集团网络,而且又是缺乏个性特点的中型饭店,所以在这一方面充满了危机感。这就需要我们在管理的实践经验与管理模式上进行经验总结,努力创造出

旅游学教程

具有东方特色的人性化的管理模式。

六、我国旅游饭店业的发展

根据2003年《中国旅游统计年鉴》公布的资料,截止到2002年末,我国旅游饭店的经济类型和规模状况如表5-3所示:

表5-3 2000年与2002年全国旅游饭店基本情况对照表

饭店经济类型	饭店数(座)		床位数(张)		客房出租率(%)	
	2000年	2002年	2000年	2002年	2000年	2002年
一、饭店登记注册类型						
合计	10 481	8 880	1 855 965	1 729 460	55.85	60.15
国有企业	6 646	5 061	1 182 939	975 375	54.34	57.92
集体企业	1 280	893	158 042	139 945	53.11	58.17
股份合作企业	69	172	21 339	28 111	61.03	60.15
联营企业	176	90	58 495	18 113	55.33	61.03
有限责任公司	383	734	57 315	141 311	59.24	63.31
股份有限公司	395	327	68 306	76 930	60.16	65.56
私营经济	324	556	24 754	68 928	54.88	59.94
其他企业	375	361	48 045	51 609	56.62	56.20
港澳台投资经济	414	407	128 986	125 995	63.64	66.02
外商投资经济	419	279	107 744	103 143	58.89	64.08
二、饭店规模						
合计	10 481	8 880	1 855 965	1 729 460	55.85	60.15
客房数500间以上	129	80	469 515	109 293	63.76	68.05
客房数300~499间	309	320	197 366	198 832	61.23	63.99
客房数200~299间	547	622	244 487	270 836	58.15	62.49
客房数100~199间	1 926	2 225	528 191	589 999	55.18	59.61
客房数99间以下	7 570	5 633	416 406	560 500	51.15	56.52
三、星级饭店						
合计	10 481		1 855 965		55.58	
星级饭店小计	6 029	8 880	1 144 791	1 729 460	57.58	60.15
五星级饭店	117	175	67 275	102 424	65.04	66.33
四星级饭店	352	635	148 999	248 375	63.08	64.95
三星级饭店	1 899	2 846	448 662	680 018	58.65	60.84
二星级饭店	3 061	4 414	420 101	622 097	53.32	56.47
一星级饭店	600	810	59 754	76 546	46.96	49.68

资料来源:2000年、2002年《中国旅游统计年鉴》(其中2000年未评星级饭店有4 452家,床位数为711 174张,未在表中列出)。

从表5-3可以看出,截止2002年我国旅游星级饭店已达到8880家,拥有客房897 206间,相当于1980年(203家饭店、31 788间客房)的28倍。但与2000年相比,星级饭店数增加了2851家,床位数也上升了58万多间。但除了数量上的变化,高星级饭店的增长速度比中低星级要快很多。由于饭店自身经营方面的问题和市场供大于求的现象,使得我国饭店建设发展的速度显得过热或过快。再者,饭店建设的布局合理状况欠合理及地方政府没有设置负责审批饭店投资建设可行性方案的把关机构、缺乏统一规划和宏观调控不力,都导致饭店在经营中的困难。国际旅游近年发展情况表明,随着低收入旅游者人数和零散客人的增加,旅游市场对高档次饭店产品的需求增长相对放缓,而对中低档饭店产品的需求量相应增长。为了适应各层次旅游市场的需求,适当控制饭店的建设,形成高、中、低三级构成的合理比例和适当配套的旅游目的地饭店体系是一个十分重要的问题。

第四节 旅游交通

一、旅游交通的作用

旅游交通是指旅游者利用某种手段和途径,实现从一个地点到达另一个地点的空间转移过程,主要有空运、陆运和水运等三种形式。旅游交通的状况是一个国家或地区旅游业发展的重要标志之一,它与旅游饭店、旅行社一起并称为旅游业的三大支柱。在旅游业中占有重要的地位。

旅游是身赴异地的旅行,因而交通运输必然成为任何一种旅游的重要组成部分。但是为旅游业服务的交通运输业,也为其他货运和月票持有者等客运市场服务,交通运输业在许多情况下既为旅游业提供专门服务,也适应其他不同类型交通运输经营的需要,依靠其他市场招徕生意。在许多国家,代办邮电业务的运输业已经作为加速发展航空运输业的显著补助。运输系统具有极大的生产能力和巨大的经济规模。旅游交通的发展也经历了一个不断演化的过程。从徒步到马匹、木筏、汽车、轮船到飞机,都推动了旅游业的发展。目前飞机已成为国际旅游最大众化的交通工具。

旅游交通的作用主要表现在:

(一)旅游交通是旅游者完成旅游活动的先决条件

人们可支配收入的提高,余暇时间的增多和交通运输的现代化,是促进旅游需求迅速增长的主要原因,通常人们把它们称为产生旅游需求的"三要素"。旅游者在外出旅游时,首先要解决从居住地到旅游目的地的空间转移问题,通过采用适当的旅行方式抵达旅游地点。同时,采用不同旅行方式所耗费的时间,也是需要考虑和解决的问题。现代社会人们用于旅游的余暇时间总是有限的,旅游交通的发展节约了旅游者的时间,使其外出旅游的计划能够付诸实现。再者,旅游交通的发展带来大批的游客,刺激了旅游业的发展。

(二) 旅游交通是旅游收入和旅游创汇的重要来源

旅游者外出旅游必须借助交通工具,并且花销在交通上的费用不少。就国内旅游而言,在任何国家的国内旅游收入中,旅游交通运输都占有突出的比重。2002年,我国国际旅游(外汇)收入总额为203.85亿美元,其中长途交通占25.8%,市内交通占4.3%。在图5-4中可见,在我国旅游外汇收入中,交通业创汇约占1/3。

表5-4 2002年国际旅游(外汇)收入构成   单位:亿美元

	国际旅游收入	占总收入比重(%)
总计	203.85	100.0
长途交通	52.6	25.8
民航	36.61	18.0
铁路	4.65	2.3
汽车	8.74	4.3
轮船	2.60	1.3
游览	14.31	7.0
住宿	25.65	12.6
餐饮	16.60	8.1
商品销售	42.11	20.7
娱乐	15.25	7.5
邮电通讯	7.20	3.5
市内交通	8.82	4.3
其他服务	21.31	10.5

资料来源:2003年《中国旅游年鉴》。

(三) 旅游网点的兴起和形成有赖于旅游交通

一个国家和地区常常拥有许多游览点,只有通过旅游交通使旅游者到达游览点,旅游资源的价值和使用才能实现,旅游业的种种设施和服务才能真正发挥作用。其次,旅游交通对于旅游点的开发起着不可替代的作用。如我国的千岛湖旅游区,多年前因交通落后,交通安全和旅游者到此所花费的在途时间占整个旅游时间的比重过大,都影响了旅游者的游览决策。而在改善了交通条件之后,千岛湖旅游区的接待能力得到充分发挥,游客逐年增长。因此,发挥各类交通运输,将会有力地促进新的旅游网点的开辟和兴起。

二、旅游交通的类型

旅游者目前经常使用的运输工具主要有火车、汽车、轮船、飞机等。这些旅行方式互相补充,为旅游活动提供了便利的物质条件。

(一) 火车

火车是现代旅游的主要运输工具,具有容量大,费用低,受季节气候自然条件影响小,比较安全的特点。火车在很长一段时间里,曾经是人们旅游的主要交通工具,它对现代旅游的发展产生了重大的影响。但是,目前通往旅游目的地的铁路运输还很缺乏。虽然我国现在有一些旅游专列,但与旅游市场的需求相比,就显得供应能力较弱了。

现代有的欧美国家,在景色优美的铁路沿线重新采用蒸汽机车,这并不是作为交通工具,而是作为特定的旅游项目和内容。

铁路旅游交通的缺点是灵活性较飞机和汽车差,线路建设投资大,耗费材料多,建设周期长。由于铺设路轨的限制,铁路很难形成较细的线路网络,而选择与火车站相连接的汽车线路时则会使游客感觉不便,而且耗费时间,此外,加上航空公司和汽车客运公司的竞争,因而使铁路在旅游客运交通中的地位不断下降。在我国,火车仍是国内的主要运输工具,但是由于我国的火车班次少,时速低,空调、软卧设备很不齐全,还有待于全面提供高质量服务,因此很不适应旅游事业的发展,还需要不断加以改进和完善。

随着人们对可持续发展问题的关注和环境意识的不断增强,很多国家对发展铁路运输都给予高度重视。其中,发展的重点是高速铁路高速火车。

(二) 汽车

乘汽车旅游包括乘私人小汽车和公共客运汽车或长途公共汽车。

汽车作为旅游交通工具具有灵活性大、速度快、能深入到旅游点内部,可以随时停留,任意选择旅游点等优点;公路建设也具有投资较火车少,施工期短,见效快等特点。

公共客运汽车在提供旅游服务,特别是近距离旅游服务方面有着重要的作用。因为汽车客运的经营成本较低,其价格也较为低廉,因此,对中、低档旅游者很有吸引力。但是,随着私人汽车使用的日益扩大,出现了驾驶一辆私人汽车所需的费用迅速上升,而最廉价的公共运输在旅游交通中却失去了吸引力。这是由于自己驱车外出度假灵活方便、行止自由,并且可使家庭外出旅游的交通费用

相对下降,特别是人们只注意到私人汽车旅行的直接费用,而忽视了对汽车的磨损和折旧之类的间接费用。私人驾车的优点是容易携带行李,可以观赏沿途风光等。在一定距离的国际旅游中,特别是在一日游和短期度假时,在欧美国家中,人们普遍喜欢自己驾车前往。很多国家的旅游业也设置了相应的业务来迎合这一市场需要,其中包括:

(1)组织由游客自己驾车的包价旅游。

(2)开办租车业务,以满足不便携带或没有自用汽车的旅游者的需要。

(3)开展铁路、飞机、轮渡等联运业务,将游客连同汽车一起运送到度假目的地。

(4)沿公路发展适应驾车旅游者的汽车旅馆、参观等中转服务和休息设施。

游客自驾车旅游的发展,不可避免地带来一些值得关注的问题,尤其是旅游观光地的环境污染问题。由于度假区和风景区的规划,不可能无限制地扩大停车场及道路设施,否则会影响或破坏景观,并会造成环境污染。目前世界上很多旅游热点地区对此采取控制措施,要求驾车旅游者把自己的车辆停放在游览区以外的规定地点,然后乘公共运输工具进入游览点。

公路旅游交通的不足之处是运输量小,速度不如火车、飞机快;消耗能量较大,特别是小汽车容纳的人数不多,相对来说费用较高;造成环境污染比较严重,致使街道拥挤,安全性较差。

(三)飞机

飞机的优越之处在于迅速、方便,能跨越各种自然障碍,较为舒适等优点。因此在洲际旅游和国际旅游中起主要作用,尤其适用于远程旅行。

航空客运主要分定期航班服务和包机服务两种。定期航班服务是指在既定的国内或国际航线上按照既定时间表提供客运服务,不论乘客多少,飞机必须按公布的航班日期和时间起飞(除意外情况发生)。而包机业务不必按固定的时间表起飞,一般设有固定的经营航线,对预订量不足的航班,包机公司可以取消,已预订的乘客可以转让其他包机公司或者联合经营。但这不适合与差旅型旅游者。

包机服务是一种不定期的航空包乘服务业务。随着20世纪60年代以来大众旅游的兴起,旅游包机业务有了很大的发展。很多国家的旅游经营商在组织包机旅游,特别是组织包价国际旅游时,都利用包机作为主要旅行方式。同定期航班业务相比,包机业务具有票价低廉、能够根据市场需求制定旅游航线的优势。因而对旅游者有较大吸引力。

总之,航空旅行可以节约大量时间,但飞机造价高、运费高,受气候变化影响大。就远程旅游而言,航空旅行是比较经济的,特别是考虑到时间问题时更是如此。但航空旅行不能像汽车和轮船那样,可以边乘交通工具边观光,所以,它必须与其他交通工具互相配合才能提供给游客完整的旅游交通服务。

（四）轮船

在旅游发展史上,舟船在古代旅行、近代旅游和现代旅游初期,曾占有十分重要的地位,包括内河航运、沿海航运和远洋航运在内的各种轮船,优点是运量大、耗能低、投资少。但是随着汽车和飞机的兴起,轮船作为远距离的旅游交通工具,被客人选择的机会越来越少。

远洋航运由于不能及早对航空运输的威胁做出反应,导致其业务衰退。随着远洋航运的衰退,很多轮船公司也转而经营海上巡游业务。在这种情况下,游船已基本上不再是解决交通问题的旅行方式,而成为一种特殊的旅游形式或旅游项目。虽然游船速度慢,花费的时间长,但乘船旅游比较舒服,游船像一个漂浮在水上的大旅馆,非常适合年老者和有充裕时间的游客旅行,既可登岸游览,又可随时回船休息。现在许多游船设有健身房、舞厅和卡拉OK房,文娱活动丰富多彩。这种游船旅游通常比较豪华,价格昂贵,再加上游船航行的速度不能太快,比较耗费时日,所以收入低和闲暇时间比较少的游客是难以享用的。

乘船旅游的缺点是行驶速度慢,受季节、气候、水深、风浪及泥沙等自然因素的影响较大,所以准时性、连续性、灵活性较差。

内河航运在一些国家中也是旅游交通工具中的重要组成部分,例如我国的长江、北美的密西西比河、南美的亚马逊河、欧洲的多瑙河以及英国泰晤士河等等,都是非常重要的内河航运河道。但是大多数内河航运业务实际上已经向游船服务业务发展或者已形成以上旅游项目,单纯交通运输方面的意义已经不大。

三、影响旅游者选择旅游交通方式的因素

现在各国的交通运营部门都清楚地认识到,旅游者对交通运输的普遍要求是安全、便利、快速、舒适、高效、经济。而以上的要求对不同的游客又有主次之分。客运交通经营部门应该注意到,人们虽然对交通运输的要求具有普遍性,但由于个体的不同,对旅行方式的选择却不同。影响游客选择旅行方式的因素很多,归纳起来看,主要有以下四项：

（一）旅行目的。旅游者可以划分为会议型、度假型、商务型。度假型游客外出的目的主要是消遣,他们外出时更愿意按照自己喜欢的方式去旅游,但是由于这部分游客对价格非常敏感,所以他们会尽量选择较低廉的旅行方式,甚至有不选用商业性经营的交通工具,而选用徒步、骑自行车或自己驾车旅行,以满足其自由无约束、充分放松的旅游目的。在远程旅游,特别是出国旅游的情况下,乘飞机或火车则是经常选用的旅行方式。个人及家庭事务型旅游者选择旅行方式的标准是既要安全、高效,又要价廉。

（二）交通运输的价格和费用。除差旅型旅游者对交通价格及费用不很敏感,其他旅游者都是很敏感的。因而运输部门在交通价格和费用上稍有波动,都可能导致营业量发生很大的变化。所以,在其他因素不变的情况下,价格和费用的变化往往会导致旅客在选择交通工具上做出不同的决策。

旅游者在旅游前最关注的问题之一是在自己的旅游预算限额内如何使旅游活动更充分、更有效率。所以,在计划外出旅游时,人们往往会考虑各种可供选择的旅行方式的价格,甚至是在选了旅行方式后,再对不同供应商所提供的价格进行比较,最后做出决策。

（三）旅行的距离。旅行的距离通常包括空间距离和时间距离。旅行距离的远近主要会影响游客支出的费用和游览的时间,空间距离越长,时间耗费得越长,付出的代价也就越高。由于对大多数的人而言,外出旅游的预算和时间是有限的,如果要更有效地利用有限的度假时间,人们必须缩短用于交通方面的时间。所以在游程较远时,在能承受的价格前提下,游客多愿选择快捷的交通工具。

（四）游客的收入与闲暇时间及个人偏好。游客的收入与闲暇时间是客观制约因素,个人偏好是主观制约因素。当游客的闲暇时间和收入许可的情况下,可供选择的旅行方式就取决于游客的个人偏好。游客的偏好主要受自己的个性、心理类型和经验的影响。例如,无论在中国还是其他国家,有许多人旅行时,首选是乘坐火车,因为他们的旅行经验认为乘火车的安全系数高。

当然,除上述因素之外,还有其他许多因素影响人们的旅行方式的选择。如天气、旅伴、目的地的地理位置特点等等,实际上,所有各种因素在决定人们对旅行方式的选择时,都是互相联系、互相影响并综合起作用的。

第五节 旅游服务

由于旅游业是以服务为中心的,它需要大批的工作人员和服务人员为旅游者提供综合性的旅游服务,所以旅游业对社会的首要贡献就是扩大了劳动就业机会。"美国旅行组织"曾在此方面描述旅游业的贡献是"每100美元的旅游收入,可以产生48分钟的劳动就业和26美元的职工工资。"另外,旅游业又可以带动间接性的劳动就业机会,这主要因为旅游业是以服务为中心,它需要大批的工作人员和服务人员为旅游者提供综合性的旅游服务。如一名旅游者除了需要饭店内的住、食、行、娱方面的综合服务以外,他还需要购买纪念品、礼品、衣物、美术工艺品,即需要有各类商店服务员为他服务,另外他又需要地面交通、市内餐厅、影印社等等的服务。据统计,每100件正式旅游服务工作要有48项间接辅助性工作相配合。与其他行业不同的是,旅游服务可以直接创造经济效益。

一、服务是旅游业的核心产品

马克思指出,任何时候,在消费品中,除了以商品形式存在的消费品以外,还有一定量的以服务形式存在的消费品。商品形式的消费品表现为实物形式,而服务形式的消费品则表现为"活动"形式。因此,服务不是作为物,而是作为活动提供的消费品。

旅游业是一种以出售劳务为特征的服务性行为。旅游业出售的商品,是一种凭借着固定的有形设施的无形服务。

旅游产品的综合特点,使得许多经济部门和非经济部门都参与为旅游者提供服务。旅游业概念的中心内容,就是反映各种各样的企业和组织如何直接地为旅游者提供统一和优质的服务。

二、旅游服务的概念

(一)服务的定义

服务是指产生社会效益和使用价值的活动形式,是为满足他人特殊需求所从事的非物质产品生产以及从事可用于直接消费的物质性产品生产的社会化有偿性劳动,是为解除他人日常生活中劳动压力的代劳行为和使人得到享受的活动。

(二)现代服务意识的产生

凡是有人类生存的地方,必有服务行为,服务活动是随着人类的诞生,随着人类的发展而发展。人类发展史也是一部服务关系演化的历史,它体现着一种以互助精神为特征的人际关系。

人总是生活在一定时期,受到一定的经济关系和社会关系的影响,受到劳动发展阶段的制约。如在原始社会,建立在血缘关系的基础之上的服务行为,我们往往不称其为"服务",而称其为"家务"。到了奴隶社会和封建社会,权势和地位支配着一切关系,人与人之间的互助行为,往往带着十分明显而强烈的伺候和奴役的特征,因此人们十分厌恶这种关系,表现出无可奈何和鄙视的态度。

从20世纪开始,服务作为一门产业迅速发展起来,第三产业的概念也由此

而生,这是划时代的变革。它标志着服务不仅是社会的、精神的,同时也具有了经济的、物质的特征。它发展了传统的助人观念,冲破了旧的低级劳务技艺式的束缚,成为一种最有前途、市场范围最为广泛的产业。

(三) 旅游服务的概念

旅游服务就是用提供活劳动的形式,保证旅游者在整个旅游活动期间的各种旅游环境、设施、设备及活动项目获得充分的利用和享受权益的综合性经营活动。通过办理旅游签证、中间联络、代购代销、导游、交涉、代办手续、安排交通工具、住宿设备等,对旅游者提供必要而热情周到的服务。

旅游服务是一种行为,它是以有形物质产品、自然物和社会现象为载体,在存在旅游需求的情况下实现其价值和使用价值。旅游产品所以能以一种混合体的形态出现,主要是由它的服务性质决定的。

人们谋求旅游服务的原因有三个:一是节省体力;二是减少麻烦;三是获得精神上的享受。旅游服务根据经营阶段划分,可被分解为售前服务、售中服务和售后服务三部分。售前服务即旅游活动前的准备性服务,如旅游咨询,签证,办理入境手续,财政信贷,货币交换,保险等服务,甚至包括旅游产品的设计和线路编排等技术性服务。售中服务即在旅游活动过程中向旅游者直接提供的食、住、行、游、娱、购及其他服务。售后服务即旅游者结束旅游后离开目的地时的服务,如机场、港口、办理出境手续、托运及旅客委托代办服务等,甚至包括旅游者回到家以后的跟踪服务。

三、旅游服务的特点

旅游服务是接待旅游者过程中体现的各种服务,主要包括导游服务、饭店服务、交通服务和组织管理方面的劳务活动。旅游服务和其他行业的服务相比,具有以下特点:

(一) 综合性:一是旅游服务须在一定时间段完成,需要各种不同服务环节紧密连接;二是因为受到旅游者多样化需求的驱动,游客往往将一切事务都委托给旅行社办理。

(二) 直接性:在旅游消费中,任何一种旅游产品都是通过直接、及时、随机地服务提供给消费者,当面服务,当面消费,一次完成,不能退换。

(三) 情绪性:旅游者对消费服务明确提出了态度方面的要求。服务具有明显的情绪性作用。在大多数情况下,由于顾客的知识、技能和合作程度的不同,顾客参与服务过程,就会引起服务差异,对于不同的个体,服务就会反映出不同的效果,于是旅游企业在消费者心目中的影响也会不同。

（四）时间性：即游客希望为其提供的服务能及时、准时、省时。主要表现为服务作用的时效；服务产品的完整；价值无法储存。

（五）应变性：服务的提供者和获得者都是人，双方发生直接或间接的交往，服务才能实现。服务的成败，人在其中是最重要的因素。由于旅游者对服务的需求各有不同，这就需要针对不同的个体有相应的服务项目，以提高游客对旅游服务的满意度。

（六）艺术性：接待旅游者要求有语言艺术；技能娴熟的技术效果；对不同身份的旅游者还要有不同的角色意识和语言技术。

四、旅游服务质量管理

服务质量是旅游业生存与发展的基础，旅游业中旅行社之间、饭店之间、旅游交通之间的竞争，本质上是服务质量的竞争。因此，不断提高服务质量，以质量求效益是旅游业发展的必经之路。

（一）服务质量：旅游服务质量是在整个旅游过程中旅游者对所提供的各种服务满意程度的总称。为旅游者提供的服务是不同类型的，多种多样，在性质上有所区别，但是在质量上和内容上必须充分满足旅游者的需求，在整体上保证协调一致，呈现一种统一的旅游服务过程。这是旅游服务质量的表现。

（二）影响旅游服务质量的因素

1. 旅游设施和旅游设备条件是对旅游服务质量产生影响的制约因素。
2. 旅游服务人员的修养和素质是影响服务质量的决定性因素。
3. 旅游服务的组织管理水平会对服务质量产生重大的影响。
4. 对目标市场需求的了解，提供相应的服务，也是影响服务质量的重要因素。

（三）旅游服务质量的衡量标准

服务质量管理是服务性企业经营管理的核心内容，是决定服务性企业营销效果、经济收益和竞争实力的最重要的因素。旅游服务作为旅游业提供的产品，其无形性使得消费者不易检查其质量的好坏。而旅游产品生产和消费的同步性更使得消费者无法在购买和消费旅游产品之前检查和验证旅游产品的质量。所以，确保旅游服务质量对旅游业的发展至关重要。

美国著名营销学家贝里、潘拉索拉曼和隋塞莫尔认为，顾客感觉中的服务质量是由以下五类属性决定的。

1. 可靠：指服务性企业为顾客提供正确、安全、可靠的服务。
2. 敏感：指服务人员愿意帮助顾客，及时地为顾客服务。

3. 可信:指服务人员的知识、技能和礼节能使顾客产生信任感。

4. 移情:指服务人员设身处地为顾客着想,关心顾客,为顾客提供个性化服务。

5. 有形证据:指服务人员的服装和仪表、服务设施、服务设施和促销资料等有形证据。

除以上五类属性之外,补救性措施也是一个重要的属性。服务工做出现差错或有无法预见的问题后,服务性企业应尽快采取补救性措施,找出顾客可以接受的解决方法,以满足顾客对服务的需求。

表5-5 2002年世界最佳酒店介绍

名次	酒店名称	得分
1	泰国曼谷半岛大酒店	93.74
2	南非郎德罗西私人娱乐胜地	91.69
3	土耳其伊斯坦布尔四季大酒店	91.59
4	美国檀香山哈来科拉纳大酒店	91.11
5	印尼巴厘岛金伯利海湾度假胜地	90.71
6	新加坡四季大酒店	90.34
7	美国夏威夷四季度假胜地	90.16
8	新加坡里兹—卡尔顿(丽嘉)大酒店	89.12
9	澳大利亚蜥蜴岛大酒店	89.09
10	泰国曼谷东方大酒店	88.74

资料来源:由美国《旅游暨休闲》杂志于2003年评定。

在被评为2002年世界最佳酒店前十位的酒店的成功经验中,非常重要的就是能为顾客提供高质量的服务。高质量的服务或优质服务就是不断地、持之以恒地符合并满足顾客的期望和提供服务的工作标准。换言之,只有通过持之以恒地按照规定完善的工作标准向顾客提供服务,并在态度和行为上使顾客感到满意,才能符合产品的优质标准。

第六节 旅游产品

一、旅游产品的概念和构成

(一)旅游产品的概念

从旅游目的地的角度出发,旅游产品是指旅游经营者凭借着旅游吸引物、交通和旅游设施,向旅游者提供的用以满足其旅游活动需求的全部服务。旅游产品是整体概念,它是由多种成分组合而成的混合体。是以服务形式表现的无形产品。

从旅游者的角度出发,旅游产品就是指旅游者花费了一定的时间、费用和精力所换取的一项旅游经历。这个经历包括旅游者从离开常住地开始,到旅游结束归来的全部过程中,对所接触的事物、事件和所接受的服务的综合感受。旅游者用货币换取的不是一件件具体的实物,而是一种经历。

(二) 旅游产品的构成

整体旅游产品构成的主要内涵有旅游吸引物、旅游设施、旅游服务和可进入性四个方面。其中旅游服务是旅游产品的核心。

1. 旅游吸引物是旅游者选择目的地的决定因素。它蕴藏于自然环境和人类社会中,代表着各种旅游胜地的特色,代表着不同的民族文化传统。有的吸引物是独立存在的,有的是组合而成的。旅游吸引物数量的多寡和吸引力的大小是一个地区能否开发成热点旅游区域的先决条件。旅游吸引物可根据其性质划分为自然与人文吸引物两大类。自然吸引物可分为地方景观;水域风光和生物景观三区类。人文吸引物可分为古迹与建筑;消闲、求知与健身场所与设施;购物场所三区类。

2. 旅游设施是直接或间接向旅游者提供服务所凭借的物质条件。旅游设施在旅游产品构成中不是游客流向的主要因素,但旅游设施不配套会影响或阻碍旅游者对旅游吸引物的追寻。旅游设施包括旅游服务设施和旅游基础设施两种。

旅游服务设施是指旅游经营者直接服务于旅游者的凭借物。一般包括住宿、餐饮、交通及其他服务设施。旅游基础设施是指目的地城镇建设的基本设施。虽然这些基础设施不直接对旅游者提供服务,但是旅游经营中它是直接向旅游者提供服务的旅游部门和企业必不可少的基础设施。

3. 可进入性是指旅游者进入目的地的难易程度。具体表现为进入游览点、服务设施和参与旅游活动所付出的时间和费用。可进入性受交通工具、目的地的交通基础设施条件、政府政策和经营方面等因素的影响。

4. 旅游服务是旅游产品的核心。此内容在本章第五节已做阐述,故在此不在赘述。

从市场营销角度研究旅游产品的构成时,除上述四部分外,旅游目的地的形象和价格也很重要。旅游者对目的地的评价和态度直接导致他们的购买决策。

二、旅游产品组合与开发

（一）旅游产品生产要素与组合

生产要素是进行产品生产所必须具备的因素和条件。旅游生产要素即旅游从业人员和提供服务所要凭借的物质的和非物质的劳动产品和自然物。也就是由旅游业劳动者和旅游服务所凭借的吸引物、旅游服务设施及其他服务设施组成的。

旅游产品的组合原则应以最有效地利用资源，最大限度地满足市场需要和最有利于竞争为标准。常见的旅游产品组合策略有三种：1．全面全线型组合，即针对全部旅游市场的各种目的的旅游需要的旅游产品组合，它包括观光、度假、体育、探亲等旅游产品线，也包括会议、商务、贸易、宗教等各专项旅游线。2．专项系列组合，它是割据企业自身的经济、技术条件和社会条件需要，向一部分专门市场组合专项系列型旅游产品如文化系列旅游等。3．专业型组合。它是针对某一特定市场需要来组合的各种旅游产品线如长江三峡风光游。

（二）旅游产品开发的原则

旅游产品开发是根据目标市场需要，对旅游资源、旅游设施和旅游业从业人力资源进行规划、设计、开发和组合。它包括两个方面，一是对旅游地的规划和开发，一是旅游线路的设计和组合。无论是哪一种开发，首先要对旅游者的潜在需求进行分析，对市场环境，投资风险，价格政策等诸多因素进行深入的研究。这些因素中主要的有：对潜在客源市场的分析；对旅游吸引物、传统文化、劳动力素质、旅游基础设施和地面服务设施、交通网络的评价；对目的地经济及采取状况的分析；对旅游环境及社会影响的研究等。这些因素涉及到一个地区的文化、社会、环境和经济等各个领域。根据上述因素的分析对比可产生一系列规划和设计方案，再选择其中既符合潜在旅游者的需要又符合目的地特长，又有竞争力的项目进行开发。

旅游产品开发计划必须建立在如下三方面可行性研究基础上：1．旅游产品构成的合理性分析；2．旅游投资与投资风险的经济预测分析；3．社会、文化、环境方面的分析。根据以上三方面制定的旅游产品开发计划还要依据市场环境发生的变化进行检查和修改。

本章提要

随着旅游者越来越希望得到个性化和价格低廉的优质服务产品，再加上旅游业本身迅猛的发展与行业内部竞争的日益激烈，都使得旅游业在时间与环境的变化中不断地解构,又不断重整。本章共由六部分组成:旅游业的性质、旅行社、旅游饭店、旅游交通、旅游服务和旅游产品。

1. 通过对旅游业的概念和性质的学习,了解旅游业的构成、行业特点和作用,要求学生掌握旅游业在大多数国家和地区都是朝阳产业。

2. 在第二、三、四部分,通过对旅行社、旅游饭店和旅游交通的分类、业务性质、产品特点及其在旅游业中的作用的阐述,明确旅游业的三大支柱产业是旅行社、旅游饭店和旅游交通。特别是在我国,旅行社为适应国际性的发展,改以往一、二、三类社的分类为国际和国内社。我国的旅游饭店也取消了涉外旅游饭店的称谓,统一称为旅游饭店。同时,根据国际惯例,对我国旅游饭店星级划分与评定的标准进行了修订,从2003年12月31日起在我国旅游饭店推行预备星级、一至五星级加白金五星级标准。

3. 在第五部分,通过对旅游服务的阐述,强调旅游服务质量将是今后旅游业竞争的核心内容。

练习与思考

1. 试述旅游业的构成。
2. 旅游产业的特点是什么?
3. 旅行社可以从哪些方面进行分类?
4. 影响旅游者选择旅游交通工具的因素。
5. 饭店等级评定的主要依据是什么?
6. 试述现代饭店集团的主要形式。
7. 旅游交通具有哪些特点?
8. 旅游服务的特点是什么?
9. 旅游业、旅行社、旅游服务的概念。
10. 旅游产品由哪些内容所构成?
11. 旅游产品开发的原则是什么?

案例分析

迪斯尼巴黎遇挫
——忽视本土文化的后果

一个屡创辉煌、无与伦比的迪斯尼乐园创造了一个美国奇迹。从诡计多端

的米老鼠到笨拙可爱的唐老鸭,这些形象作为美国文化的象征,征服了不同国籍、不同肤色的儿童,甚至吸引了不少成年观众,同时也为它赢得美国民众的最高勋章——自由勋章。1955年,占地30公顷的"迪斯尼乐园"在美国加利福尼亚州开放;1972年,"迪斯尼世界"在佛罗里达州建成。之后,美国人开始将他们的"迪斯尼文化"推出国门。

东京迪斯尼乐园于1983年开放。它的所有者是根据迪斯尼公司的建议,建造、拥有、经营这个主题公园。迪斯尼公司没有投资一分钱却取得门票收入的10%,销售食品、饮料、纪念品收入的5%。尽管开始并不顺利,但日本人很快就成群结伙地大批涌入公园。到1990年,每年的游客人数达到1600万,比加利福尼亚的迪斯尼乐园的游客人数还多1/4。在1990年这个财政年度内,公园的收入达到9.88亿美元,利润达1.5亿美元。东京迪斯尼的成功使迪斯尼公司的头脑膨胀了,于是,迪斯尼的经营者又开始做起了欧洲梦。

在寻找建设迪斯尼的场所时,迪斯尼的管理者们考察了欧洲200多个地方,最后选中了巴黎。优越的地理位置成了最后的决定因素。调查表明,驱车2小时到达巴黎的人数为1700万人,4小时以内驱车到达的为4100万人,6小时内到达的为1亿多人,乘飞机2小时以内到达的人口则为3亿多人。况且,巴黎原本就是欧洲旅游中心的地位。法国政府也希望借助这个项目创造3万个就业岗位,每年从外国游客中获取10亿美元的收入,所以给这个项目以空前的支持。美国人最善于理性思维,在决策阶段,他们的账算得精明到了极点。公司的管理者最初预计第一年就会有1100万欧洲人光顾这一举世奇作。因为,在此之前就有270万欧洲人光顾了美国的迪斯尼乐园,并消费了16亿美元。公园距离的缩短会吸引更多的游客。迪斯尼的管理者们甚至在进一步预测之后认为,原先对于1100万人的估计太保守了。这是因为迪斯尼乐园在美国的2.5亿人口中,每年吸引游客4100万人,占总人口的16.6%。那么,如果按照同样的比例,欧洲迪斯尼每年的游客量应该达到6000万(西欧人口为3.7亿),更为乐观的是,欧洲人比美国人有更长的假期。比如,法国和德国雇员的假期一般来说是五个星期,而美国雇员的假期只有两个星期或三个星期。

欧洲迪斯尼乐园最终耗资44亿美元,占据巴黎以东20英里5000英亩土地,配有6家饭店和5200个房间,同时开发有一个拥有购物中心、公寓住房、高尔夫球俱乐部和度假村的商用综合楼群。迪斯尼的管理者对于这个大型企业充满信心,一位迪斯尼的高级管理人员甚至放言:"我们最大的担心是我们太成功了!"但事实上,在1993年9月30日结束的财政年度里,这个娱乐公园已经损失了9.6亿美元,以至于来年春天沃尔特·迪斯尼不得不筹措了1.75亿美元来挽

救欧洲迪斯尼乐园。"唐老鸭"因为沉重的利息负担在巴黎碰了个大钉子。

 小组讨论

迪斯尼的决策者们在游客数量预测上犯了什么的错误?

第六章 旅游组织

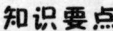

知识要点

通过本章的学习,掌握
- 政府在旅游业发展中的主导作用
- 旅游产业宏观管理与协调的基本手段
- 政府对旅游业管理行使的有效措施
- 国家旅游组织的设立形式及其职能
- 我国的主要旅游组织及其职能
- 主要国际旅游组织并了解其职能

技能要求

通过本章的学习,能够
- 认识、分析本地区旅游业的发展情形,从政府立场提出应当采取的相应措施、手段。
- 了解本地区旅游组织的机构设置及其职能。

第一节 政府在旅游业发展中的主导作用

随着旅游活动规模的扩大,特别是随着旅游业在推动经济发展中的作用日渐重要,世界各国政府乃至旅游目的地的地方政府都对旅游和旅游业的发展给予了越来越多的关注。在旅游业发展中,充分发挥政府的职能作用,实施政府主导战略已经成为许多国家的共识。

一、充分发挥政府在旅游业中的主导作用

1. 政府在旅游业的主导作用首先表现在政府行为是推动国际旅游发展的先决条件。旅游业是一个重要的经济产业，许多国家都将其纳入经济发展的整体计划之中，给予高度重视和支持。旅游业涉及的范围相当广泛，政治、经济、文化等无所不包。首先，现代的国际旅游不只是越过地缘政治分界线的简单运动，它更与复杂而敏感的国际关系息息相关，如外交承认、议定商务、通航、领事权、签证发放协议等，都是国际旅游的先决条件。其次，作为一个旅游目的地，一个国家在国际旅游市场上以何种形象出现以及这种形象的建设和确立，并非是某一部门或旅游企业力所能及的，而都需要政府的参与和决策。这表明，国家在旅游业中发挥着重要的主导作用。

2. 在旅游目的地的开发和营销过程中，政府的主导作用是通过组织和协调功能来完成的。在旅游目的地的开发过程中，将会涉及到土地资源利用、环境保护、基础设施建设、旅游设施建设、功能区域划分、资金筹措、人力资源供给、法律纠纷等一系列不可避免的问题，而旅游业所涉及的范围之广以及旅游业构成的综合性使得各有关方面之间不存在自动的协调，因此，这些问题的有效解决只有靠政府强有力的组织和协调。此外，政府在旅游目的地的营销中也发挥着重要的影响作用，通过政府代表团的出访宣传，旅游目的地政府组织的旅游大篷车、新闻发布会以及政府领导人的宣传讲话都能有效地提升旅游目的地的形象。

3. 政府在旅游业的主导作用还表现在其不可替代的宏观管理职能方面。旅游业的依托性很强，旅游业和旅游产品具有综合性和复杂性，这使一个国家的旅游政策目标不可能仅靠旅游企业（特别是私营部门）的自身行为去得以实现；另外，旅游业的经济结构多元化，客观上也要求有一个具有内在协调性的政策体系。这一体系能保证旅游业发展的顺畅运行。因此，只有作为旅游业的管理者和发展政策的制定者，即政府，才能保证其各项政策之间不相互矛盾。另一方面，在保护消费者利益以及防止不公平竞争等方面，政府有责任对旅游业加以管理和制约。为了社会安定，政府有必要规范社会行为，如果放任自流和不加管制，诸如赌博和色情活动等不良现象便会泛滥并危害社会健康。为保护环境和实现旅游业的可持续发展，政府必须建立健全相关法律制度并提供有效的保护措施。从现实的经验教训中人们越来越清醒地认识到，如果缺少了政府宏观管理者职能的发挥，就无法实现旅游的可持续发展。

二、旅游产业宏观管理与协调的基本手段

为了保证旅游业的健康发展,政府必须运用经济手段、法律手段、行政手段、信息手段,加强对旅游业的宏观管理与协调。

1. 经济手段。经济手段是国家在市场经济条件下,通过各种经济杠杆,按照各种经济关系相互作用的规律对旅游业的发展进行调控的手段。它包括财政政策、货币政策、金融政策、外贸政策、物资分配政策等。如利用信贷利率可以调节资金流向,利用税收可以调节国家、企业的利益分配,利用价格可以调节不同季节的旅游供求矛盾等。经济手段的另一突出特征是国家对经济手段的掌握和控制,它能有效避免市场的盲目性,发挥国家的调控作用。

旅游业是经济产业,遵循一般的经济规律,经济手段是旅游业宏观管理与调控的最重要的手段。在经济手段的选用中,信贷、税收利用得较多,其他如利率则利用得较少。

2. 法律手段。法律手段主要指经济法规和相关的行政法规,也就是国家以法令、条例、规定的方式对国家、企业、个人在经济活动中的行为加以规范,以处理和调整各级国家机关、企事业单位、各种经济组织以及个人之间的经济关系和市场行为。如税法、企业法、海关法、反垄断法等。首先,它有相当的稳定性,各层次法规一旦审批通过明确后,则在一定阶段内执行。其次,它有鲜明的归属性和强制性。凡经济法规经过一定层次的权力机构制定或认可后,即具有约束力,必须执行,不可随意废弃。另外,经济法规还具有专业性,每一项经济法规都和具体的经济活动相联系。

对于旅游业,最根本的法律依据应该是《旅游法》(目前我国尚未颁布),此外,旅行社、饭店、旅游交通、旅游商品等各行业应有专门性的法律、法规,以适应旅游业发展的需要。

3. 行政手段。行政手段是依靠行政组织,运用行政命令、指令、规定和法令等强制性手段组织、指挥、监督、调节社会经济活动的办法。行政手段的具体方式多种多样,如指令性计划、指令性价格,对企业的审批、注册、升级、定点、关停并转等。

行政手段的特点十分突出,执行快速及时,而且有相当的强制性,因为它是通过行政组织层层下达的命令、规定。

旅游业在我国国民经济中是以市场机制为主的外向型产业,根据我国市场经济的发育程度和企业的组织状况,仍然需要相当的行政手段,以配合经济手段、法律手段,调控旅游经济的发展。

4. 信息手段。信息手段指国家政府通过发布信息以引导企业行为的方法。

现代化大生产的发展和市场的逐步完善,都使经济运行的变动更加繁杂。在这种情况下,单个的企业由于其局限性,很难对全局性的涉及长远发展的方法做出准确的判断,由此影响企业决策和企业行为,容易产生自相冲突的随意性,因此更需要政府的宏观导向。运用信息手段,通过政府发布信息,已成为必然。

三、政府对旅游业管理行使的有效措施

政府对旅游业管理行使的有效措施很多,既涉及通过建立旅游行政管理机构进行直接管理,也包括通过其他形式例如对外政策的制订、有关的立法与执法、基础设施的规划与建设等方面进行间接管理。一般地讲,政府干预旅游发展的具体措施主要划分为两大类:一类是需求管理措施,一类是供给管理措施。

1. 需求管理措施

在影响和控制需求方面,政府采用的主要措施有四个:

(1) 目的地的宣传与促销。

(2) 为来访游客提供信息服务。其目的可包括三种情况:① 为来访游客提供便利,以丰富其经历;② 影响和控制游客活动的流向和流量,以防止交通拥挤和某些局部地区的人满为患;③ 影响来访游客的行为,以维护当地的旅游资源和避免不可接受的文化冲突。

(3) 通过控制价格去影响需求。这种影响包括直接影响和间接影响两大方面。所谓直接影响是指政府通过控制国有旅游景点的收费标准以及国有运输公司、饭店、纪念品商店等旅游企业的产品价格去直接影响旅游需求。所谓间接影响是指政府通过汇率和外汇管制、实行差别税率等手段去间接地刺激鼓励或控制来访旅游需求。

(4) 控制游客进入量。这一手段既可用于限制游客来访数量,亦可用于将游客分流。在国际方面,政府可通过限制签证发放量来控制入境旅游需求。在国内方面,政府则可以采取各种控制准入方法尽量避免游客集中流向某些旅游热点,从而减小因此而引起的交通拥挤以及因超载接待而对旅游资源造成的损害。

2. 供给管理手段

政府在控制和影响旅游供给方面的常用手段主要包括:

(1) 控制土地的用途。这是控制旅游供给的最基本的方法。各国政府大都有某种形式的城乡规划立法。根据这种立法,扩大或改变土地的用途都需事先获得政府批准。通过制定土地区划以及采取强制性征购方法是政府推动旅游开发工作的常用手段。

（2）对建筑物行使管制。这一手段常用以配合用地控制。就一般情况而言，管制的内容包括建筑物的规模、高度、形状和颜色以及停车场的安排。在对有关旅游接待设施的开发中，停车场的安排往往为人们所忽视。旅游接待设施的经营者往往认为停车场收益不大而不予提供，其后果很可能是人们将车辆停放于附近街道边上，从而引起交通不畅和当地居民的不满。因此，在对旅游业建筑管制方面，停车场的安排是一个不能忽视的重要内容。

（3）市场管制。政府可以通过立法和法规对旅游企业的市场行为进行管制和规范。这类手段的使用目的主要包括控制市场准入、维护公平竞争以及保护消费者利益。在有些国家中，这一手段的使用不一定以立法或政府法规形式进行。例如在私营部门实力很大的某些西方国家中，政府可以借助行业协会的力量制定和推行行业行为规范，以达到政府的管制目的。

（4）实行特别征税。有些国家或地区对来访旅游者征收旅游税。常见的做法是将这一税额摊入饭店住宿价格，由饭店上缴政府税务部门。征收旅游税的理由主要在于，旅游者在来访停留期间所使用的公共产品皆由当地社会提供，而外来旅游者的使用增大了当地提供这些公共产品的外部成本，因而旅游者有义务为此做出补偿。由于这种旅游税通常摊入饭店住宿价格，所以旅游税事实上并非完全由旅游者承担，而是由旅游者和下榻饭店双方分担，但这种分担也不存在固定的比率。一般地讲，饭店住宿价格越高，旅游者所承担的部分越大；反之，则饭店承担的部分越大。关于这方面的经济分析，这里限于篇幅不再展开讨论。我们只要了解征收旅游税的基本原因也就够了。此外，有些国家和地区还对旅游业实行某些特别征税或特别税率，例如机场税便是常见的例子。另外，有些国家和地区对某些类型的旅游企业实行特别税率，例如在允许开设赌场的地区，政府得自赌场的税收高达赌金收入净额的50%。

（5）投资鼓励政策。为了鼓励发展旅游业以及协调旅游业发展的地区布局和消除旅游业发展中的"瓶颈"问题，很多国家和地区政府都对投资者实行这样或那样的鼓励政策。这些鼓励政策大致可分为三类：① 同减小投资额有关的优惠政策。主要包括：提供投资补贴、低息贷款、无息贷款、延长还贷期、提供基础设施、以低于市场价的价格提供建设用地以及对开发项目所需进口的建材减免关税，等等。② 同减小经营成本有关的优惠政策。主要包括：减免纳税（5~10年）、提供员工培训补贴、对营业所需的进口物资减免关税、提供特别折旧免税，等等。③ 同保证投资安全有关的政策。例如，保证对所投资的项目不会实行国有化，所投资项目的资本和利润以及利息可汇出境外，提供贷款担保，保证提供投资咨询服务等等。

澳大利亚在旅游业发展中的资金投入

　　旅游业是澳大利亚国民经济持续发展中贡献卓著的行业之一。由于旅游业的关联性强,影响力大,国民对旅游业的认知程度和支持不断增强,旅游业也日益受到联邦政府和各州政府的重视,政府对旅游的发展给予政策、资金等方面的支持也越来越多。

　　澳大利亚旅游局是联邦政府设立的法定机构,负责澳大利亚在全世界40多个国家和地区的国际旅游推广和宣传,招徕海外游客。其雇员200余人,分散在世界各地。澳旅游局的宣传经费由联邦政府和旅游行业联合出资。

　　1999—2000年度,澳大利亚旅游局的宣传经费约为1.36亿澳元。同时,澳旅游局还邀请了世界各地的记者1 800人访问澳大利亚,其产生的宣传价值约为13亿澳元。2000—2001年度,澳旅游局的宣传经费约为1.22亿澳元。1999—2000年度,澳旅游局、各州旅游局约投入46万澳元,与旅行商、零售商和航空公司联手促销。

　　澳旅局的工作宗旨是把澳大利亚作为旅游目的地在世界范围内进行宣传、推广。根据对主要客源国所做的细致调查结果,澳旅局确立了"澳大利亚品牌"的整体形象基调,这一形象建立在澳大利亚最突出的吸引力和特色基础上,即友好的人民、优美自然景观、休闲的生活方式和饮食习惯等。

　　澳大利亚旅游局的资金主要来源于联邦政府,还有一部分来源于旅游行业的直接投入。资金主要用于"澳大利亚品牌"形象在世界各地的宣传招徕,以期吸引更多的国际游客,赚取更多的外汇。

　　根据Access Economics预测,澳大利亚旅游局年宣传经费预算每增加100万澳元,就可多增加1 070万澳元的旅游收入,其投入产出比约为1:10。

　　澳大利亚联邦政府和各州政府对旅游业的地位和作用高度重视,每年都在各自的财政年度预算中拨出大笔资金用于澳大利亚和各州的宣传、促销。为鼓励国内旅行消费,政府和业界联手投入1 500万澳元,在国内各大媒体历时数月做"看澳大利亚"的系列广告,此举已收到明显的效果。

　　在国际市场上,澳大利亚旅游局根据各国和地区市场的成熟程度、不同要求和不同细分市场,分别设计不同的宣传主题,制作音像片,印制宣传品,并在海外促销中给参加企业相当大的优惠,重在调动企业参与的积极性。

> 澳大利亚旅游推出的是"澳大利亚品牌"形象宣传基调,也就是突出整个国家的特色,即自然风光、海滩阳光、热情好客的人民、休闲浪漫的生活方式等,取得了很大的成功。

资料来源:国家旅游局驻悉尼办事处。

第二节 国家旅游组织

为了加强对旅游业的领导和管理,推进本国旅游业的发展,有效地组织实施国家旅游政策,世界上几乎所有的国家都设立了全国性的旅游管理组织,负责执行政府主体在本国旅游经济活动中的职能,最为常见的专门机构是国家旅游组织(NTO)。

一、国家旅游组织及其设立形式

按照世界旅游组织(WTO)所作的解释,国家旅游组织是指一个国家中为国家政府所承认,负责管理全国旅游事务的组织。就一般情况而言,一个国家的最高旅游行政管理机构通常代表这个国家的国家旅游组织。

上述定义表明,世界各国的国家旅游组织未必都是该国的政府部门。综观世界各国的情况,各国国家旅游组织的设立形式、地位高低和权利大小都是依据本国的国情来决定的。大致可划分为三类:

1. 由国家政府直接设立,并且在编制上作为国家政府的一个部门或机构。以这类形式设立的国家旅游组织在不同国家中又可分为以下几种情况:① 设为一个完整而独立的旅游部或相当于部的旅游局。例如菲律宾、墨西哥、埃及、泰国等国家中的最高旅游行政管理机构都属这种形式。② 设为一个混成部,即与其他部门合并为一个部。例如法国为工业、邮电与旅游部,意大利为旅游与娱乐部,葡萄牙为商业与旅游部,斯里兰卡为旅游与民航部,等等。③ 设为某一部的下辖机构。例如美国在商业部下设旅游管理局,加拿大在工商贸易部下设旅游管理局,日本在运输省下设国际观光局,韩国在交通部下设旅游管理局,匈牙利在商业部下设旅游局等。

2. 经国家政府承认,代表国家政府执行全国性旅游行政事务的半官方组织。这种形式的旅游行政管理机构常见于欧洲的一些国家。在这些国家中,有关国家旅游发展的重大决策虽然划归国家政府中的某个部负责,但该部并不承担具体的旅游行政管理事务。因此,在这些国家的政府部门之外,另设某一组织执行全国性的旅游行政管理工作。换言之,这一组织在编制上并非属于政府机构,其工作人员也不属政府雇员,但是该组织的主要负责人需由国家政府中分管旅游的部任命,并且该组织的部分经费由国家政府拨款。例如英国、爱尔兰、瑞典、挪威、丹麦和芬兰等国的国家级旅游局都属这种法定组织。

3. 经国家政府承认,代表国家政府行使旅游行政管理职能的民间组织。这种民间组织多为影响力较大的、由民间自发组成的全国性旅游协会。政府同意其代行旅游行政管理职权后,通常会向其提供一定的财政拨款,但是该组织的领导成员并非由政府指定,而是由该组织的会员自己选举产生。例如德国和新加坡的国家旅游组织都是由这种民间组织兼任。

二、国家旅游组织的职能

虽然各国的国家旅游组织在设立形式、地位、权限等方面各有不同,但有一点是共同的:它们都是代表国家政府工作,直接或间接地协助执行国家制定的旅游政策,并负责使本国的旅游业朝最优化方向发展。在这个意义上,各国家旅游组织的职能也都基本相同。所不同的只是各项职能的偏重程度而已。归纳起来,国家旅游组织的基本职能主要包括:

1. 负责制定国家旅游发展总体规划;
2. 海外市场推销宣传;
3. 确定并参与优先发展旅游地区的开发工作;
4. 就旅游业的发展问题同政府有关部门进行协调;
5. 规定和控制旅游服务的质量标准和基本价格;
6. 调查与研究旅游发展问题,特别是根据调查研究结果分析和预测未来的市场;
7. 支持和参与旅游业人力资源的开发即旅游教育和培训,以满足旅游业对不同层次人才的需要。

第三节 我国的旅游组织

一般来说,广义的旅游组织包括以下几大类:
1. 旅游管理组织。如各国政府旅游行政管理部门。
2. 旅游行业协调组织。如中国旅游饭店协会。
3. 旅游民间组织。如中国旅游文学研究会。

4. 旅游教育及科学研究组织。如目前全国有百所高校开设的旅游管理本科专业。此外还有百所专科院校和中等专业学校开设学历层次不同的旅游专业或相近专业以及各类旅游研究机构等。

5. 旅游经营组织。即旅游企业,如旅行社、旅游饭店等等。

我国的旅游组织主要分为旅游行政管理机构、旅游行业协调组织和旅游民间组织两大类。旅游行政管理机构主要是国家旅游局及各省、直辖市、自治区及地方旅游行政机构;旅游行业组织主要是加强行业间的协作与行业的经营管理研究,扩大行业影响,提高行业信誉与效益。

我国的旅游组织基本上可以划分为三大类,即旅游行政组织、旅游行业组织和旅游教育与学术组织。

一、旅游行政组织

(一) 国家旅游局

1. 国家旅游局的成立及其体制的形成

国家旅游局的成立及其体制的形成,有一个历史过程,在不同历史时期其履行的职能也不相同。1964年12月成立的中国旅行游览事业管理局,是国家旅游局的前身,当时行使行政管理和业务经营双重职能。这一时期实行的是政企合一的体制。中国旅行游览事业管理局和中国国际旅行社是一班人马共同行使行政管理权和进行业务经营。1978年,中国旅行游览事业管理局改为中国旅行游览事业管理总局,归国务院直属,1982年作为管理全国旅游事业的行政机构,统一管理全国旅游工作,与国旅总社实行政企分开,不再直接组团和承担接待任务。1982年8月,中国旅行游览事业管理总局更名为国家旅游局。我国国务院在1985年批转国家旅游局《关于当前旅游体制改革几个问题的报告》中提出,"国家旅游局作为国务院的职能部门,要面向全行业,统管全国旅游事业。各省、自治区、直辖市可根据国际、国内旅游发展的需要设置旅游局,经管本地的旅游工作。"1989年初为进一步推动改革的深化,国家旅游局完成了局机构设置的重新调整。调整后的国家旅游局设置了12个司和1个办公室。负责统一管理有关我国的国际国内旅游业的工作。国家旅游局成立后,各省、自治区、直辖市均成立旅游局或旅游管理委员会,作为地方旅游行政管理机构,受地方政府和国家旅游局的双重领导,以地方政府为主,负责统一管理本地区的旅游工作。另外还有200多个旅游重点城市和地区及一大批县,也都成立了旅游行政管理机构。

2. 国家旅游局的主要职责

国家旅游局是国务院主管旅游业的直属机构。作为我国的国家旅游组织和最高旅游行政管理机构,国家旅游局的组织机构和工作重点曾根据我国旅游业的发展和改革的需要进行过数次调整。目前,国家旅游局的主要职责是:

(1) 研究拟定旅游业发展的方针、政策和规则,拟定旅游业管理的行政法规、规章并监督实施。

(2) 研究拟定国际旅游市场开发战略,组织国家旅游整体形象的对外宣传和重大促销活动,组织、指导重要旅游产品的开发,指导驻外旅游办事处的市场开发工作。

(3) 培育和完善国内旅游市场,研究拟定发展国内旅游的战略措施并指导实施;指导地方旅游工作。

(4) 组织旅游资源的普查工作,指导重点旅游区域的规划开发建设,组织、指导旅游统计工作。

(5) 拟定各类旅游景区景点、度假区及旅游住宿、旅行社、旅游车船和特种旅游项目的设施标准和服务标准并组织实施;审批经营国际旅游业务的旅行社;组织和指导旅游设施定点工作。

(6) 研究拟定出国旅游和赴香港特别行政区及澳门、台湾旅游及边境旅游政策并组织实施;审批外国在我国境内和香港特别行政区及澳门、台湾地区在内地设立的旅游机构;负责旅游涉外及香港特别行政区及澳门、台湾事务,代表国家签订国际旅游协定,指导旅游对外交流与合作。

(7) 监督、检查旅游市场秩序和服务质量,受理旅游者投诉,维护旅游者合法权益。

(8) 指导旅游教育、培训工作,制定旅游从业人员的职业资格制度和等级制度并指导实施,管理局属院校的业务工作。

(9) 负责局机关及在京直属单位的党群工作。

(10) 承办国际交办的其他事项。

3. 国家旅游局的组织结构及其主要职责

国家旅游局设局长、副局长、党组成员;局、室包括:办公室、政法司、促进司、计财司、管理司、人教司、纪检组、监察局、信息中心。

办公室主要协助局领导处理日常工作,负责局内外联络、协调、会议组织、文电处理、政务信息、信访、保协助局领导处理日常工作,负责局内外联络、协调、会议组织、文电处理、政务信息、信访、保密、行政事务等工作。承办机关党委的日常工作。

政策法规司(简称政法司)的职责是研究拟定旅游业发展方针、政策、拟定旅游业管理行政法规、规章并监督实施;研究旅游体制改革;组织、指导旅游统

计作。

　　旅游促进与国际联络司(简称促进司)的主要职责是拟定旅游市场开发战略,组织国家旅游整体形象的宣传,指导旅游市场促销工作,组织、指导重要旅游产品的开发、重大促销活动和旅游业信息调研,指导驻外旅游办事处的市场开发工作,审批外国在我国境内和香港特别行政区及澳门、台湾地区在内地设立的旅游机构;负责旅游涉外及香港特别行政区及澳门、台湾事务,代表国家签订国际旅游协定,指导与外国政府、国际旅游组织间的合作与交流,负责日常外事联络工作。

　　规划发展与财务司(简称计财司)的主要职责是拟定旅游业发展规划,组织旅游资源的普查工作,指导重点旅游区域的规划开发建设;引导旅游业的社会投资和利用外资工作;研究旅游业重要财经问题,指导旅游业财会工作;负责局机关财务工作。

　　质量规范与管理司的主要职责是研究拟定各类旅游景区景点、度假区及旅游住宿、旅行社、旅游车船和特种旅游项目的设施标准、服务标准并组织实施;审批经营国际旅游业务的旅行社,组织和指导旅游设施定点工作;培育和完善国内旅游市场,监督、检查旅游市场秩序和服务质量,受理旅游者投诉,维护旅游者合法权益;负责出国旅游、赴香港特别行政区及澳门、台湾旅游、边境旅游和特种旅游事务;指导旅游文娱工作;监督、检查旅游保险的实施工作;参加重大旅游安全事故的救援与处理;指导优秀旅游城市创建工作。

　　人事劳动教育司的主要职责是指导旅游教育、培训工作,管理局属院校的业务工作;制定旅游从业人员的职业资格标准和等级标准并指导实施,指导旅游业的人才交流和劳动;负责局机关、直属单位和驻外机构的人事、劳动工作。

　　纪检组、监察局的职责是协助驻在部门党组(党委)抓好党风廉政建设、纠正部门和行业不正之风,会同有关部门对党员、干部进行党纪、政纪教育。监督、检查驻在部门及所属系统党风廉政建设责任制执行情况。

　　信息中心负责旅游业信息化的规划、管理、组织和事业发展的职能,即推进旅游业的信息化工作,在全行业贯彻落实中央关于信息化工作的方针政策;提高国家旅游局机关办公自动化水平,形成旅游业管理电子政务基本架构,实现业务处理的电子化、数字化;促进旅游业的电子商务,发展包括公共信息处理中心、政府网站、商务网站、网络服务公司、旅游科技开发和投资、资料出版在内的多元化业务。

　　(二) 省、自治区和直辖市旅游局的主要职责

　　我国各省、自治区和直辖市均设有旅游局或旅游管理委员会。它们分别主管所在省、自治区和直辖市的旅游行政工作。这些旅游行政机构在组织上属地方政府部门编制,在业务工作上接受地方政府的领导和国家旅游局的指导。其

主要职责是：

1. 制定全省旅游业发展的战略目标和方针政策，编制发展旅游事业的中长期规划和年度计划并组织实施，进行综合平衡和宏观管理。

2. 研究制定全省旅游业行政法规、行业标准和规范，并组织实施。

3. 负责全省旅游资源的普查、规划并协调资源开发利用和保护工作；负责全省旅游统计工作。

4. 负责全省旅游整体形象的宣传和重大促销活动；组织指导旅游产品的开发。

5. 管理出境旅游事务，研究并掌握出境旅游的发展规模和外汇平衡。

6. 对省内经营旅游业务企事业单位实施行业管理。归口审核报批经营出入境旅游业务的旅行社（公司）；组织和指导旅游饭店的星级评定；会同有关部门协调旅游交通运输、景区秩序；会同有关部门协调和指导旅游商品生产销售、旅游安全、旅游娱乐等工作；监督、检查旅游服务质量，受理国内外旅游者投诉，维护旅游者合法权益。

7. 归口管理全省旅游涉外事务，核发旅游签证；负责全省旅游对外交往与合作。

8. 管理和指导全省旅游教育培训。

9. 完成省政府交办的其他工作。

（三）省级以下的地方旅游行政机构

目前，随着旅游活动的普及与深入，很多市、县也设立了旅游行政管理机构，负责其行政区域内的旅游业管理工作。在未设立专职旅游行政机构的县、市，有关旅游方面的事务则在其上级政府旅游行政部门的指导下，由当地政府配合承担。

二、旅游行业组织

我国旅游行业组织是由有关社团组织和企事业单位在平等自愿的基础上组成的各种行业协会。就其组织性质而言，它们属非营利性的社会组织，具有独立的社团法人资格。

我国旅游行业组织的宗旨是：遵守我国的宪法、法律、法规和有关政策，遵守社会道德风尚，代表和维护行业的共同利益和会员的合法权益，在政府有关业务主管部门的指导下，为行业和会员服务，在政府和会员之间发挥桥梁和纽带作用，为促进我国旅游业的持续、快速、健康发展做出积极贡献。

我国旅游行业组织的任务主要包括：

1. 向政府有关部门反映会员单位中带有普遍性的问题和合理要求，向会员

单位宣传政府的有关政策、法律、法规并协助贯彻执行,发挥社会中介组织作用。

2. 协调会员间的相互关系,发挥行业自律作用,制订行业自律公约,督促会员共同遵守。

3. 开展调查研究,为行业发展和政府决策提供建议,向会员提供国内外本行业的有关信息、资料和咨询服务。

4. 组织有关本行业发展问题的研讨和经验交流,推动和督促会员单位提高服务质量和管理水平。

5. 根据行业发展的需要,开展业务培训活动。

6. 加强同旅游行业内外有关组织、社团的联系与合作。对外以民间组织身份开展国际交流与合作。

7. 承办政府主管部门交办的其他工作。

目前我国全国性的旅游行业协会有:中国旅游协会、中国旅游饭店业协会、中国旅行社协会、中国旅游车船协会、中国旅游报刊学会、中国之友基金会。

全国性的旅游教育与学术组织主要有高等旅游院校协作会和中国旅游未来学会。

中国旅游协会是由中国旅游行业的有关社团组织和企事业单位在平等自愿基础上组成的全国综合性旅游行业协会,具有独立的社团法人资格。它是1986年1月30日经国务院批准正式宣布成立的第一个旅游全行业组织,1999年3月24日经民政部核准重新登记。协会接受国家旅游局的领导、民政部的业务指导和监督管理。其英文名称为 China Tourism Association(CTA)。

中国旅游协会遵照国家的宪法、法律、法规和有关政策,代表和维护全行业的共同利益和会员的合法权益,开展活动,为会员服务,为行业服务,为政府服务,在政府和会员之间发挥桥梁纽带作用,促进我国旅游业的持续、快速、健康发展。其主要任务是:对旅游发展战略、旅游管理体制、国内外旅游市场的发展态势等进行调研,向国家旅游行政主管部门提出意见和建议;向业务主管部门反映会员的愿望和要求,向会员宣传政府的有关政策、法律、法规并协助贯彻执行;组织会员订立行规行约并监督遵守,维护旅游市场秩序;协助业务主管部门建立旅游信息网络,搞好质量管理工作,并接受委托,开展规划咨询、职工培训,组织技术交流,举办展览、抽样调查、安全检查,以及对旅游专业协会进行业务指导;开展对外交流与合作;编辑出版有关资料、刊物,传播旅游信息和研究成果;承办业务主管部门委托的其他工作。

> 中国旅游协会的最高权力机构是会员代表大会。会员代表大会每四年召开一次会议。会员代表大会的执行机构是理事会。理事会由会员代表大会选举产生。理事会每届任期四年，每年召开一次会议。
>
> 中国旅游协会现有理事163名，各省、自治区、直辖市和计划单列市、重点旅游城市的旅游管理部门、全国性旅游专业协会、大型旅游企业集团、旅游景区（点）、旅游院校、旅游科研与新闻出版单位以及与旅游业紧密相关的行业社团都推选了理事。协会的组成具有广泛代表性。
>
> 中国旅游协会会员为团体会员。凡在旅游行业内具有一定影响的社会团体和企事业单位以及与旅游业相关的其他行业组织等，均可申请入会。
>
> 中国旅游协会根据工作需要设立了5个分会和专业委员会，分别进行有关的专业活动。即：旅游城市分会、旅游区（点）分会、旅游教育分会、妇女旅游委员会和旅游商品及装备专业委员会。
>
> 在中国旅游协会指导下，有4个相对独立开展工作的专业协会：中国旅行社协会、中国旅游饭店业协会、中国旅游车船协会和中国旅游报刊协会。
>
> 中国旅游协会的直属单位是：中国旅游出版社、中国旅游报社、时尚杂志社、旅游信息中心和中国旅游管理干部学院。

第四节 国际旅游组织

一、世界旅游组织（WTO）

（一）世界旅游组织及其机构设置

世界旅游组织（World Tourism Organization，WTO）是全球惟一的政府间国际旅游组织，其宗旨是促进和发展旅游事业，使之有利于经济发展，国际间相互了解，和平与繁荣以及不分种族、性别、语言和宗教信仰，尊重人权和人的基本自由。并强调在贯彻这一宗旨时，要特别注意发展中国家在旅游事业方面的利益。主要负责收集和分析旅游数据，定期向成员国提供统计资料、研究报告，制定国际性旅游公约、宣言、规则、范本，研究全球旅游政策。

世界旅游组织的前身是官方旅游宣传组织国际联合会（the International Union of Official Tourist Publicity Organizations）1925年成立于海牙，第二次世界大战后被重新命名为官方旅游组织国际联合会（the International Union of Official Tourist Organizations），简称IUOTO，迁址日内瓦。后来，官方旅游组织国际联合

会又被重新命名为世界旅游组织(the World Tourism Organization)简称WTO,并于1975年5月在马德里举行了第一次全体会议,次年初,应西班牙政府的邀请,在马德里设立了秘书处,西班牙政府为其总部建立了一座办公大厦。1976年,世界旅游组织成为联合国开发计划署(UNDP)的执行机构,1977年它与联合国正式签署合作协议。根据1977年11月联大通过的《联合国与世界旅游组织合作关系》规定,WTO可以以观察员身份参加联合国经社理事会会议及其他相关会议,与联合国正式签署合作协议。2001年,WTO致函联合国,要求成为联合国专门机构。2002年7月,经社理事会一致同意WTO的申请,并于2003年7月由经社实质性会议审议通过。世界旅游组织(WTO)第15届全体大会于10月17日至24日在中国北京举行,正式通报世界旅游组织成为联合国专门机构这一重大消息。2003年11月7日联大经济和社会事务委员会决定吸纳世界旅游组织为联合国专门机构。

联大吸纳旅游组织为专门机构

联大经济和社会事务委员会2003年11月7日决定,吸纳世界旅游组织为联合国专门机构。前来纽约出席这一会议的旅游组织总干事弗兰基阿利表示:世界旅游组织自成立以来就与联合国大家庭保持着密切的关系,如今被正式吸纳为其中一员,是对旅游业重要性这一事实的认可。联大的这一决定将使名字英语缩写是WTO的旅游组织的地位与世贸组织相当。"最重要的是承认与形象的提高:把旅游组织在联合国系统内的形象提高及对旅游业的认可。2002年全球旅游业创收4730亿美元,这是最大的单一贸易项目,同时对社会、文化、环境等领域有着重大的影响。"联合国常务副秘书长佛雷谢特出席了10月份刚刚在北京举行的旅游组织年会,以示对其即将加入联合国大家庭的欢迎。

资料来源:国际在线网站 联合国电台报道。

WTO成员分为正式成员(主权国家政府旅游部门)、联系成员(无外交实权的领地)和附属成员(直接从事旅游业或与旅游业有关的组织、企业和机构)。联系成员和附属成员对WTO事务无决策权。截止至2003年4月,WTO共有正式成员141个,联系成员7个,附属成员321个。

WTO的组织机构包括全体大会、执行委员会、秘书处及地区委员会。全体大会为最高权力机构,每两年召开一次,审议该组织重大问题。执行委员会每年至少召开两次。执委会下设五个委员会:计划和协调技术委员会、预算和财政委员会、环境保护委员会、简化手续委员会、旅游安全委员会。秘书处负责日常工作,秘书长由执委会推荐,大会选举产生。世界旅游组织成员按地区(非洲、美洲、东亚和太平洋、南亚、欧洲和中东)分为六个地区委员会。地区委员会每年召开一次会议,协调组织本地区的研讨会、工作项目和地区性活动。

WTO 确定每年的 9 月 27 日为世界旅游日。为不断向全世界普及旅游理念,形成良好的旅游发展环境,促进世界旅游业的不断发展,WTO 每年都推出一个世界旅游日的主题口号,世界各国旅游组织根据宣传口号和要求开展活动。1984 年至 2004 年的口号分别为:

1984 年:旅游为国际谅解、和平与合作服务。
1985 年:开展青年旅游,发掘文化和历史遗产为和平与友谊服务。
1986 年:旅游:世界和平的促进力量。
1987 年:旅游促进发展。
1988 年:旅游:从中获取教益。
1989 年:自由旅游促成世界一家。
1990 年:认识旅游事业,发展旅游事业。
1991 年:通信、信息和教育:旅游发展的动力。
1992 年:旅游促进社会经济一体化,是各国人民相互了解的途径。
1993 年:争取旅游发展和环境保护的和谐。
1994 年:高质量的服务、高质量的员工、高质量的旅游。
1995 年:通过负起责任而受益。
1996 年:旅游业:宽容与和平的因素。
1997 年:旅游业:21 世纪创造就业与保护环境的引导产业。
1998 年:政府与企业的伙伴关系,旅游开发与促销的关键。
1999 年:旅游:为了新世纪,保护世界遗产。
2000 年:技术与自然:21 世纪旅游业面临的双重挑战。
2001 年:旅游业:为和平与文明之间的对话而服务的工具。
2002 年:生态旅游:可持续发展的关键。
2003 年:旅游业:一种消除贫困、创造就业与社会和谐的驱动力。
2004 年:体育与旅游:增进互相了解、文化与社会发展的动力。
资料来源:中国旅游网。

> WTO 的官员表示,雅典奥运会和欧洲杯足球赛等大型体育赛事相继在 2004 年举行,为此 2004 年 9 月 27 日"世界旅游日"的主题确定为"体育与旅游:增进互相了解、文化与社会发展的动力"以肯定体育对旅游的促进作用。并将"世界旅游日"活动的主会场设在了马来西亚(2003 年"世界旅游日"活动的主会场设在了阿尔及利亚)。
>
> 马来西亚的纪念活动从 9 月 3 日开始拉开序幕,主要内容有在马来西亚各地中学举行以体育比赛和旅游为主题的招贴画和征文比赛、狂欢和展览等活动,发行"世界旅游日"纪念邮票。纪念活动在 9 月 27 日"世界旅游日"当天掀起高潮,马来西亚旅游部举行了纪念大会,会上还通过了《吉隆坡体育与旅游宣言》。世界旅游组织也组织了有奖知识问答活动。

资料来源:《中国旅游报》2004 年 8 月 6 日第 9 版。

(二) 世界旅游组织开展的各项活动

1. 技术合作。
2. 教育与培训。
3. 环境与计划。
4. 简化手续和自由经营。
5. 市场和促销。
6. 主要出版的刊物。

> **世界旅游组织关注丝路旅游**
>
> 世界旅游组织官员于 2004 年 8 月在乌鲁木齐表示,将协调丝绸之路沿线各国的合作,以共同促进这条黄金通道旅游事业的发展。
>
> 丝绸之路旅游统筹规划项目是由联合国发展计划署支持的跨区域项目,该项目将使中国、哈萨克斯坦、乌兹别克斯坦等沿线国家合作,项目包括修建丝绸之路艺术中心和古老城市群计划,还将协同各国制定旅游产品标准。简化边境手续等。

> 世界旅游组织已将丝绸之路旅游规划成三个板块,一是吉尔吉斯斯坦、土库曼斯坦、哈萨克斯坦等中亚国家,这些国家旅游业刚刚兴起,世界旅游组织将协助上述国家制定旅游发展计划,并组织相关官员培训;二是中国、巴基斯坦、伊朗、土耳其等旅游产业已初具规模的国家,世界旅游组织将协助提升旅游产业的规模;三是日本、朝鲜半岛和欧洲,这些国家位于丝绸之路两端,是主要的旅游客源国,世界旅游组织将展开大规模的宣传推介活动。
>
> 总部设在西班牙首都马德里的世界旅游组织作为非政府性质的团体,以促进和发展旅游事业,并特别注意发展中国家在旅游事业方面的利益为宗旨,目前已有130个成员国。

资料来源:《中国旅游报》2004年9月3日。

二、太平洋亚洲旅行协会(PACIFIC SALA TRAVEL ASSOCLATIOM,简称 PATA)

太平洋亚洲旅行协会1952年1月成立于夏威夷檀香山,原名太平洋地区旅行协会,协会总部设在美国旧金山。太平洋亚洲旅行协会是个具有广泛代表性和影响力的民间国际旅游组织,在整个亚太地区以至世界的旅游开发、宣传、培训与合作等多方面发挥着重要作用。协会的宗旨是促进进入亚太地区及亚太地区内部旅游和旅游业的发展,因此受到亚太地区各国旅游业界的普遍重视。

该协会的章程规定,任何全部和部分位于西经110度至东经75度地理区域内所有纬度的任何国家、地区或政治区域均有权成为该协会会员。该协会成员广泛,不仅包括亚太地区,而且包括如欧洲各重要客源国在内的政府旅游部门和用空运、海运、陆运、旅行社、饭店、餐饮等与旅游有关的企业。目前,协会有37名正式官方会员,44名联系官方会员,60名航空公司会员以及2 100多名财团、企业等会员。此外,协会除在旧金山设有秘书处外,还分别在新加坡、悉尼、旧金山和摩纳哥设有亚洲、太平洋、美洲和欧洲分部办事机构。另外,遍布世界各地的79个PATA分会还拥有17 000多名分会会员。因此,国际上不少学者认为,该组织对世界旅游业发展的务实性作用实际上已经超过世界旅游组织。

三、国际旅游联盟(ALLIANCE INTERNATIONAE DE TOURISME-AIT)

国际旅游联盟是一个旅游协会的联合组织,于1898年在瑞士日内瓦成立,参加该联盟的成员有140个协会,总人数达5 000万人,会员遍及85个国家和地区。会址在瑞士日内瓦。

该联盟的宗旨是:研究国际旅游中出现的一切问题,提出建设性的改革意见,扶持旅游业的发展,保护旅游业的利益。

四、世界旅行社协会联合会(UNIVERSAL FEDERATION OF TRAVEL AGENTS,ASSOCIATION-UFTAA)

世界旅行社协会联合会是最大的民间性国际旅游组织。其前身是1919年在巴黎成立的欧洲旅行社和1964年在纽约成立的美洲旅行社,1966年10月由这两个组织合并组成,并于1966年11月22日在罗马正式成立。总部设在比利时布鲁塞尔。

该会宗旨是:负责国际政府间或非政府间旅游团体的谈判事宜,代表并为旅游工业和旅行社的利益服务。该会在20世纪70年代末共有76个国家参加,代表18 000多家旅行社,共计50多万职工,其中美国的旅行社最多,共14 804家。该组织每年举行一次全体大会,交流经验、互通情报。

1995年,中国旅游协会正式加入了世界旅行社协会联合会。该会出版发行《世界旅行社协会联合会议时报》(月刊)(《COURRIER UFTAA》)。

五、妇女旅游组织国际联合会(INTERNATIONAL FEDERATION OF WOMEN'S TRAVEL ORGANIZATIONS,IFWTO)

妇女旅游组织国际联合会是世界范围的、独立的妇女旅游组织。其成员的任务是促进旅游的发展,推销旅游有关产品并提供服务。

联合会成立于1968年。当时,美国旧金山旅行者组织的成员伯郎彻·伯格和马瑞恩·苏利文提议:旅游业中的妇女应组织在一起,相互提供支持、鼓励和帮助。在她们的努力下,来自澳大利亚、英国和美国等9个团体的成员于1970年召开了第一次年会。会议的主题是"人比地方更重要"。这是联合会全体会员共同关心的问题。

联合会的主要目标是:

1. 帮助提高在旅游业中就职的妇女的地位,增进其效率,并为她们提供与国内及国际同行的个人接触和交换意见的机会;
2. 进一步促进国际间友善和理解;
3. 协助尚无妇女旅游俱乐部的地区建立旅游组织;
4. 通过专业和个体教育计划的实施,使其成员的专业素质不断提高,为旅游业的积极发展做出充分贡献。

联合会广泛吸收在旅游业中就职的妇女。凡在旅游业从事推销或促进工作的妇女以及成立一年以上的妇女旅游组织,都可申请加入联合会。

六、国际旅馆协会(INTERNATIONAL HOTEL ASSOCIATIONIHA)

国际旅馆协会是旅馆和饭店业的国际性组织,于1947年在法国巴黎成立。总部设在巴黎。

国际旅馆协会的宗旨是:联络各国饭店协会,并研究国际饭店业和国际旅游者交往的有关问题;促进会员间的交流和技术合作;协调饭店业和有关行业的关系;维护本行业的利益。

该协会的会员分为正式会员和联系会员。正式会员是世界各国的全国性的饭店业协会或类似组织,联系会员是各国饭店业的其他组织、饭店院校、国际饭店集团、旅馆、饭店和个人。

该协会的主要任务是:通过与各国政府对话为促使各国政府实行有利于旅游业发展的政策,并给予饭店业支持;参与联合国跨国公司委员会有关国际饭店跨国企业方面的工作;通过制定和不断修改来完善有关经济法律文件,协调饭店与其他行业的关系;进行调研,汇集和传播市场信息,提供咨询服务;为各会员提供培训饭店从业人员的条件和机会。

七、国际旅游科学专家协会(INTERNATIONAL ASSOCIATION OF SCIENTIFIC ESPERTS INTOURISM)

国际旅游科学专家协会于1951年5月31日在罗马成立,会址在瑞士伯尔尼。

协会的宗旨是:加强成员间的友好联系,鼓励成员间的学术活动,特别是促进个人接触,交流经验;支持具有学术性质的旅游研究机构以及其他有关旅游研究与教育的组织活动。

该协会是由国际上致力于旅游研究和旅游教学的专家组成的学术团体,在45个国家中有330多名会员。它在旅游理论研究上享有很高的威信,如著名的"艾斯特"定义。

该协会的最高权力机构为大会,每年举行一次;并设有委员会秘书处。协会还出版发行《旅游评论》季刊和会议年度纪要等。

八、其他机构

国际旅游学会(INTERNATIONAL ACADEMY OF TOURISM-IAT)

国际旅游研究院

世界旅游专业培训协会(WORLD ASSOCIATION FOR TRAINING TOUR-ISMSPCOIALISTS-WATTS)

本章提要

1. 随着旅游业的不断发展,旅游业在国民经济中的产业地位和在国民经济增长中的作用也日益显现,但是大力发展旅游业不应是盲目的、无序的,而应充分发挥政府的职能作用,实施政府主导战略。

2. 由于旅游业和旅游产品的综合性和复杂性,一个国家的旅游政策目标不可能仅靠旅游企业(特别是私营部门)的自身行为得以实现。为了保证旅游业的健康发展,政府有必要对旅游业进行干预。其干预内容包括:国家对旅游产业的政策扶持;对旅游目的地的协调开发和协调营销;保护消费者利益以及防止不公平竞争以及在基础设施和公共产品需求方面和保护环境和旅游资源的开发利用方面的政府作用。

3. 政府干预旅游产业,在宏观管理与协调上主要采取经济、法律、行政、信息等的基本手段。

4. 政府干预旅游发展的形式很多,既涉及通过建立旅游行政管理机构进行直接干预,也包括通过其他形式例如对外政策的制定、有关的立法与执法、基础设施的规划与建设等方面进行间接干预。政府干预旅游发展的主要具体手段也可划分为包括目的地的宣传与促销、为来访游客提供信息服务、通过控制价格去影响需求及控制游客进入量等在内的需求管理手段和包括控制土地的用途、对建筑物行使管制、市场管制及实行特别征税在内的政府控制和影响旅游供给方面的手段两大类。

5. 旅游组织复杂多样,种类繁多。我们可以从不同角度认识、划分旅游组织。我们最常见的是国家旅游组织和国际性旅游组织。

6. 我国的旅游组织主要分为旅游行政管理机构和旅游行业协调组织和旅游民间组织等。旅游行政管理机构主要是国家旅游局及各省、直辖市、自治区及地方旅游行政机构;我国旅游行业组织是由有关社团组织和企事业单位在平等自愿的基础上组成的各种行业协会。中华人民共和国国家旅游局是国务院主管旅游业的直属机构。作为我国的国家旅游组织和最高旅游行政管理机构。

7. 世界旅游组织(WTO)是全球惟一的政府间国际旅游组织,其宗旨是促进和发展旅游事业,使之有利于经济发展、国际间相互了解、和平与繁荣。

练习与思考

1. 解释下列概念：国家旅游组织。
2. 国家旅游组织的基本职能包括哪些方面？
3. 政府为什么干预旅游的发展？试举出一些具体的干预手段。
4. 国家旅游组织的基本职能包括哪些方面？
5. 简述我国的旅游行政组织。
6. 试介绍世界旅游组织概况。

案例分析

新加坡、泰国旅游部门的资金来源

新加坡和泰国政府都非常重视旅游业在经济发展中的突出作用，从资金、政策等多方面积极扶持旅游业的发展。两国经济上均采取自由经济政策，因此财政部门、旅游管理部门及旅游企业、私人机构在旅游业发展过程中所扮演的角色基本相同。

新加坡旅游部门的资金来源：75%来自政府拨款，25%来自旅游消费税。

新加坡政府非常重视旅游业的发展，建国伊始1964就设立了新加坡旅游促进局（STPB），负责制定全国的旅游发展计划，协助私人机构开发旅游产品、向海外推介和促销新加坡的旅游业。为了适应新时期的发展要求，1997年新加坡旅游促进局更名为新加坡旅游局（STB），归新加坡交通部管辖。从当时的编制25人，年吸引游客9万多人次到如今新加坡已成为东南亚的重要旅游目的地，每年吸引海外游客700多万人次，为其人口两倍。每年出境的国内游客也在450万人次。

旅游业为新加坡的经济繁荣和就业做出了积极贡献。据统计，2000年新加坡全年接待海外游客770万人次，旅游外汇收入为100亿新元（约合57亿美元），最高时1995年曾经达到120新元；旅游业占其国内生产总值的5%，占新加坡总出口贸易额的3.6%，服务贸易总额的22.3%。目前旅游业直接从业人员已经达到15万人，间接从旅游业中收益的更是难计其数。根据世界旅游组织的统计，目前新加坡的旅游收入和旅游接待分别排名世界第19位和第23位。就弹丸之地的新加坡而言，取得如此成绩实属不易，这与新加坡政府重视旅游业，大力投资旅游业，为旅游业输血打气具有直接的关系。

据了解,目前新加坡旅游局资金来源主要为两个方面,固定拨款和旅游税。其一来自政府直接拨款,这部分收入占了新加坡旅游局总收入的75%,主要目的是为了保证旅游发展的基本需求,扶持旅游业的发展。其二是来自于旅游税。经国会批准,新加坡旅游局可以向游客征收1%的旅游消费税。征收的场合主要是酒店及涉外餐厅和娱乐场所,征收的对象包括所有前往上述场合消费的人士。旅游税由国家税务局代为征收,并拨入旅游局账户,这部分收入占了新加坡旅游局总收入的25%。旅游税收入完全归新加坡旅游局使用,而且这部分的收入不是固定不变的。如果前往新加坡旅游的海外客人多,消费额大,旅游局得到的消费税就多,可以支配的财政资源更为充分;如果游客量下降,也将造成旅游收入减少。旅游局支配的资金能否得到逐年递增完全取决于旅游局的工作表现,实际上就是一种佣金式的奖励机制,从而在客观上调动新加坡旅游局的积极性,大力拓展和巩固海外市场,将新加坡建成区域商业中心和旅游枢纽。

在发展旅游业的过程中,财政部门、旅游局和私人旅游企业是各司其职,财政部门在资金方面保证旅游局的基本需求,并在财政政策上给予积极协助,拨款与税收相结合,类似于基本工资加奖金。旅游局的职责就是积极促销,做好旅游规划并提供新产品的开发建议,吸引更多的客人前往新加坡旅游,使新加坡成为旅游之都、商业中心,为企业创造更多更好的商业机会。私人旅游企业根据旅游局的规划、建议和自己对市场的了解,结合自己的考虑将设想和建议变成现实的商业利益。旅游局的角色是营销、策划、规划、协调,舞台上的真正主角是私人旅游企业。企业挣钱,政府收税,发展旅游,服务经济。

新加坡旅游局的经费主要用于市场营销开支,其比例占了旅游局总支出的70%,用于行政管理和薪金支出的费用仅占总支出的20%,其他支出占10%。因为他们非常清楚,没有游客就没有旅游业、旅游业的价值只有在巩固和拓展客源市场、促进本国经济发展和经济繁荣中才能体现出来。

泰国旅游部门的资金来源:政府拨款占90%,销售及活动收入占10%

泰国是东南亚国家中最早认识到旅游业具有重要经济、社会、政治作用的国家,因此,1960年3月18日就以国有企业形式设立了泰国旅游机构(TOT),直接接受泰国首相署管辖。1979年5月4日泰国旅游机构正式更名为泰国旅游局(TAT),负责促销和发展泰国的旅游业。泰国旅游业主要职责是制定旅游发展规划,为游客提供旅游信息,开拓海外旅游市场,培训旅游人才,鼓励泰国公民和世界各国游客积极在泰国旅游,促进泰国经济发展。1965年和1968年首次在美国纽约和泰国清迈设立海外办事处和地方办事处。1985年泰国旅游业最辉煌时曾经是泰国最大的创汇行业。据统计,2000年泰国共接待海外旅游者

960万人次,海外客人平均在泰国停留7.77天,国际旅游业的总收入为2 855.4亿泰铢(约71.39亿美元),占其国内生产总值的6%,如果将国内旅游收入考虑在内,旅游业占国内生产总值的比例为11%。2001年接待的海外客人为1 050万人次,平均停留天数上涨到7.89天。

泰国旅游局的经费主要来自政府拨款,约占总经费额的九成,其余部分来自销售及活动收入。据了解,2000年泰国旅游局的总预算为29.2亿泰铢(7 300万美元),其中行政管理费用为1.52亿泰铢(薪金支出、办公设备、各类杂费等),占总预算的5.2%;旅游促销和发展费用为17.11亿泰铢,占总预算的58.6%;海外办事处机构费用为10.57亿泰铢,占总预算的36.2%。如果遇有大型活动,将由中央基金拨出专款,泰国旅游局2000年累计得到的专项拨款额为3 699.6万泰铢。

资料来源:《中国旅游报》2004年7月16日 第11版,国家旅游局驻新加坡办事处。

> **小组讨论**

1. 在新加坡和泰国这两个国家中,政府对当地旅游业起了哪方面的作用?
2. 如果你是某省的旅游局局长,你将向当地政府寻求哪些帮助?
3. 当得到政府扶持,在政府资金注入到你所管辖的旅游部门时,你会建议如何分配这些资金以达到最令人满意的旅游发展的效果?

> **案例分析**

中国同世界旅游组织的关系

1975年1月2日,世界旅游组织成立。1983年10月,中国加入世界旅游组织。中国派代表团出席了该组织的历届大会,积极参与该组织的有关活动,与其保持着良好的合作关系。该组织曾多次派出专家在旅游规划、开发、统计、市场、教育培训等方面向我国提供技术支持。2003年10月17日至24日,该组织第15届大会在北京举行。

1999年以来,中国同世界旅游组织的合作继续发展和加强。

1999年1月28日,世界旅游组织亚太部主任瓦尔玛博士来华访问,国家旅游局局长何光暐会见了瓦尔玛一行。双方商定,在1999年中国昆明世界园艺博览会期间,国家旅游局和世界旅游组织在昆明联合举办生态旅游高级研讨会,协助中国培训各省、市旅游局从事规划和促销的人员。

5月17—22日,世界旅游组织秘书长弗朗加利先生赴海南省访问。访问期间,海南省副省长汪啸风与弗朗加利秘书长举行了会谈,商讨了海南省今后的旅游发展规划。

8月30—31日,国家旅游局和世界旅游组织在昆明共同举办生态旅游高级研讨会,国家旅游局局长何光暐、世界旅游组织秘书长弗朗加利和云南省副省长程映萱等出席了研讨开幕式。国家旅游局副局长孙钢希望认真学习研究这次研讨会上专家们提出的建议,进一步认识发展生态旅游的重要意义、指导原则,加深对生态保护的理解。根据研讨会上介绍的国内外发展生态旅游的典型案例,重新分析自己在生态旅游方面所具有的优势和存在的不足。树立创新意识,把生态旅游与发展其他传统旅游有机地结合起来。并希望以生态旅游的方式,给部分贫困地区带来经济效益,帮助他们走出贫困与落后。

9月24日—10月1日,世界旅游组织第13届全体大会在智利圣地亚哥举行。国家旅游局局长何光暐率中国代表团出席了会议。会议主要讨论了世界旅游组织的未来、接纳会员、2000—2001年工作总纲及预算、选举执委会成员、全球旅游职业规范等议题。大会正式批准中国成为世界旅游组织执委会成员(1999—2000年)。大会一致同意接纳"中国香港"为该组织联系会员。

2001年,中国同世界旅游组织的关系继续发展。

2001年9月24日—10月1日,世界旅游组织第14届全体代表大会由韩国和日本政府联合在汉城和大阪举办。来自118个国家的700多名代表出席了会议,国家旅游局局长何光暐率团与会。大会讨论并通过了该组织未来发展方向、2002—2003年财政预算和会费、2002—2003年世界旅游日庆祝活动主题及主会场、全球旅游职业道德守则的实施细则等问题,并批准现任秘书长连任,重新选举了13个执委会成员。会议期间,中国获得2003年第15届WTO全体大会的主办权。

11月8—11日,国家旅游局、国家民航总局和云南省人民政府共同在云南昆明举办2001年中国国际旅游交易会。老挝副总理通伦、越南副总理阮孟琴、10多位外国旅游部长以及来自40多个国家和地区的1 200多名海外客人应邀与会。内地及港澳台2 500多家旅游企业参加了此次交易会。

2002年,中国同世界旅游组织的关系继续发展。

2002年1月和4月,世界旅游组织秘书长致信国家旅游局局长,寻求我国支持世界旅游组织成为联合国专门机构。

3月14—15日,世界旅游组织南亚地区委员会和东亚太地区委员会第17

次联合会议及东亚太地区委员会特别会议在西班牙马德里召开。中国驻西班牙使馆汤永贵大使率团出席。会议主要讨论了世界旅游组织2004—2005年度工作总纲和未来本地区的有关活动。中国代表团团长汤永贵大使通报了中国筹备2003年第15届世界旅游组织全体大会的进展情况。

4月28日,中国常驻联合国代表团在联合国会议上支持世界旅游组织申请成为联合国专门机构。

7月6日,中国国家旅游局局长在出席墨西哥第二届APEC旅游部长级会议期间与世界旅游组织秘书长会面,双方就在北京举办的世界旅游组织第15届全体大会交换了意见。

11月14—19日,世界旅游组织秘书长和亚太地区主任出席了在桂林举行的博鳌亚洲旅游论坛。

资料来源:中华人民外交部网站2003年8月25日。

小组讨论

1. 从我国与世界旅游组织的主要活动日程中你了解到了哪些有关我国旅游组织的工作?是必要的吗?
2. 以上工作对我国旅游业的发展起了什么作用?
3. 从工作日程上,你是否看到了我国旅游业的发展进程?

第七章 旅游市场

> **知识要点**

通过本章的学习,掌握
- 旅游市场的概念、旅游需求的特点。
- 旅游客流的规律、流向及流量。
- 旅游市场细分的原因、细分的标准和细分的好处。细分市场的依据及如何细分。
- 中国旅游业的客源市场所在,海外来华旅游市场、国内旅游市场、出境旅游市场的特点和情况。

> **技能要求**

通过本章的学习,能够
- 学会对旅游客流的规律、流向及流量进行分析。
- 掌握细分市场的方法并能对市场进行细分。
- 分析海外来华旅游市场、国内旅游市场、出境旅游市场的特点和情况。

第一节 旅游市场的概念及内容

一、旅游市场的概念

维克多·密德尔敦指出,"从本质上讲,旅游是一个整体市场,它反映了消费者对种类繁多的旅游产品的需求。由于该市场近年的发展和目前所具有的规模,由于它进一步发展的潜力,它在投资、就业和收支平衡方面的经济贡献,对接待地社会的影响以及对旅游目的地自然环境的影响等,该市场在大多数国家都具有较为重要的意义。"确实,在过去的十年中,特别是进入21世纪以来的几年中,全球旅游业有了更加长足的发展,成为大多数国家促进经济发展的重要产业,其潜力已经引起了越来越多的关注,对旅游市场的研究也进入了一个高峰期。

市场一词是指某一特定产品的现实购买者和潜在购买者,这是国际上普遍公认的观点,旅游市场指的就是旅游产品的现实购买者和潜在购买者,也即旅游需求市场或旅游客源市场。我们通常说的欧美旅游市场、中东旅游市场、东南亚旅游市场,便是指这些区域的旅游客源规模有多大。因此,研究旅游市场就是要了解和分析一定时期内旅游需求的总量、旅游需求的结构及发展趋势,研究如何改善旅游供给,以满足旅游者的需求。研究的重点是旅游需求问题。

二、旅游市场的构成要素

整体旅游市场是由三个主要部分构成的,即国际入境旅游、出境旅游、国内旅游。对大部分的国家来说,这三部分的整体市场增长都很迅速,而且规模日益增大,因此,我们完全有理由对其进行详尽的分析和研究。

(一) 国际旅游市场

国际旅游市场是由国际旅游者构成的,它指的是离开居住国到其他国家和地区旅行和逗留不足一年的旅游者所构成的市场。具体又分为国际入境旅游者市场和国际出境旅游者市场,该旅游者常常被视为旅游业最重要的市场构成,因为与国内旅游者相比,国际旅游者在目的地逗留时间更长,消费更多,所选择的交通工具和住宿设施更昂贵,最重要的是可以带来外汇收入,因此,发展国际旅游市场就成为目的地国家和地区平衡国际收支的重要手段。也使国际出入境旅游者的人数及消费自20世纪50年代以来一直呈强劲增长趋势,表7-1表现了该增长的总体模式。

表7-1 1950—2000年全球国际旅游入境人数增长情况

年份	国际入境人数	每十年增长指数
1950	25.3	—
1960	69.3	274
1970	159.7	230
1980	284.8	178
1990	443.0	155
2000	650.0	147

资料来源:世界旅游组织。

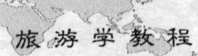

中国近年来的国际旅游入境人数和由此带来的外汇收入也日益可观,2002年中国各地区国际旅游外汇收入统计表很能说明这一点,见表7-2。

表7-2 2002年中国国际旅游外汇收入

地区	外汇收入	比上年增长%	按收入高低排列名次
北京	311 454	5.7	2
天津	34 238	22.2	11
河北	16 703	6.7	18
山西	7 484	25.8	26
内蒙古	14 935	8.7	19
辽宁	55 201	18.8	7
吉林	8 629	13.9	24
黑龙江	29 717	18.9	14
上海	227 545	25.9	3
江苏	105 025	27.8	5
浙江	92 763	32.7	6
安徽	12 382	17.2	21
福建	110 022	16.8	4
江西	7 162	1.9	27
山东	47 249	23.6	8
河南	14 549	9.1	20
湖北	28 391	41.4	15
湖南	31 108	14.9	13
广东	509 089	13.5	1
广西	32 144	6.9	12
海南	9 199	-13.2	23
重庆	21 802	33.4	16
四川	20 021	20.8	17
贵州	7 951	15.7	25
云南	41 930	14.2	9
西藏	5 166	11.4	29
陕西	35 097	13.7	10
甘肃	5 431	21.2	28
青海	999	10.7	30
宁夏	161	-41.0	31
新疆	9 942	0.9	22

资料来源:北京,《中国旅游报》,2003年。

（二）国内旅游市场

国内旅游指在本国疆界内旅行和逗留的人群。因为目前许多国家对国内旅游的统计不充分，所以，人们对这个市场的规模各有不同的估计。但不管怎么说，各个国家的国内游也都呈增长趋势。人们的生活水平不断提高，旅游的需求就日益充分。特别是中国，由于许多公民已小有资产，旅游消费需求增长迅速，这从 2002 年中国国内旅游基本情况表可以看出，见表 7-3。

表 7-3　2002 年中国国内旅游基本情况

总人次数	出游率（%）	总花费（亿元）	人均花费（元）
全国合计	69.2	3 878.36	441.8
城镇居民	115.3	2 848.09	739.7
农村居民	52.8	1 030.27	209.1

资料来源：北京，《中国旅游报》，2003 年。

三、旅游市场的特点

一切市场都具有一些基本的或普遍的共同特点，旅游市场也不例外。旅游市场最主要的特点为：旅游需求的整体性、旅游需求的指向性、旅游需求的季节性等。

（一）旅游需求的整体性

大多数游客购买旅游的决定中所包含的都不会是一种服务或产品，而往往是几种服务和产品同时消费。比如一个度假旅游者，选择一个景点去放松的同时，也就选择了住宿业、运输业和其他设施如餐饮业等提供的产品。因此，旅游经营商、旅行代理商、景点、运输商、旅游局等应共同为满足游客的要求做出努力。总之，人们外出旅游，通过旅行、食宿、游览、购物、消遣、娱乐等各方面的活动而获得物质和精神上的享受，因而其需求是整体性的。旅游业在提供服务时，就必需由不同部门共同来满足旅游者不同时间、不同方面的具体需要，并把综合性服务在地区上和时间上协调一致。这是提高旅游业整体经营水平的关键。

（二）旅游需求的指向性

旅游需求基本上表现为旅游者选定某一个旅游地为目的地并使需求得以实现。如果从旅游业角度来考虑的话，旅游需求是专对旅游供给而言的，即有什么样的旅游供给就会吸引游客产生什么样的旅游需求，从而引起旅游消费者从旅游需求地向旅游供给地的运动。比如乡村旅游近年来在我国逐渐兴起，特别是古村落以其独特的建筑风貌、重要的历史价值、深厚的文化积淀、特有的古韵氛

围成为乡村旅游市场的一朵奇葩,为此,吸引了众多中外旅游者的关注,古村落旅游迅速兴起。旅游市场的这一特点,要求旅游企业必须认真研究和采取有效的经营战略和策略,为旅游者提供适宜的旅游产品供给,促使旅游者向特定的旅游产品流动。

香港举办购物节吸引游客

为吸引更多游客来港,并鼓励消费,香港旅游发展局于 2004 年 6 月 26 日至 8 月 31 日举办了"香港购物节",进一步推动了旅游界及相关行业的发展,带动香港整体经济复苏。"香港购物节"包罗了美食、娱乐、节庆等元素,突出香港好客文化,为游客带来新体验,使旅客有物超所值的感觉,此次购物节吸引了超过 370 万旅客访港,比去年同期增加了两成。

资料来源:依据 2004 年 5 月 21 日《中国旅游报》"香港将举办购物节吸引游客"改编。

(三) 旅游需求的季节性

旅游业的经营须凭借对旅游者有一定吸引力的旅游资源。而作为旅游资源的一个重要组成部分的自然吸引物,在一定季节里受到自然条件的影响,会增强或失去其吸引力,从而也影响到旅游消费者的需求在不同季节之间大幅度波动。况且,学校的假期和许多企业的营业年度周期与这些季节的巧合也强化了这种波动。因此,许多旅游景点、景区的旅游企业,其生产能力在一年中的利用率波动很大,高峰时利用率高达 90%—100%,低谷时利用率只有 30% 或更低。许多与休闲旅游有关的企业季节性关门歇业的现象仍然比较普遍,位于山西的佛教圣地五台山的季节性旅游就是一个突出的例子。因此,如何在市场条件许可的情况下,在旅游淡季创造尽可能多的需求,就成为了旅游企业管理者所关注的主要问题,并总结出了一些可行的经验。

利用行政手段调节季节需求。有的国家改变教育制度,将原来的一学年两个学期的制度改为一学年三个学期,使青年学生和青年不至于过分集中地利用夏季外出旅游。有的国家提倡或明文规定职工必须分两次以上使用带薪假期外出度假。这些措施都对平衡全年各个季节的客流量有帮助。

利用价格杠杆适当调节需求。主要的做法是在旅游旺季提高价格以制约过量需求,旅游淡季则利用优惠价吸引客源。

通过宣传促销引导顾客分流。目前业界在宣传促销上存在误区,越是在旺季越喜欢加大促销力度,而在淡季则干脆关门大吉。其实,淡季才更应该开发一些旅游新产品并辅之以一些适当的促销措施,以此保证非弹性成本有收入来源。

(四) 旅游需求的高弹性

旅游作为一种社会经济现象,其覆盖面几乎是整个社会,许多因素都可能对旅游需求的产生以及对旅游需求在具体的旅游地实现产生很大的影响。由于各种因素的变化都会使旅游需求量发生这样或那样的变化,就使旅游需求具有很大的弹性。比如战争、瘟疫、灾荒等都曾使发生地的旅游业遭受重大打击。特别是2003年发生在全世界30多个国家的"非典型性肺炎",使世界旅游业受到重创,2003年是旅游业界人士永远也忘不了的旅游业的"黑色星期五"。而从美国的"9·11"事件以来的发生在世界许多国家的恐怖袭击事件,对世界旅游业都产生了深远的不利影响。

旅游需求的高弹性表明,旅游经营要保持其相对稳定性,旅游业要稳步地发展,必须加强对旅游市场的调查研究,经常性地分析影响旅游市场的诸因素,充分掌握和预测市场变化的趋势,不断开发和优化旅游产品,从而适应旅游需求的不断变化;其次,一个国家或一个地区的旅游经营不能过分地依赖一两个旅游市场,而要开发更为广泛的市场;再次,对突然产生的旅游热潮,要从政治、经济、文化、社会等各方面分析研究其形成原因和发展趋势,避免决策失误。

四、旅游市场的作用

旅游市场是伴随着群体性旅游活动和旅游经营活动的产生而产生的。它反过来又推动了旅游活动的全面展开,促进旅游经营活动的进一步完善。任何产品都存在着供应和需求之间的矛盾,旅游产品也不例外。旅游产品供求之间的矛盾既要通过旅游市场表现出来,又要通过旅游市场加以解决。旅游市场的作用具体表现为以下几个方面。

1. 交换作用

旅游市场是联结旅游产品生产者和需求者的纽带。旅游产品生产者通过市场为自己的旅游产品寻找买者,旅游需求者通过市场寻求、选择并购买自己所偏好的旅游产品,因而旅游市场是实现旅游产品供给者和需求者之间交换的桥梁。旅游市场把旅游需求和供给衔接起来,解决了供求之间的矛盾,从而既使旅游接待设施得到充分利用,也满足了旅游者各不相同的需求,同时,促进了旅游经济的健康发展。

2. 调节作用

首先表现为对旅游供求平衡的调节。在旅游市场上,当供求双方出现矛盾

时,旅游经济活动就会受到影响,就会引起旅游市场竞争加剧和旅游产品价格波动,于是就要通过市场竞争机制和价格机制的作用,调节生产和消费,使供求重新趋于平衡。其次表现为对旅游经营的调节。通过市场调节,可以实现整个旅游业按比例配置各种资源,进一步实现社会经济资源的优化配置,并通过市场调节,使旅游部门和企业根据市场需求和供给状况合理分配劳动。旅游企业可根据市场供求状况调整旅游产品结构、投资结构以适应旅游者需求,获得较高的经济效益。

3. 信息交流作用

在市场经济条件下,旅游者的经济活动是通过市场动态变化表现出来的。旅游市场通过自身传递信息,为旅游目的地国家和地区制定旅游业发展规划和经济决策提供依据。作为旅游企业,一方面将旅游产品信息传递给市场;另一方面根据市场反馈的旅游需求信息和市场供求状况,调整旅游产品价格,组织生产适销对路的旅游产品,设计符合目标市场愿望的促销组合。作为旅游者,一方面将需求信息传达到市场,为旅游产品生产经营者开发旅游产品提供依据;另一方面也从旅游市场上获取信息,指导、调整和变更自己的旅游需求。总之,旅游市场通过信息传导,成为旅游经济活动的"晴雨表",综合地反映着旅游经济的发展状况。

4. 检验评价作用

旅游市场还可以检验旅游企业及其产品质量的优劣,推动旅游企业改善经营管理,提高服务质量。在旅游经济活动中,旅游者因支付一定的旅游费用而成为旅游服务的权利享有者;旅游企业则因获得一定的旅游收入而成为旅游服务的承担者。在旅游市场中,这种权利与义务、服务与被服务的相互关系,是通过买卖的形式而实现的。因此旅游费用高低,旅游服务质量好坏,旅游住宿等级怎样,旅游交通和旅游景点状况如何都必然反映到旅游市场上来,旅游市场成了检验旅游企业经营管理水平的一面镜子。旅游者在决定是否对旅游产品进行购买之前,在旅游市场上必然要对旅游费用、食宿、交通、景点等做出种种选择,只有适合旅游者需求的产品,才是他们愿意购买的旅游产品。旅游企业要想在旅游市场的竞争中占有一席之地,必须认真做好旅游市场调研工作,想旅游消费者所想,急旅游消费者所急,提供旅游者易于接受、乐于消费的旅游产品,从而不断改善和提高旅游企业的经营管理水平和服务质量。

第二节 旅游者流动规律

一、旅游者的流向、流量与流速

（一）旅游者的流向特征

旅游者的流向是指旅游者在其旅游的持续的运动过程中所经过的旅游路线，它反映着旅游目的地与旅游客源地之间关联的方式和途径。由于各种复杂的因素影响，使旅游资源和旅游客源之间的关联状态在各国各地区都有不同的表现。各国各地区在一定时期内所接纳和发送的旅游流会呈现某种比较稳定的模式。例如，在我国二十多年的旅游业发展过程中，由入境外国旅游者所构成的旅游流在区域上的分布有着相对稳定的结构，形成了比较明晰的入境旅游流的流向特征。

从旅游的全过程来看，旅游流的流向是一个闭环系统，旅游者总是从家中出来，然后再回到家中。在这个过程中，旅游客源地、旅游目的地以及在二者间起到联结作用的旅游通道，是决定旅游流向的三个主要成分。Leiper 所提出的一个模式可以用来对此做出清晰的解释，见图 7-1。

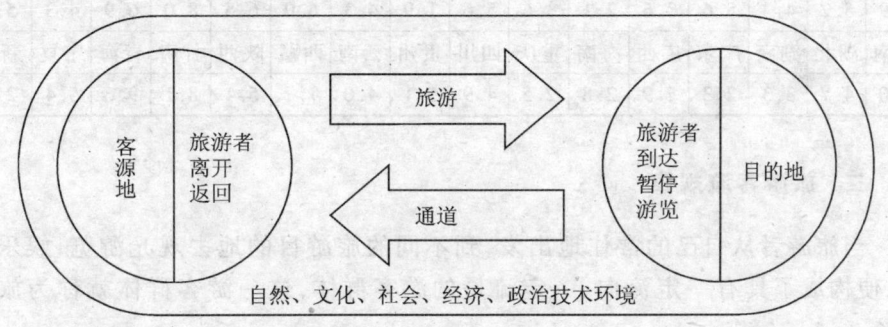

图 7-1 旅游流的运动过程

（二）旅游客流的流量特征

旅游客流的流量是指旅游客流在单位时间内和一定空间上所形成的规模。对于旅游目的地而言，持续、均衡、大规模的旅游客流有着十分重要的意义。在世界许多旅游胜地，其最明显的标志就是每年接待着大量的来自世界各地的旅游者。如地中海地区、加勒比海地区以及世界一些著名的旅游城市，每年都会吸引大量的旅游观光客，对当地社会经济的影响广泛而深刻。

世界各国各地区在旅游客流的流量这一点上所面临的挑战是很不相同的。

由于旅游发生和持续时间的节律性,势必会造成旅游客流在一定时间上的超量运动,而在另一些时间里却又只维持在极低的水平上。这必然会给目的地的旅游基础设施建设与运行、旅游产品开发、旅游企业经营造成很大的压力。

(三)旅游客流的流速特征

旅游流速是指旅游客流在旅游目的地逗留时间的长短。不管是从社会文化意义上还是从经济意义上,旅游客流在一地逗留时间的长短都会极大地影响当地社会经济的变革情况。旅游者在旅游目的地的逗留时间短,就难以深入到旅游目的地社区的生活当中,也就不会对当地社会有很好的了解,当然也不会在多大程度上对目的地社会施加自己的影响;旅游者在一地匆匆而过,只能是走马观花式地浏览一下风景和名胜,不会在该地做更多的消费。

在我国每年接待海外旅游者的各省市当中,旅游者的逗留时间长短不一,这表明了各地在旅游产品开发深度和广度以及旅游资源的结构上存在的差异。见表7-4。

表7-4　1997年旅行社接待的海外旅游者在各地区停留时间的资料　　单位:天

总平均	北京	天津	河北	山西	内蒙古	辽宁	吉林	黑龙江	上海	江苏	浙江	安徽	福建	江西	山东
3.9	5.2	4.3	5.6	3.6	2.1	3.6	5.6	1.9	4.3	6.0	6.5	8.0	6.9	4.3	5.3
河南	湖北	湖南	广东	广西	海南	重庆	四川	贵州	云南	西藏	陕西	甘肃	青海	宁夏	新疆
9.0	4.7	3.3	2.3	2.9	2.8	2.5	4.9	5.1	4.0	7.7	5.1	8.1	9.6	5.4	2.5

二、旅游客流规律

当旅游者从自己的常住地出发,到不同的旅游目的地去观光游览、娱乐消遣,便构成了具有一定流向、一定流量的游客群体,这一游客群体就称为旅游客流。

一般的客流规律有如下几点表现:

1. 旅游流向规律是由近及远,以近距离旅游为主,但近年来的资料则表明远程旅游前景日益美好。

不论是国际旅游流向还是国内旅游流向都呈现出以近距离为主的特点。这一特点形成的主要原因:一是短距离旅游较长距离旅游花费少,一般的家庭都能承担得起;二是近距离内的民众民族习惯、文化传统比较接近,交流较为容易,减少了旅游中的许多障碍;三是近距离内的交通相对便利,比较有利于游客对时间的支配。虽然近距离旅游无论是现在还是未来都是旅游者出游的最好和最频繁的去向,但是,随着各国经济的不断发展,人们的收入在日益提高,再加上科学技术的日益进步,旅游消费者的支付能力正在不断加强,交通工具也更加便利,特别是航空业的快速发展和带薪假期的增加,使国际远程旅游越来越成为人们的向往和选择,因此,远程旅游前景广阔。

2. 旅游者多流向风景名胜区和政治经济文化中心。

风景名胜区是最重要的旅游资源,是旅游经营者重点销售的旅游产品,旅游需求的指向性很强。而且,大多数的旅游者都希望在轻松愉快的氛围中饱览山水风情,感受风俗民韵,进而开阔眼界,增长知识,丰富阅历。

政治经济文化中心要么是一国首都,一地首府,要么是历史文化名城。而它们既是某一地区的象征,又是交通枢纽,所以常常成为游客的集散地。

3. 国际旅游流量主要源于并流向欧美等经济发达国家和地区,但近年来正在向亚太地区转移。

欧美经济发达国家和地区收入高,可自由支配收入多,法定带薪假期长,再加上欧美人一向好动,所以,是全世界最主要的旅游客源地。同时,欧美地区也是最主要的旅游接待地,欧美地区的发达国家争得了来自其他发达国家国际旅游者的绝大多数。

表 7-5 世界国际旅游客流的区域运动格局与变动趋势

项目 地区	接待人数(百万人次)				旅游收入(亿美元)			
	1978 年		1996 年		1978 年		1996 年	
	人数	比例%	人数	比例%	总额	比例%	总额	比例%
世界	257.3	100.0	592.1	100.0	696.6	100.0	4 231.2	100.0
欧洲	183.5	71.3	347.4	58.7	449.7	64.6	2 144.7	50.7
美洲	50.3	19.5	115.5	19.5	150.1	21.6	1 063.8	25.1
东亚太	12.2	4.7	90.1	15.2	47.3	6.8	824.4	19.5
非洲	4.9	1.9	19.5	3.3	15.9	2.3	76.2	1.8
中东	4.2	1.6	15.1	2.6	24.7	3.5	82.4	1.9
南亚	2.2	0.9	4.5	0.8	8.4	1.2	39.6	1.0

从表 7-5 中可以看出,进入 20 世纪 90 年代以来,亚洲太平洋地区在世界经济增长出现减速的情况下却呈现高速增长势头,这种态势正在推动世界经济发展新格局的形成。由于亚太地区已经形成的巨大的经济规模、高速的经济增长以及不断加深的依赖关系,使这一地区正在向一个具有强大竞争力的经济圈迈进。这种宏观背景事实上也在影响世界旅游业发展的趋势与格局。甚至在东南

亚经历了一场深刻的金融危机之后,这个区域的国际旅游业也没有受到大的影响。这样,作为旅游目的地在接待区域外的国际旅游客流流量方面,就形成了一种欧洲地区相对减少、美洲地区相对稳定、亚太地区持续增长,其他地区在波动中发展的基本格局。从具体的国家来看,当前世界旅游客流的基本流向还是以发达国家之间的流动为主,从发达国家向发展中国家的流动则呈明显的增长势头,见表7-6。

表7-6　世界排名前10位的旅游目的地

排名	国家	过夜旅游者人数(百万人次)	
		2002年	2003年
1	法国	77.0	75.0
2	西班牙	52.3	52.5
3	美国	41.9	40.4
4	意大利	39.8	39.6
5	中国	36.8	33.0
6	英国	24.2	24.8
7	奥地利	18.6	19.1
8	墨西哥	19.7	18.7
9	德国	18.0	18.4
10	加拿大	20.1	15.7

旅游收入世界排名前10位的国家和地区

2002年			2003年		
排序	国家	旅游收入	排序	国家	旅游收入
1	美国	665	1	美国	651
2	西班牙	336	2	西班牙	417
3	法国	323	3	法国	366
4	意大利	269	4	意大利	313
5	中国	204	5	德国	230
6	德国	192	6	英国	194
7	英国	176	7	中国	174
8	土耳其	119	8	奥地利	136
9	奥地利	112	9	土耳其	132
10	希腊	97	10	希腊	107

数据来源:世界旅游组织WTO官方网站。

第三节 市场细分

一、市场细分的标准和作用

市场细分是市场营销的核心概念之一,是战略营销的重要组成部分。市场细分是指将整个市场划分成若干个具有相同特征的消费者群的过程。每一个具有相同特征的消费者群,被称为一个市场细分部分。例如,居住在上海的休闲旅游者就是一个具有某些消费共性的群体,这个群体中的顾客会对某一特定的旅游服务产品表现出偏好。

（一）市场细分的原因

通常情况下,任何一家企业都不可能以同样的运作方式与所有顾客打交道,所以,旅游产品生产者只密切关注整体旅游市场的一个或几个游客亚群体,并将其作为开展营销活动的目标市场。市场细分的主要原因就是以最有效的方式集中市场营销的人力、物力和财力,在一个或几个企业熟悉的或较为了解的市场上开展活动,从而取得良好业绩。

在旅游市场竞争日益激烈的条件下,当若干旅游产品生产者为争夺同一市场的份额而展开竞争时,当生产者将其产品的目标市场指向同一潜在顾客群中的若干个亚群体时,这些生产者就越来越迫切地感觉到必须为各个亚群体生产和提供适应其需要的产品。在旅游业中,理想的结果应该是只要顾客愿意支付必须的费用,每一个顾客都可享受到特别的个性化服务或专门为其定制的产品。

旅游企业在选择了一些对特定的服务最感兴趣的市场细分部分之后,就要有针对性地开展市场营销活动。为此,企业要考虑以下问题:（1）谁是企业的目标顾客?（2）他们要在企业提供的服务中寻求什么利益?（3）企业怎么样开展市场营销活动才能更好地满足他们的需要?（4）企业应该在哪儿和在什么时候促销自己的服务?

（二）旅游市场有效细分的标准

根据营销学家科特勒和吉斯耐尔的看法,细分市场若要在营销中具有有效性,就要符合以下四个标准:

1. 分离性

是指对选定的细分顾客群,必须可以凭借访问目的、收入水平、居住地或出游动机等依据将它们一一区别开来。

2. 可测量性

是指区别细分顾客群的标准必须可以通过现有的市场调研数据、或通过在合理预算的范围内获得的最新数据来加以衡量。如果市场营销者不能精确地量度某一个细分市场,该细分市场也就不可能成为精确的目标市场。

3. 可盈利性

是指由目标细分市场带来的长期预计收益应超过为达到此收益水平而设计营销组合所需的全部费用,且赢利部分是组织所希望达成的目标。相对企业规模来说,细分市场应有一定的规模,有足够的利润吸引企业在这个市场上经营,值得企业为该市场制定专门的营销战略、策略和为此投入资源。如果细分市场中的收入不足以弥补为开发这个市场所付出的成本,那么细分过程就没有什么意义了。

4. 可适应性

是指相同的营业场地所服务的不同细分市场必须与生产者在整体市场上所确立的形象或地位相协调,并有助于其形象的确立或地位的巩固。

一般来说,企业选定的目标市场具有某些特殊需求和特征,生产者之所以将其选定为自己的目标市场,是因为生产者认为自己特别有能力提供相关产品来满足这些需求。

(三) 旅游市场细分的作用

进行旅游市场细分,可为旅游企业的发展带来如下帮助:

1. 可使旅游企业更多地了解所选择的客户群的需要;
2. 可使旅游企业更有效地进行旅游市场定位;
3. 可使旅游企业更精确地选择促销媒介和技巧;
4. 可使旅游企业更有效地使用市场营销资金。

促销分级　细分市场　宁夏旅游实现高增长

2004年"五一"黄金周宁夏接待游客总量和旅游总收入均创历次黄金周最高水平,与最好的2002年同期相比分别增长82.8%和68.8%。如此喜人的成绩,固然是因为黄金周的旅游产品丰富多彩,旅游活动层出不穷,但是毋庸置疑的是,2004年宁夏旅游针对细分市场的宣传促销工作为黄金周起到了拨两带斤的作用。

今年,宁夏旅游提出新的宣传促销理念,针对不同目标市场分级实施,进一步细分市场,收到了良好的效果。

宁夏改变了以往由自治区旅游局包揽宣传促销的做法,针对不同的促销活动,点面结合,重点突出,整体推进。面上的宣传由自治区旅游局统一安排,集中打造"塞上江南,神奇宁夏"主题形象。点上的宣传有分工有合作,重要的大市场由区市级旅游局和旅游企业共同参与宣传,周边市场由邻近市县区旅游局负责,已巩固的市场则主要由旅行社负责维护。促销工作形成了上下联动、左右配合、合力增强的良好局面。

2004年2月份全区旅游工作会议结束之后,宣传促销工作全面启动:将旅游促销的目标市场进一步细分,针对不同目标市场打造不同品牌产品。面向国内观光、休闲、娱乐市场,树立"大漠风光,黄河古韵"旅游品牌产品形象,打造"西部之窗,神奇宁夏"品牌产品;面向区内及周边休闲、娱乐、度假市场,树立"清凉度假地,大漠游乐园"旅游品牌产品形象,打造"休闲宁夏"品牌产品;面向日、韩市场,树立"迷失的西夏文明,遗存的丝路北道"旅游品牌产品形象,打造"寻找迷失的文明"品牌产品;面向欧美专项市场,树立"天然长城博物馆,大漠黄河风情园"旅游品牌产品形象,打造"中国大漠,黄河自助探险游"品牌产品。目标市场细分之后,针对不同的客源市场制定相应的宣传促销方案,开展了一系列的宣传促销活动,收效良好。

"五一"黄金周期间,宁夏接待游客总量与同期相比大为增长,其中来自区外的游客占很大比重。

二、旅游市场细分的依据

市场细分并不存在统一的标准,一般而言,旅游市场细分的依据主要有:人文因素、地理因素、心理因素、消费行为因素、利益因素等。

(一)人文因素细分

市场细分首先可以依据顾客的年龄、性别、职业、收入等级等一些基本事实划分为不同的群体,这就是人文因素细分。人文变量是区分顾客群体最常用的依据。这是因为消费者的欲望、偏好和对某类商品的使用率与人文变量联系最密切,且这些统计资料很容易获得。

按照年龄和生命周期变量细分,每一个人的生命进程都有其不同阶段,从婴儿期到少年再到青年再到中年再到老年,他们的旅游需求是不同的。我们根据旅游者年龄可将旅游市场划分为青年旅游市场、中年旅游市场和老年旅游市场。青年人精力充沛、活泼好动、好奇心强,从而愿意尝试各种新兴旅游产品,但由于收入较少,出游消费受到一定的限制。中年旅游市场中旅游者收入高,有充足的带薪假,再加上他们是会议、商务旅游的主要群体,消费水平高,因此成为了旅游市场的主体。老年旅游者的优势在于拥有较青年人和中年人更多的闲暇时间,有相当一部分老年人还有较高的收入,旅游观念也得到强化,年轻时工作忙、收入低,老来总该看看世界,享受一下,所以,老年旅游市场应成为各旅游企业关注的主要市场之一。

按照性别变量细分,不同性别的游客对旅游产品的需求不同,男性游客成为会议、商务、奖励旅游的主要市场,而女性出游更喜欢观光和购物。随着女性社会地位和经济地位的提高,自主意识的增强,女性旅游市场正在不断扩大。事实上,目前妇女在商业、政府和教育领域中占据高级职位的比例越来越大,这意味着长期以男性为主的公务、商务市场中将出现越来越多的女性客人。

按照家庭结构和家庭生命周期变量细分,其对旅游者的旅游购买决策也是有很大影响的。家庭结构指一个家庭的构成者情况及家庭成员的数量。家庭生命周期则是指一个人从青年单身开始经历的结婚、生子、子女自立离家等一系列阶段。一般来说,家庭收入状况相差不大的情况下,少成员的家庭较多成员的家庭更可能购买旅游产品,特别是购买远距离的旅游产品,比如中国新开设的欧洲游线路。

按照社会阶层和受教育程度及职业变量细分。一般来说,社会阶层以及受教育程度的高低和旅游者的出游率及购买旅游产品档次成正比。人们的职业也会影响其对旅游产品的需求,政府公务员、公司管理人员有较多的机会参加公务旅游,教育机构人员、研究机构人员有较多的机会参加学术交流活动,学生有假期进行观光旅游。旅游企业按社会阶层、受教育程度和职业细分市场之后,需为不同的旅游者设计不同类型、不同档次的旅游产品,制定不同的价格,选择不同的营销渠道。

按照宗教信仰变量细分。宗教旅游从古至今都是旅游活动的一个重要组成部分。全世界拥有信徒最多的宗教主要有佛教、伊斯兰教、天主教、基督教、犹太教等。其中佛教和伊斯兰教教徒最多,分布范围也最广。中国第一大宗教是佛教,历史上遗留下了许多著名的佛教古迹,如著名的四大佛教名山,对佛教徒有很大的吸引力。

(二)地理细分

人们都生活在不同的地域范围,同一地域范围的人,消费有某些相似性,而不同地域的消费者,却有不同的需要和爱好,并对企业的同一商品及其市场营销手段产生不同反应。比如,中国人的餐饮口味就有所谓的"东甜西酸南辣北咸"之说。因此,地理变量对于分析研究不同地区、不同国家消费者的需求特点、需求总量及其发展变化趋势有重要的参考价值。地理变量容易识别和分析,并且这些市场有许多可以使用的人口统计、旅行和其他的统计资料。地理变量主要有地区、都市规模、人口密度、气候等。

世界旅游组织将世界性的区域旅游市场划分为六个部分:东亚和太平洋区、南亚区、中东区、美洲区、欧洲区、非洲区。欧洲区和美洲区是世界旅游业最发达的地区,接待游客数和输出游客数以及旅游收入居世界前一二位,而东亚和太平洋地区是近年来旅游业增长速度最快的地区,是各国的旅游企业发展壮大的潜力所在。中国旅游市场按地区变量可划分为华东、华南、西南、西北、东北、华中等几个地区,而出游者目前以收入较高的华东、华南居多。

都市规模及人口密度则可划分为 0.5 万人以下、0.5—2 万人、2—5 万人、5—10 万人、10—25 万人、25—50 万人、50—100 万人、100—400 万人、400 万人以上,对旅游企业来说,不同规模的都市对企业有着十分不同的意义。

气候可划分为热带、亚热带、温带、寒温带等,生活在不同气候环境下的人们对旅游需求的偏好是不一样的,旅游企业可据此细分市场。比如,我国的黑龙江、吉林、辽宁三省就是利用了所处地区的寒温带气候,通过宣传促销,大力吸引热带、亚热带的游客光顾东三省,以林海雪原、雾凇冰灯,让游客乐而忘返。

外来人口和旅游客成为上海演出公司的一个目标市场

上海是一座外来人口和旅游客众多的国际大都市,而外来人口和旅游客越来越成为上海服务业关注的一个细分市场。上海的文艺演出越来越多地引进外地和外国的剧目,因为在上海演出市场,外地"老乡"喜欢捧家乡戏,外国游客喜欢捧自己国家的戏。如福建的梨园戏,在上海本地观众眼里是冷门剧种,但上海有关演出公司仍坚持引进,结果在福建"老乡"的追捧下,在正式上演前 1 个月售票率就达到 90% 以上。又如日本宝冢歌舞团到上海演出,在预定演出票的观众中,来自日本的观众达到一半以上,超过 4 000 人次。可见,外来人口和游客是国际大都市服务业的一个重要的细分市场。

(三) 心理细分

用人文因素细分市场,各个顾客群体中的消费者却有极不相同的心理特性。因此,旅游企业也可依据旅游消费者所属的社会阶层、生活方式和个性特点等心理因素,进行心理细分。按照社会阶层来划分,可分为下层、中层、上层,旅游消费者往往是中、上层人士。按照生活方式划分,可将人群划分为朴素型、时髦型、高雅型等,对于这些生活方式不同的消费者群,不仅旅游产品的设计应有所不同,而且旅游产品的价格、旅游纪念品的经销商店、旅游产品宣传等也应有所不同。为进行生活方式细分,旅游企业可以用三个尺度来测量消费者的生活方式:(1)消费者的活动,如消费者的工作、业余消遣、休假、购物、体育、款待客人等活动;(2)人们的兴趣,比如对旅游的喜好,有的喜欢观光游,有的喜欢文化游,还有的喜欢冒险游,不一而足;(3)意见,如消费者对社会、政治、经济、文化教育、环境保护等问题的意见。按照消费者的个性心理划分,可分为爱交际的消费者等等。

(四) 行为因素细分

行为细分就是按照消费者的购买行为细分市场,具体包括消费者的购买动机、购买时机、购买频率、追求利益、忠诚程度、态度等行为变量,这些行为变量一般被认为是市场有效细分的最佳依据。比如新婚蜜月旅行,许多情侣结婚时都愿意选择这一传统的方式作为婚庆纪念,所以旅行社推出这样的服务项目必然会吸引许多新婚夫妇。

按照旅游动机细分旅游市场是运用最为广泛的一种细分方法。按旅游者外出旅游的动机或目的可将旅游市场划分为:度假旅游市场、商务会议旅游市场、探亲访友旅游市场、观光旅游市场、购物旅游市场、体育旅游市场、修学旅游市场、奖励旅游市场等不同的类型。

按照旅游者所追求的利益细分市场。当顾客选择购买某些产品时,他们所追求的利益是不同的。比如,出游的人群,有的是为了饱享美食乐趣,有的则是为了清闲和放松。对于旅游业多数部门的营销管理者而言要想知道细分顾客群所追求的利益所在,必须要通过认真的调研,只有这样才能获得可靠资料,才能最好地满足消费者的真正需要。

按照购买频率和对企业的忠诚度来细分市场。较高的购买频率,会增加旅游产品的购买总量,许多度假旅游区由于气候适宜、环境幽雅、服务到位,常常会吸引同一旅游者多次购买。重复购买率高的旅游者同时对旅游企业或产品有较高的忠诚度。

第四节 中国旅游业的客源市场

一、海外来华客源市场

中国旅游业就是从先发展入境旅游的模式上起步的。我国自改革开放以来,海外来华旅游市场一年大过一年,一月大过一月,特别是在旅游旺季,入境客源量更是可观,旅游收入也持续增加,使旅游业切实地成为经济发展的一个新的增长点,同时,中国入境旅游的国际排名次序也持续提高。

据世界旅游组织发布的世界旅游统计数字公报表明,2002年中国入境过夜旅游者人数和国际旅游(外汇)收入继续双双位列世界第五位。世界旅游组织预测,到2020年,中国将成为世界第一大旅游目的地国家和第四大客源输出国。

(一)入境旅游客流的运动规律

我国入境旅游客流的运动规律主要有以下特征:

1. 海外来华旅游者在流向上明显地受到地理位置、经济条件和文化异同等三种因素影响。

首先,从客源地所在的地理位置和经济条件上看,表现为客源地相对集中,市场级次明显。我国历年所接待的入境旅游者,一方面主要地集中在几个国家,并按照距离我国远近而显示出其重要性;另一方面受客源国经济发展水平影响而在送客量上有很大的差别。

其次,从旅游者的旅游偏好来看,外国旅游者对以华夏文化为背景的景观尤其感兴趣,适当的文化差异成为吸引外国旅游者的重要因素,而文化趋同的民族则对自然风光更感兴趣。这种旅游偏好决定了北京、西安、南京等历史文化名城成为海外来华旅游客流的重要流向地。

2. 从入境旅游客流运动的时间特征上看,一方面有明显的季节性;另一方面逗留时间的地区差异很大。

3. 从入境旅游者在中国旅游的行程以及在延伸旅游的国家和地区来看,集中比率较高,游览较多个地区或国家的旅游者相对较少。

(二)我国主要的国际客源市场情况

1. 日本市场。日本经济的发展,使日本成为世界上人均国内生产总值最高的国家之一,1996年的人均GDP为22 628美元,国民生活水平很高,使日本人出国旅游人数稳定增长有了坚实的经济保障。日本一直就是中国旅游市场的主要客源国之一。它是我国一衣带水的邻邦,有地理交通之便,文化上也同中国有

着悠久的历史渊源,自 20 世纪 90 年代以来,更成为中国入境旅游榜首国。1991 年,来华 64.1 万人次,突破了历史最高水平,到 2002 年,来华旅游人数更高达 292.56 万人次。我国的旅游企业应确实改进产品与服务质量,及时推出适合日本市场需要的产品,价格更合理,更灵活,强化联合促销,使日本国民成为中国旅游市场持久而稳定增长的客源市场。

2. 韩国市场。韩国与中国自 1992 年建交以来,两国在政治、经济、文化尤其是旅游等方面的交流进入了高速增长的时期。在韩国旅游目的地国的排名中,1990 年我国排在第 14 位,1994 年一跃为第 4 位,1995 年升至第 3 位,1998 年名列第 2 位,2001 年中国超过日本,成为韩国最大的旅游目的地国。1993 年,韩国由我国的非主要客源国发展成为我国五大旅游客源国之一,1997 年升至第 3 位,2001 年和 2002 年韩国仅次于日本,是我国的第二大旅游客源国。

1999 年至今,为韩国客源市场的高速增长阶段。中韩建交 10 周年,旅游业也有 10 来年的发展,韩国来华旅游业已慢慢步入成熟阶段。从 1999 年开始,由于国内经济的稳步回升使消费者信心高涨。2000 年,韩国旅华市场达到 134.47 万人次,占中国入境总人数的 21.7%,比上年增长 36.5%,韩国成为继日本之后我国第二个突破百万人次大关的客源大国。2001 年韩国来华总人数为 167.8836 万,占海外旅游者总数的 15%,比上一年增长了 24.8%,与来华客源市场居第一的日本相差不到 50 万。2002 年到中国旅行的韩国人达到 212.43 万人次。这都充分说明了韩国的旅华客源市场在我国旅游市场中的地位及发展潜力,应该引起我国旅游界的高度重视和认真的研究。

3. 美国及北美市场。美国作为一个经济大国,在旅游市场中占有举足轻重的地位。2002 年美国旅游者来华人数达 112.12 万人次,美国旅华人数首次突破百万次大关,成为我国第四个入境旅游人次超过百万的客源国。今后较长一段时间内,美国作为我国主要客源市场的地位不会改变,我国的旅游企业必须要有计划、有组织地开拓新的客源层和销售渠道,扩大市场触及的广度和深度,争取美国来华市场的进一步发展。

除美国外,北美其他国家也是我国旅游业发展的重望所在。北美地区的人口规模、富裕程度、教育水平等条件都决定了该地区是世界上国际旅游的重要客源地。特别值得一提的是加拿大市场,自 20 世纪 90 年代中期以来,加拿大来华旅游的人次大部分时间在前十名之内,2002 年加拿大来华旅游人数达到 29.13 万人次,因此,中国旅游企业应将加拿大市场作为重点来培养。

4. 西欧市场。西欧各国由于经济状况较好,一直是世界主要出游国,德、英、法是主要来华客源国。

德国由于工业发达,人民生活水平较高,加上有较长的带薪假期,使得德国成为目前世界上最大的客源产生国,海外旅游总支出居世界之冠。1991年德国来华旅游者仅9.23万,到2002年就高达28.18万人次。近几年来,来华游客中,中层消费者增加,商务旅游者和散客也在增多。

英国的经济形势一直较为良好。近年来的旅游动向表明,越来越多的英国人改变在欧洲度假的习惯,转向远距离旅游地。1991年英国来华旅游者11.46万人次,2002年高达34.3万多人次。

法国旅游者属浪漫一族,1991年来华8.6万人,2002年达22.21万多人次。

5. 东南亚市场。20世纪80年代以来,东南亚各国经济发展迅速。出境旅游,尤其是区域内的近距离旅游发展较快。菲律宾、马来西亚、新加坡、泰国等国成为东南亚旅华市场的主要客源国。

菲律宾,1990年来华人数为10.4万,绝大多数以散客形式来华探亲。近年来更是对中国情有独钟,2002年来华旅游者达50.86万人次,成为东南亚旅华第一大客源市场。

新加坡,自20世纪80年代以来,新加坡来华旅游人数持续增长。1991年来华旅游人数9.82万,到2002年,来华旅游人数49.71万。新加坡作为1965年才建国,人口300余万但却是全世界最富有的国家之一,也是中国的近邻,将会是中国旅游市场稳定的客源市场。

马来西亚,在20世纪90年代之前,还不是中国旅游市场的主要客源国。但由于近年来马来西亚经济发展状况良好,人民收入水平提高,因此,有许多国民便把出国旅游作为他们生活水平提高的一个标志,特别是把中国这个有着几千年优秀历史文化,现阶段政治环境又十分稳定的国家作为他们出国旅游的首选之地,2002年,马来西亚来华游客达59.24万人次,对中国旅游业支持很大。

泰国,泰国从20世纪90年代以来,就把中国作为国民出游的主要目的地之一,1991年泰国来华旅游的人数就达8.8万,到2002年,则达到38.63万人次。

6. 俄罗斯市场。在20世纪90年代以前,由于苏联经济凋敝,出游人口一直不很乐观。但近年来,俄罗斯经济状况日益好转,再加上中国人民与俄罗斯人民一直有着传统友谊,所以,俄罗斯已成为中国入境旅游市场主要客源国之一。特别是在2003年因受中国内地"非典"疫情的影响,各主要客源国的入境人数普遍下降且降幅都达到两位数,但俄罗斯仍然实现了增长8.6%的良好情况,入境中国的旅游人数达138.07万人次,因此,我们有理由相信,热情而对世界风情感兴趣的俄罗斯人民,将会更加看好中国旅游市场,一直保持中国旅游市场主要客源国的地位。

7. 港澳台市场。港澳台地区是中国内地最好的旅游客源地,每年来访的港澳台同胞对中国旅游市场的发展提供了巨大的支持。共同的祖先,相同的语言,使中国内地的旅游从业人员都十分乐于服务于港澳台同胞。特别是 1997 年和 1999 年之后,香港与澳门的回归更使中国内地旅游市场得到了很大的支持。2002 年香港同胞到内地旅游度假的达 6 187.94 万人次,澳门同胞 1 892.88 万人次。

近几年,台湾地区是亚洲出境旅游增长较快的一个客源地,2002 年,台湾同胞来祖国内地旅游达 366.06 万人次,平均每天达到 1 万人次。如今祖国内地不仅是台湾同胞出岛旅行的首选目的地,也是台湾同胞贸易投资的首选之地。台湾与内地未来的市场前景将无可限量。

五大卖点托起韩国旅华市场

淡季短期旅游

北方地区的冬季是韩国旅华客源市场的淡季,可利用较近的地理优势,开发 2—3 日的物美价廉的休闲游或周末游等旅游产品,使淡季不淡。韩国游客大多都喜欢短期旅游,旅程不超过一星期的旅游比较受欢迎。可以冬季以冰雪旅游为主题,夏季以吉林长白山旅游为重点,春季和秋季以鸭绿江畔为中心设计旅游线路。

历史文化、亲情旅游

韩国和中国是近邻,文化交流源远流长,可以开展一些相关的主题旅游,大规模地恢复或重建桓仁、集安的一些高句丽时期古建筑,是吸引游客的卖点之一。西部民族地区的民俗风情、民族文化资源开发才刚刚破题,对韩国游客来讲,很有吸引力。韩国人有 41% 的人信仰佛教,我国现存的古刹寺庙、佛教名山对韩国佛教教徒是一个很有潜力的市场。许多韩国人来中国的长白山游览天池,寻历史文化之源。近期韩朝两国正在酝酿汉城—平壤—新义州的火车观光线路,促使东北市场要抢在韩国人还没通过朝鲜去看长白山天池之前,充分调动有特色的旅游资源宣传,能够尽快地完成旅游商品的转型。

体育健身旅游

在韩国打高尔夫球是一种高贵的享受,但冬天价格昂贵,一般百姓很难承受,而且受气候的影响草皮的质量也不是很好,所以很多的韩国人在冬季都选择东南亚和中国的海南打球,因而利用中国南方得天独厚的气候,一年四季提供优质的高尔夫球场地,具有做高尔夫球专修团的优越条件和巨大潜力。因此要加大对韩国"高尔夫"旅游团的宣传促销,使"到中国打高尔夫球是最佳选择",成为韩国700万高尔夫球爱好者的一种共识,此外,中国的南方可以利用天然的气候条件多开展该项旅游线路。韩国民族是个很喜欢足球的民族。在韩国从事足球事业的人口很多,球迷也很多,而且在亚洲韩国的水平是很高的,2002年6月的世界足球锦标赛在韩国和日本举行,使韩国足球更加升温。我国与韩国是近邻,有着多年的足球交流基础。旅游行政部门与中国足协积极配合,特别是在东北足球文化很浓的大连、沈阳等地,多开展不同年龄层次的足球交流活动,对旅游会有很大的拉动力。

修学旅游

目前韩国公众对中国的关心程度日益增高,文化领域的交流在扩大,每年来华学汉语的人数在大幅增加。由于中国经济的飞速发展,留学生学汉语的动机和内容也发生了变化。过去,来中国的留学生主要是研究中国的语言和历史,现在已扩展到对中国政治、经济及社会各个方面的全方位关注。现在,他们来中国留学,能为今后的就业增加筹码。

商务旅游

中国加入WTO后,旅游市场对外开放幅度加大,允许各国有实力的企业家在中国建立控股企业等对韩国有巨大的吸引力;我国也处在大力发展旅游业的时期,积极鼓励入境旅游,中国最安全的旅游目的地形象和中国加入世贸组织的效应吸引了更多的入境旅游者。在客源市场竞争激烈的今天,旅游企业必须采取各种促销方式,积极争取客源。韩国的电视节目里也经常会有中国西部大开发的专题片,可以考虑开发西部商务考察游。

资料来源:王伟伟、李恩光、门家禄,《五大卖点托起韩国旅华市场》,北京,《中国旅游报》,2003年。

二、国内旅游市场

中国国内旅游市场有着非常广阔的前景。自20世纪80年代初开始发展以来,到现在已经有了相当可观的规模,而且仍有迅猛发展的趋势。这可从表7-7统计资料中体现出来:

表 7-7　1978—2002 中国国内旅游人数与收入情况

年份	国内旅游人数（百万）	增长率%	国内旅游收入（亿元）	增长率%
1978	—	—	18.4	—
1984	200	—	—	—
1985	240	20.0	80.0	—
1986	270	12.5	106.0	32.5
1987	290	7.4	140.0	32.1
1988	300	3.4	187.0	33.5
1989	240	-20.0	150.0	-19.7
1990	280	16.7	170.0	13.3
1991	300	7.1	200.0	17.6
1992	330	10.0	250.0	25.0
1993	410	24.2	864.0	*
1994	524	27.8	1 023.5	18.5
1995	629	20.0	1 375.7	34.4
1996	639	1.6	1 638.4	19.1
1997	644	0.8	2 112.7	29.0
1998	694	7.8	2 391.2	13.2
1999	719	3.6	2 831.9	18.43
2000	744	3.5	3 175.5	12.13
2001	784	5.4	3 622.3	10.92
2002	878	12.0	3 878.0	11.01

我们对国内旅游客流的运动,也从流量、流向和时间特征入手。

从统计年鉴中可以看出,整个 20 世纪 80 年代,国内旅游都呈缓慢增长态势,但一迈进 20 世纪 90 年代,国内旅游客流量就有了突飞猛进的发展。据抽样统计资料显示,1993 年国内旅游出游总人数为 4.1 亿人次,1994 年为 5.2 亿人次,1995—1998 年均为 6 亿多人次,进入 1999 年突破 7 亿,到 2002 年更突破 8 亿接近 9 亿。2003 年则因受"非典"疫情的影响出现大幅下滑,属特殊情况,但是,我们刚刚经历的这段困难时期也使我们对旅游业有了更进一步的认识,让我们认识到了旅游业的脆弱性和重要性。到 2004 年年初,就又出现了比以往更加良好的国内游势头,2004 年春节黄金周期间,全国共接待旅游者 6 329 万人次,实现旅游收入 289.6 亿元。进入旅游旺季的 4、5 月份,出现这样的态势,主要原因在于:一是国民经济的发展、国民收入的增加,为国民旅游创造了日益深厚的物质基础;二是国家近年来加大了旅游基础设施建设的力度,铁路、公路、航空运输齐头并进,住宿业、餐饮业更是节节看好,这都为游客的出游提供了极大的便利;三是自由时间的增加,尤其是1993年5月以来的五天工作制使国民的国内游受到了前所未有的激发,旅游成了一部分国民的基本生活需要,也成了大部分国民追求的一个生活目标。

从流向上看,由于我国国内旅游仍大多以游览自然风光和观赏人文景观为主,这样就使旅游目的地高度集中,一些知名度高、历史悠久、风光绮丽的旅游城市就成了国内旅游者的首选地。1995年的国内旅游抽样调查结果表明,58个城市在观光度假旅游者的心目中有较高的地位,见表7-8。

表7-8 国内游客中的观光度假旅游者游览的主要目的地*

按旅游者人数 分组(人)	目的地 城市数(座)	旅游目的地城市
30以下	27	呼和浩特、九江、长沙、温州、北海、海口、长春、珠海、三亚、乌鲁木齐、吉林、连云港、厦门、郑州、汕头、延吉、南通、泉州、洛阳、湛江、大同、漳州、南宁、南昌、合肥、拉萨、西宁
30—60以下	14	宁波、沈阳、济南、广州、石家庄、黄山、深圳、兰州、承德、福州、烟台、太原、哈尔滨、银川
60—90以下	5	桂林、南京、无锡、武汉、贵阳
90—120以下	6	上海、昆明、西安、秦皇岛、成都、重庆
120—150以下	3	天津、苏州、杭州
150—200以下	2	大连、青岛
200以上	1	北京(466人)
合计	58	

三、出境旅游市场

中国对外开放的继续推进,中国公民出国旅游目的地国家的不断增加,既为有关国家旅游业的发展带来了福音,从长远来看也有利于"双向旅游"规模的进一步扩大。中国公民的出境旅游,正式起步是在1997年,但7年来发展之快,远远超出了人们的预料,引起了全世界的特别关注,以至于开放本国为中国公民出国旅游目的地的议题成为近几年外国领导人与中国领导人会谈时的一个普遍议题。截至2004年年底,正式开展中国公民出境旅游组团业务的国家已达61个,还有一批国家正在积极商谈中。总之,中国出境旅游市场发展迅猛,2002年,中国公民出境人数达1 660.23万人次,比2001年增长36.84%。其中,因公出境654.09万人次,比上年增长26.08%;因私出境1 006.14万人次,比上年增长44.87%。2003年,我国出境总人数达到2 020万人次,首次超过日本成为亚洲出境人数最多的国家。2003年,在我国入境旅游和国内旅游因受"非典"影响而出现下降的情况下,我国公民出国旅游市场却继续发展壮大,出国人数有较大增长。

2003年,我国公民出境人数达到2 022.19万人次,比上年增长21.8%。其中,因公出境541.10万人次,比上年下降17.3%;因私出境1 481.09万人次,比上年增长47.2%。出境第一站按人次排序,列前10位的国家和地区依次是:香港地区、澳门地区、日本、俄罗斯、越南、韩国、泰国、美国、新加坡、马来西亚。

2004年上半年,我国出境旅游市场继续强劲增长。1—6月,我国公民出境人数累计1 333万人次,其中,因私出境人数达到1 057万人次,占出境总人数的79%,分别比2003年和2002年同期增长87%和136%。

我国旅游市场规模的迅速扩大,得益于党中央、国务院和各级党委、政府的正确领导,得益于我国社会稳定、经济不断增长的良好局面,得益于全面建设小康社会战略进程的不断推进,得益于我国旅游业长期发展所奠定的坚实基础,也是旅游全行业干部职工坚定信心、迎难而上、奋勇拼搏的结果。

出境游舍旧迎新,个性化产品受宠

2004年的"五一"黄金周,旅行社的出境游生意大大看好。像国内游所遇到的非典和机票涨价等问题都没有给出境游造成大的影响。原来出境游人数量最多的东南亚市场如新马泰港澳等常规参观线路已淡出市场,最受欢迎的则是那些新奇特的产品。该黄金周印度和尼泊尔线路卖得最好。由于"五一"期间气温适中,出境游的短线"海岛游"受到了众多旅游消费者的追捧。几乎每个大的旅行社或多或少都做了马尔代夫、塞班岛的产品,而且卖的还都不错。"那些经常出国的游客已不满足走马观花的多国线路游,而更加希望找一个地方呆下来,好好享受一番,而这些海岛便成了最适宜的选择。"一位旅行社老总说。在"五一"期间,中青旅推出了普吉自助、巴厘岛、热浪岛、菲律宾长滩岛等海岛休闲类的一地纯休闲游产品及自由行产品。中青旅出境部的负责人说:"卖的最好的要算是以单价最高的马尔代夫6星级皇家岛了。虽然价格最高,但是一些中高端客户选择在黄金周期间出游,更注重深度休闲体验及自由从容的行程安排,因此,价格因素对其影响不大。"

资料来源:张洵涛:《国内出境冷热不同,个性化产品受宠》,《中国旅游报》,2004年5月10日。

欧洲游：面对各方期待

欧洲目的地：翘首期待中国客

让人期待了近一年的"欧洲游"将在 2004 年 9 月 1 日成为现实，欧洲游的正式开放已经进入"读秒"阶段，此番可以成行的欧洲国家共 30 个，包括除英国以外的欧盟 24 国，以及土耳其、冰岛、挪威、瑞士、罗马尼亚、列支敦士登。可以预计，在今年金色的秋天，大批普通中国公民将沉浸于欧洲的美景之中。欧洲各国旅游行业的官员和巨头已经开始通过各种途径竭力招揽中国游客。

欧洲铁路集团公司总经理皮库特以最快速度在北京设立了办事处，为中国游客提供欧洲众多国家的铁路通票。"对于想在欧洲过把瘾的中国游客，舒适、快捷、方便、准时而安全的欧洲火车是上乘之选。"该公司中国区代表顾剑说。

芬兰旅游局中国区代表刘丹晔说，气候凉爽的北欧是不错的避暑之地。斯堪的纳维亚半岛诸国将以其纯净的自然景观和丰富的文化资源迎接中国游客造访。"我们确信，中国游客将是继上世纪 70 年代阿拉伯石油商人，80、90 年代的日本人和韩国人之后，又将吸引全球旅游业界注意力的重要市场。"专程来中国推荐自己的温泉小城的德国巴特基兴根地区代表沃尔夫斯耶格说。由于德国早于欧盟其他国家于 2003 年 2 月开始迎接中国旅游者，德国人用自己的经验现身说法。

瑞士旅游局首席代表张雯佳称，瑞士旅游局将在中国市场投入 20 万瑞士法郎进行宣传和准备工作，对通过培训考试的中国旅行社颁发"瑞士旅游专家"资格证书，并充实中文网站的内容，游客今后可在网上获取信息，并下载签证表格。目前，瑞士的一些景区、景点已经增加了中文说明，瑞士旅游行业还针对如何接待好中国游客出了一本指导书籍《你好，中国》。

旅行社：期待出境游新引擎

史无前例的欧洲 26 个国家同时开放，有可能是旅行社面临的一个十分难得的大机遇，竞争自然不遗余力。但是，不容回避的一个问题是欧洲游目的地一开放，便成了"旧"旅游目的地，因为很多具备一定实力的旅行社此前一直打着商务旅游的擦边球，提前经营了"欧洲游"。

"欧洲旅游不用宣传,游客的期盼早已胜过我们的广告。"北京广之旅的王延光告诉记者,由于旅行社做欧洲"商务考察"的历史悠久,因此,各社和欧洲的航空公司、汽车公司、酒店都保持着合作关系,产品线路早就是成型的。一位业内人士分析,"北京目前有41家出境游组团社,一旦9月1日到来,能推出首航团的至少在10家以上,一场首航团大战在所难免,各家比的只有服务了。"

"原来的商务团,由于遮遮掩掩处于地下状态,只要团能顺利成行就不错了。正式开放后,游客的期望值将大大提高,这意味着旅行社必须花心思去迎合越来越挑三拣四的客人"中旅总社出境部顿继东分析说。

据悉,港中旅国际旅行社的投资母体香港中旅集团已准备投入高达几千万元人民币的资金,用于在欧洲购买旅游大巴和包酒店,从而降低地接费用成本。

北京神舟国旅主办了一个名为"欧洲旅游形象之星"的评选活动,请游客描述自己心目中的欧洲形象和所希望走的行程,根据游客的意见设计线路。

"旅行社最早准备推出的线路,并不涵盖所有开放的欧洲国家,而是有所侧重。最紧俏的当数法国、意大利和瑞士等西欧国家,希腊、西班牙和葡萄牙、北欧等高端游线路也成为次热点。产品推出后如果受欢迎,以后会进一步地精雕细琢,否则,有可能就被淘汰或重新设计了。"顿继东说,这与以往商务团产品几乎多年一成不变的做法大相径庭。

游客:期待价格降一降

价格是中国游客最关心的问题。根据以往经验,一个目的地开放初期价格会很贵,经过一到两年后才有降价的可能。而欧洲由于物价昂贵,预计开放初的价格仍将保持在1.5万元至2万元的高位。

目前北京地区各旅行社的欧洲游产品价格尚未最后出台。但新开目的地以高利润开始的时代早已过去了,一位旅行社负责人说,对于欧洲游的开放,令人担心的其实不是高价,因为在激烈的市场竞争中,没有哪一家旅行社愿冒成为靶子的风险,倒是颇具迷惑性的低价令人担忧,因为低价意味着牺牲服务或接待质量,最后倒霉的还是游客。一旦低价成为主流后,再进行规范就太晚了。

由于不少业内人士担心,出于占领市场份额的目的,一些旅行社会以低价为饵,从而使欧洲游重复东南亚游低价低质的怪圈。此前在欧洲商务游的经营中,已有旅行社沿用了东南亚盛行的"自费项目"做法,如法国线路中,甚至连凡尔赛宫、卢浮宫、艾菲尔铁塔"三宫一塔"这些游客必去景点,也被列入了"自费项目"中,使表面上的价格降下来了,但实际上游客该花的钱一分也没有少。

第七章 旅游市场

> 虽然大家都期待着开放后迎来一个出行的高潮,但实际上,慢热的、循序渐进的市场才是最有前途的。

资料来源:潘灯:《欧洲游:面对各方期待》,《中国旅游报》,2004 年 7 月 19 日。

▶ 本章提要

本章所介绍的旅游市场是一个在国际和国内都具有十分重要意义的市场。

1. 本章指出了旅游市场的概念及其构成要素。

2. 概括了旅游市场客流的流向、流量特征、客流规律。客流规律主要表现为国际旅游的流向都是由近及远,以近距离旅游为主,但远程旅游发展前景日益光明;国际旅游流量主要源自于经济发达国家和地区;多数旅游者都流向风景名胜区、文化特色显著地区及政治、经济、文化中心区;国际旅游的流向正在向亚太地区和非洲地区转移。

3. 事实上,没有哪一个旅游企业能满足整个大市场的互有差异的需求,为此,提出了细分旅游市场的概念,为确保旅游市场细分的有效性,在细分市场时,应遵循可测量性、可盈利性、可适应性等几个标准。具体细分时,要依据人文因素变量、地理因素变量、心理因素变量和行为因素变量等来进行。

4. 来华旅游者在流向上明显地受地理位置、经济条件、文化异同等三种因素的影响:(1) 从客源地所在的地理位置和经济条件来看,表现为客源地相对集中,市场级次明显;(2) 从旅游者的旅游偏好来看,则更喜欢以华夏文化为背景的旅游景观;(3) 在来华海外旅游者中,一地游的旅游者所占的比重最大。入境旅游者的入境旅游时间有明显的季节性,逗留时间的地区间差异很大。

国内旅游在流量上经历了从涓涓细流到浩浩荡荡的发展过程。流向上观光度假旅游者的兴趣在于休闲观光,旅游流的发源地受经济条件的影响十分明显。国内观光度假旅游者的平均逗留时间比较短。

中国出境旅游正在蓬勃发展之中,前途大好。

▶ 练习与思考

1. 旅游市场的概念。
2. 国际旅游客流有哪些规律,旅游企业应如何把握这些规律?
3. 目前,我国 60 岁以上的老年人已占总人口的 10%,达到联合国界定老龄化社会标准,这意味着老年人也成为旅游市场中不可忽视的群体,那么,你认为中国的老年旅游市场未来的发展趋势怎样,作为旅游企业应如何把握住这一机会呢?

4. 吸引今天的青年旅游者,意味着可以吸引到未来的旅游者,那么,为了企业未来的发展,你是否清楚世界青年旅游市场发展的现状和未来偏好,试着发现和分析,为你的未来工作做好准备。

5. 近年来,国内旅游流呈现一种明显的现象:旅游流高度集中于假日期间,这就是我们所谓的"假日经济"。但有些人认为,这无非是将其他时间出游的旅游者集中于假日出游,并未或很少增加全年的旅游收入,还增加了旅游企业在黄金假日的运营负担,因此,有人甚至建议取消"黄金周",对这个问题,你怎么看?

案例分析

日本旅华市场有望走出低谷

2003年以来,日本旅华市场受"非典"等一系列事件的影响进入了持续低迷的状态。然而从中国国家旅游局驻大阪办事处传来的信息表明,进入2004年4月份日本旅华市场开始出现良好的增长势头。日本旅行业协会对日本主要旅行商进行的最新调查显示,4—6月份中国市场的旅游预订比去年同期有大幅度的增长。刚刚过去的日本"黄金周"期间,到中国的游客超过了5万多人次,达到2002年的90%。有理由相信,随着中国安全旅游目的地形象的深入人心,以及中国旅游部门为吸引日本游客所做的努力,日本旅华市场有望在近期走出低谷,开始全面复苏。

第二季度走出持续低迷状态开始强劲反弹

2003年,突如其来的"非典"疫情让日本旅华市场遭受重创,全年中国接待日本游客225万人次,比上年同期下降23%。2004年1—3月份,由于"非典"个例患者的出现,以及禽流感的流传,加上生性敏感的日本游客容易听信"冬季非典疫情容易卷土重来"的说法,日本旅华市场持续了上年低迷的状态,连续3个月呈现两位数的负增长,见表7-9。

表7-9 1—3月份日本出境旅游人数及旅华人数统计

	日本出境旅游人数	增长率	旅华人数	增长率
1月	119.0万	-5.7%	19.46万	-14.70%
2月	125.5万	-4.8%	22.17万	-15.58%
3月	131.4万	4.6%	24.12万	-10.32%
1—3月	375.9万	-2.1%	65.75万	-13.45%

尽管如此,在中国经济的强劲增长及旅游环境不断改善的大背景下,从4月开始,日本旅华市场在持续了整整一年的低迷之后,开始出现实质性增长的良好势头。2004年4月,日本旅行业协会对JTB、近畿旅行、日本旅行、日航旅行社、阪急交通社等5家大旅行批发商4—6月份的预订增长率进行的调查结果显示,虽然与2002年同期相比仍有大幅下降,但与去年同期相比分别增长了11.1%、48.2%和4.9%。

由于统计截止到4月上旬,加上自去年对日本游客实行免签以后,报名预订的提前量越来越短,所以,实际增长率还将有不小幅度的提高。4月底到5月初的"黄金周",是日本传统的出游高峰期。据日本JTB预测,2004年4月24日—5月4日出游的日本海外游客达到48.5万人次,较上年增长7.3%。其中,旅华市场恢复势头显著,"黄金周"期间的旅华游客预计为5.4万人次。其中,近畿旅行、全日空旅行社和日航旅行社的黄金周期间中国包价旅游产品销售量都超过了2002年的实际水平。此外,据部分旅行社和航空公司的人士透露,其4月份的中国旅游产品销售情况已经超过了2002年的水平。由此,可以乐观地估计,以不发生大的意外事件为前提,2004年4月开始强劲反弹的日本旅华市场,将在6月份前后全面走出低谷。全年日本旅华人数将接近,甚至达到2002年的290万人次大关。

日本旅华市场走向全面恢复指日可待

1. 日本出境旅游消费市场根深蒂固

尽管由于各种不稳定因素的影响,日本出境旅游市场近几年没有太大发展,甚至有了相当程度的缩水,但是,经历了40年发展的日本出境旅游消费需求已经扎根,加上日本是缺乏资源的岛国,对海外贸易的绝对性依赖,也注定了只要外界社会状态稳定,日本游客就会前往。"9·11"事件发生以后,日本游客大量流向中国和亚洲地区,而亚洲地区爆发"非典"疫情后,原本低迷的欧洲和大洋洲市场马上成为旅行商的卖点,这也充分证明了这一点。

早在20世纪90年代中期,日本的旅游业界就提出了到2000年实现出境旅游人数2 000万人次的目标,但是由于日本经济持续低迷及全球社会不断动荡的影响,这一目标没有实现。而今年是日本实现出境旅游自由化40周年,日本旅行业协会再次提出了到2007年实现出境旅游人数2000万人次的目标,并将今年的目标定为1650万人次。这个目标能否实现尚需观察,但日本出境旅游市场将会在去年的基础上恢复性增长是毋庸置疑的。

2. 作为旅游目的地,中国具有无可比拟的优势

(1) 中国是"最佳的投资沃土和最安全的旅游目的地"

1998年爆发的亚洲金融危机和世界经济危机期间,在各国无一例外遭受打击的同时,中国成功御敌于国门之外,为世界交口称赞。中国20多年改革开放的积淀,也让中国成为了"世界的工厂",而13亿人口的消费市场,更让人相信中国也将迅速成为"世界的市场"。去年即使"非典"流行,但日本旅华游客仍旧达到了225万人次,就是因为大量的商务旅行需求存在。而今年的商务旅行市场比去年自然是只多不少。

自从美国发动阿富汗战争和伊拉克战争以来,单极化向多极化发展的世界格局产生了许多动荡。最为显著的就是阿拉伯世界与欧美发达国家的对立,使得恐怖主义盛行,而欧美以及东南亚等地都未能幸免。日本向来以社会治安稳定自豪,但其追随美国的做法也成为恐怖分子关注的理由。从这个理由上来说,连日本社会也得承认:中国是世界上最安全的国家之一。

安全是影响旅游最主要的因素,所以"非典"比恐怖主义的杀伤力更大。但另一方面,由于"非典"是自然因素,一旦得以真正控制,旅游市场的恢复是迅速而实实在在的,而社会问题错综复杂的恐怖主义阴云就没有那么容易散去,会在较长一段时间内存在下去,从长远看对旅游业的影响可能更大。

(2) 中国旅游的吸引力和方便程度不断发展

一方面,中国具有许许多多高品位、高价值的旅游资源。目前,中国的世界遗产数量位居世界第三,超过居第一位的西班牙和居第二位的意大利只是时间问题。加之中国与日本一衣带水,文化同源,其旅游资源的不可取代性决定了众多的日本游客必到中国。随着旅游资源的不断开发,硬件设施的不断完善和服务水平的不断提高,资源的潜在力将源源不断地形成产品,吸引更多的日本游客,产生经济效益。

另一方面,免签政策的实行和中日间航线航班的不断扩充,也为日本游客前往所向往的旅游目的地提供了诸多便利条件。去年下半年以来,烟台、南京、福州、海口、杭州等成为新通航的城市,上海、北京、大连、青岛等热点城市的航班不断增加,以上海——东京为例,目前,每一周就有78个航班,平均一天11个。继上海航空公司于今年4月正式开通上海——大阪航线后,厦门航空公司、海南航

空公司也计划于今年晚些时候参与到中日航线的竞争中来。据不完全统计,目前中国方面通航城市20个(不包括港澳台),日本通航城市16个,每周中日间航班多达约500架次。今年在日本市场上,杭州和九寨沟是各家旅行社推出的亮点,这与杭州3月开通东京、大阪航线,以及九寨沟国内机场于去年底落成使用有关。

(3)中国产品是日本航空公司和旅游公司的生命线

由于对中国旅游前景的看好,日本旅游业界和航空业界越来越重视中国市场。以全日空公司为例,该公司全部国际航班为214班次,而中国航线就占据了112班次,整整半壁江山。日航虽然份额较小,但也占据了总体航班的27%。

旅行社方面,JTB、近畿旅行、阪急交通社、日本旅行、日航旅行社、全日空旅行社等超一流自不必说,各家中小旅行社也把中国业务当作重点。原先一些不经营中国业务的旅行社,即使在去年市场最低迷的时候,也纷纷把目光转向了中国市场,也就是说,中国市场的走向,直接关系到日本企业的死活,因此,共同做大做强中国市场,同样是日本航空业界和旅游业界的当务之急和生存之根本所在。

年初,日本各大旅行社在形势不好的情况下,依然对中国市场抱有信心,下表7-10就是佐证:

表7-10　2004年度日本各大旅行商包价旅游产品销售目标

	2004年度目标	增长率	2003年度实绩	增长率
JTB	80 000人	176.5%	29 000人	
近畿旅行	38 000人	153.0%	15 000人	-48.0%
日本旅行	25 400人	271.7%	9 350人	-53.5%
日航旅行社	19 000人	55.7%	12 200人	-56.0%
全日空旅行社	30 000人			

为此,各家旅行社和航空公司都在产品设计和服务上下足了功夫,并推出了不少上档次的旅游产品。诸如日航旅行社以西安、郑州、开封、洛阳推出的"王朝街道",JTB针对年轻女性推出的"月光上海",都得到了市场的好评。

当然,最近国内机票涨价等因素,会在一定程度上给市场恢复带来影响,但这些无碍于日本旅华市场的迅速恢复。

资料来源:周文杰:《日本旅华市场有望走出低谷》,《中国旅游报》,2004年5月21日。

·小组讨论·

1. 从对案例的分析着手,谈谈同学们是否看好日本市场。

2. 利用所学到的旅游市场细分知识,讨论如何做好对日本来华旅游者的细分,从而使日本这个海外来华第一客源国能永葆青春。

第八章

旅游影响

> **知识要点**

通过本章的学习,掌握
- 旅游对目的地经济的积极影响;旅游业在提供就业机会和解决就业问题方面的重要意义;旅游对目的地经济的消极影响;过重依赖旅游业对接待地国民经济的影响。
- 旅游活动对目的地的社会文化的积极影响;旅游活动对目的地的社会文化的消极影响。
- 旅游对目的地环境在积极方面的直接影响;旅游对目的地环境在消极方面的直接影响。
- 可持续发展的含义;可持续旅游发展的含义;可持续旅游的目标。
- 旅游容量的概念。

> **技能要求**

通过本章的学习,能够
- 分析制约旅游经济影响发挥作用的因素;讨论旅游目的地扶持和发展旅游业的目的、意义;分析目前世界各个国家和地区鼓励和扶持发展旅游业应当注意的问题。
- 认识旅游活动对目的地的社会文化的影响及意义;分析旅游目的地在发展民族风情旅游的同时,如何保持本民族文化的原汁原味。

- 理解环境与旅游之间的关系,分析如何在发展旅游和保护环境之间寻找一个平衡点。
- 分析实现可持续旅游发展的途径;分析讨论目前我们发展旅游业的过程中,有哪些行为阻碍旅游可持续发展。
- 根据旅游容量的知识,分析目前旅游景区如何确保合适的旅游规模。

进入现代旅游时期,旅游成为大众的、经常的现象,旅游者的行为和旅游企业的行为,越来越多地影响人类社会的文化发展趋势,改变经济体的内部产业结构并影响其内部成员的收入,左右地区环境演化方向。旅游活动对社会整体产生了很大影响,由此而产生了人们对旅游影响问题的思考和研究。尤其是最近几十年来旅游影响问题变得日益不容忽视,成了旅游学研究的重要领域。

旅游影响(tourist impact)又称旅游效应,是指由于旅游活动(包括旅游者活动和旅游产业活动)所引发的种种利害影响。这不仅表现在旅游活动对旅游主体本身的影响上,还表现在对其他相关利益集团产生的超越旅游活动主体范围的影响。旅游影响的研究(Impact Study of Tourism)从20世纪60年代后兴起,其中,最先发展的是旅游经济影响研究(Economic Impact study of Tourism),后来,逐步有了旅游社会文化影响研究(Social and Cultural Impact study of Tourism)和旅游环境影响研究(Environmental Impact Study of Tourism)。从旅游影响的社会价值性质看,旅游的影响又分为积极影响和消极影响两种。

第一节 旅游的经济影响

旅游现象笼罩着经济的外壳,这是最早使人们关注旅游现象的原因,对旅游经济影响的研究是20世纪60—80年代旅游学研究的主题。但对旅游的经济影响的研究最早可以追溯到一百多年前的1899年,意大利政府统计局的鲍德奥发表了《在意大利的外国人的移动及其消费的金钱》一文,这可以说是最早的研究旅游经济现象的文献。[①] 进入20世纪之后,旅游学的研究主要集中在对旅游过程中的一些经济现象的描述和计量方法的改进,目的在于了解旅游活动的规律,以便于政府制定相应的财政政策和管理措施。由此可见,旅游研究从一开始就

---

① 戴斌:《论国际旅游经济学的演进与发展》,《旅游论坛》1998年第三期。

表现为与经济因素之间的深刻的依存关系。

与功利性的经济目的相联系,反映了旅游学研究萌芽时期的一个突出特点。旅游的经济外壳成了人们审视和认识旅游活动的性质的障眼物,左右人们对旅游学的研究方向几乎半个世纪。直到20世纪的60年代,人们才将一些研究的视线转向他处,重新理解旅游活动的本质及其带来的经济、文化和环境等方面的影响。

毫无疑问,现代旅游中,除少数极端情况外,各种类型的旅游活动总是表现为与经济因素之间深刻的依存关系。几乎所有的旅游者出行的过程都伴随着经济上的支出,旅游目的地通过接待也获得了经济收入。来访游客在旅游目的地的消费不仅为当地的直接旅游企业提供了商业机会,而且还通过其继发效应对当地经济中的很多其他方面产生间接影响。实际上,旅游消费的经济影响是双方的,即不仅影响到旅游目的地的经济,同时对旅游客源地的经济也产生影响。就国际旅游而言,海外旅游者入境后,旅游消费构成了该国的国际旅游收入,而客源国居民出国旅游期间的旅游消费就构成了该国的国际旅游支出。就国内旅游而言,如果将全国作为一个整体看,似乎没必要细分旅游目的地和旅游客源地,但旅游消费对两个地方的经济的影响是实际存在,亦同样发挥着作用的,尤其是在调整地区收入分配和就业均衡方面。但是在旅游的研究中,人们主要讨论的是旅游发展有可能对旅游目的地国家或地区带来的各种经济影响。因此,本节也是从这个角度来探讨的,主要探讨的是一个国家的国内旅游和海外入境旅游对该国经济的影响。

一、制约旅游经济影响发挥作用的因素

旅游的经济影响,在各个国家和地区会表现出极大的差异,这主要是由各种因素综合作用的结果。这些制约旅游经济影响发挥作用的因素是:

(一)旅游目的地的经济发展水平

旅游目的地的经济发展水平意味着目的地在满足旅游者多重需要方面的能力的大小。处于起步阶段的旅游目的地,各种功能设施较少,为旅游者提供的服务有限,这样,旅游者在该目的地的消费支出水平就可能很低,从而在经济方面对当地的影响相对有限。如果旅游目的地是一个能提供综合服务功能的城市,旅游者的消费自然就要高得多。

(二)政府在旅游基础设施方面的投入

在旅游目的地,除了各种企业对饭店、餐馆、酒吧以及娱乐设施的投资之外,政府必须提供一系列公共基础设施的建设,包括道路、停车场、医疗设施、供水系统、供热系统等。在那些工业城市,甚至要投资用于控制当地的空气污染。这种投入的多寡,制约着旅游经济影响发挥作用的深远程度和数量水平。

(三) 旅游利润的收益人

如果旅游目的地众多的旅游企业或旅游设施中相当数量是外国人所有,那么,就会发生收益或外汇的漏损,利润的一部分被外国企业转移到国外,旅游目的地在旅游发展中未获得应有的收益。另外,旅游企业中大量雇用外国或外地劳动力尤其是外籍高层管理人员,旅游业所赚取的收益也会随之而流出本国或本地,这种现象在发展中国家的早期非常普遍也十分严重。

(四) 旅游者的类型

上述因素是从供给方面看的,从需求方面看,从旅游者本身看,他们的数量和质量也制约着旅游的经济影响发挥作用。一般来说,旅游者越多,旅游者人均花费水平越高,其对旅游目的地经济上的影响就越大。值得注意的是,如果旅游者所需要的产品或服务无法从当地获得,就会有一大笔旅游收入损失掉。

同其他任何事物一样,旅游的发展对一个国家的经济既有其积极方面的影响,也有其消极方面的影响。

二、旅游对经济发展的积极影响

(一) 增加外汇收入,平衡国际收支

无论是发达国家还是发展中国家,发展旅游业的一个重要目标就是赚取外汇,平衡国际收支。在发展中国家,外汇缺乏是制约国民经济发展是一个重要障碍。而发展中国家传统的出口产品是初级产品,不仅数量有限,而且代价昂贵,还要承受进口国的种种关税和其他壁垒,无法满足其经济发展的需要;同时由于其技术经济比较落后,为了发展本国经济,必须进口一些外国先进技术和设备,因而往往造成国际收支平衡出现赤字。与此相比,国际旅游在赚取外汇方面有明显的优势:

1. 旅游产品的换汇成本率较高。由于旅游资源既不能向旅游者出售,也不能转移,旅游者只能前来游览观赏,来旅游产品的生产地进行消费,所以,这就是人们通常所说的"风景出口"。旅游者支付的是钱币,带走的只是一种美的享受或美好的印象。这种货币交换也称为"无形贸易"、"无烟工业"。旅游出口节省了商品外贸过程中必不可少的运输费、仓储费、保险费、有关税金等开支以及与外贸进出口有关的各种繁杂手续,而且,也避免了外贸出口中商品运输过程中的损耗问题,在保护得当的前提下,旅游资源可以无限地重复、永续使用。

在国际贸易市场上,生产和技术落后的发展中国家的出口常常处于不利地位,发展中国家为了发展经济,获得更多的外汇,同样产品在国外的销售价格,有时甚至低于国内的销售价格。

我国国家公布的外汇牌价是一美元兑换8.2元人民币,但实际上在我国外贸出口中,往往需要高于8.2元人民币的商品价值才能换回一美元。而国际旅游者在我国旅游时,其外币则必须完全按照我国公布的外汇牌价兑换成人民币。因此,同传统的商品出口换汇情况相比,旅游产品的换汇很合算,换汇成本率较高。

2. 旅游产品的价格建立在垄断基础上,价格自主权大。旅游资源是构成旅游产品的重要物质依托,旅游产品的垄断性是与旅游资源的垄断性联系在一起的。旅游目的地的历史文化遗产和天然旅游资源,都具有因地理上的不可移动性从而被该地所垄断的特点,故旅游产品的价格也具有垄断性,这样,国际竞争在一定程度被弱化,价格的自主权比较大。

我国的长城、兵马俑、埃及的金字塔,东非的天然动物园和英格兰的绿景,都是世界上独一无二的。当然,在现代经济和技术条件下,在其他地方仿造这些东西并非完全不可能,但这种仿制品由于脱离了历史和环境,也会在意义、魅力和价格上大打折扣。所以,旅游者想要去欣赏一些独一无二的美景时,只有千里迢迢奔赴旅游产品的所在地,不计成本,一睹为快。

3. 旅游业所赚取的外汇多为现汇收入,资金回笼快,风险小。外贸商品从出口发货到结算支付往往要间隔很长时间,有的甚至会长达好几年,而在旅游出口中,买方往往要采用预付或现付的方式结算,因此卖方即接待国能立即得到外汇。显而易见,同一数量的外汇收入,迟到与早到的意义大不相同。它们之间不但有利息差额问题,在接待国急需外汇的情况下,尽早结算则可使所得外汇发挥更大的效益。

国内旅游也同样对本国的国民经济影响起相似作用,在国内旅游中,旅游经营者可以通过游人交纳的住宿费、食品费、娱乐费、购物费、交通费来实现增加收入的目的。这种收入的本质属性是:货币在本国范围内的流通,它具有回笼货币、积累资金的作用。并且,旅游者在其他地方赚钱,而到旅游目的地花费,为旅游目的地创造了商业收益、工作机会和税收,这虽然是第二轮的受益,但对整个国家平衡地区差异有巨大作用。

(二) 创造就业机会

任何国家都可能会在不同时期或多或少地存在一定数量的失业人员。但是如果失业人员的数量过大,则会带来许多严重的社会问题,形成影响国家社会经济发展的不稳定因素。因而,安排国民就业是各个国家政府都十分关心的大问题。我国处于经济体制改革中,安排国民就业亦是一个严峻的问题。固然经济和社会的发展、投资数量的增长可以导致就业机会的增加,但是这会被每年11%左右的人口增长率及劳动生产率的提高所抵消,我国的劳动力闲置、失业人口增加的问题将持续存在。

一个国家解决国民失业问题的途径有很多中,但是主要的选择方式有三种:第一,削减劳动力价格,实现低工资。但是过分依赖低工资这一传统的解决就业的办法对经济的发展是不利的,因为,工作岗位是由生产部门对劳动力的需求而产生的,而对劳动力的需求是从消费者对商品的需求中派生出来的,如果生产厂商没有预见其产品的销售量会上升,那么它是不会增加生产的,当然就不会有更多的工作职位,即便劳动力的价格有多么地便宜。从根本上讲,低工资就意味着低需求,低需求就会导致减少生产,国民经济会走向一个恶性循环的轨道。第二,发展制造业,通过技术竞争扩大市场,增加产量,增加就业。发展中国家(甚至包括一些资本主义国家)在技术竞争中处于劣势,竞争越不利,发展也就越缓慢,因而扩大就业也就越困难。从另一方面看,提高生产的技术水平,采用新技术,则意味着劳动生产率的提高,对劳动力的需求还会随之减少,这样还会加剧失业问题。第三,发展服务业来增加就业机会。目前在全球范围内,制造业的剩余劳动力都在不断流向服务业,因为服务产品需求的收入弹性高于物质商品需求的收入弹性,所以,随着经济向现代化发展,服务业在国民生产总值中所占的比例也将有较大的提高。

旅游业是服务业重要的组成部分,在提供就业机会和解决就业问题方面尤其具有重大意义。第一,旅游业属于劳动密集型行业,在旅游接待工作中,无论是导游服务,还是饭店中的其他服务,都必须要员工手工操作,即使现在互联网技术在旅游业中的广泛应用,现代化程度提高,但是旅游产品本身就包含着面对客人为其提供富有人情味的直接服务,因而仍然需要大量的劳动力。

旅游业是劳动密集型行业,一些欧美国家为了减少营业支出中的工资成本,往往采用节省人力的技术设备和经营方法,这些地区的饭店中平均客房员工数比较低,酒店客房数量与员工比例关系在美国是 1:0.48,在欧洲是 1:0.85,而远东、非洲高达 1:1.93,全世界平均为 1:1.02。

资料来源:转引自 S. Medlik, *The Business of Hotels*, Heinemann London, 1980, p.87。

旅游业所吸纳的就业人口,包括直接服务于旅游企业的劳动人员和间接为旅游者或旅游企业服务的劳动人员。一般直接就业人数比较容易统计,而间接就业人数需要作专门的调查研究。直接就业人数是由于旅游者直接消费而产生的,即指各种旅游企业中的就业人数,包括各种接待设施、商店、旅馆、酒吧、运输企业及有关管理部门在内的就业人数;旅游还能引发间接就业,一般多发生在旅游工业、旅游农业、建筑业、商业服务业等行业。一般来说,一个国家或地区的旅游业越发达,这些相关产业与旅游业的关系越紧密,由此推断,旅游业所引发的间接就业人数就越多。

我国是世界上饭店经营的低工资成本地区,截止2002年有旅游星级饭店约8 880家,客房总计约897 206间,按照远东地区的平均客房员工率1:1.93计算,旅游星级饭店就业人数为173万人之多,但这仅仅是旅游星级饭店提供的直接就业人数。根据世界许多地区的经验,饭店业每增加一间客房,其他直接旅游企业就可相应增加2.5～3人的就业机会,也就是说,整个旅游业的直接就业人数与当地饭店客房数的比例为4.5:1。而根据我国近年来的实践经验,高档饭店每增加一个房间,可以直接和间接为5～7人提供就业机会;中低档饭店每增加一个房间,可以为4～5人提供就业机会。如果再进一步考虑旅游引发的间接就业,即旅游业职工及其家属在当地的生活消费、教育消费、医疗保健消费等等,那么,发展旅游业所提供的就业机会就更多了。

旅游业的就业岗位层次众多,一方面需要高素质管理与技术人才,另一方面很多工作并不需要很高的技术,如洗涤、打扫卫生、行李员等,可为广大家庭妇女和尚不具备技术专长的青年提供就业机会。旅游业创造就业机会广的这一特色,为解决我国目前的劳动力问题打开了思路。在我国一些偏远的山区,在发展经济缺乏相应的资金、人才等要素时,可以考虑优先发展旅游业。

(三) 改善经济结构

为了使经济社会得到顺利发展,必须有一个合理的经济结构,但经济结构不是固定不变的,它会随着经济条件的变化而变化。首先是科学技术的不断进步,涌现一些新兴产业;二是人们消费结构变化,经济结构也会随之改变。目前,我国经济结构不合理,尤其是第三产业发展严重滞后,一、二、三产业比例失调。近几年来,我国十分重视经济结构调整,不断加大调整力度,而旅游业的发展,对区域经济结构的调整有积极作用。

由于旅游业是综合性产业,关联性强,因此旅游业在改善一个地区经济结构上发挥着很大作用。主要表现在:使服务性产业参与社会生产的程度不断提高,扩大第三产业经济规模;有力地促进轻工业、机械工业和修理业、金属加工业、石化工业的发展,从而推动着产业结构向重工业化和高度加工化方向发展。1996年中国GDP产业结构比例为21:48:31,而同期发达国家的GDP产业结构比为

2∶34∶64，我国要达到 GDP 产业结构为 10∶40∶50 的一般水平，需要 90 年的时间。旅游的产业结构调整功能必将对一个国家的产业结构的优化和提高产生深远影响。

　　旅游活动包含吃、住、行、游、购、娱六大要素，旅游业的综合性是由旅游活动的综合性决定的，因此，旅游业兴旺和发展不仅包括旅馆、交通和旅行社几个方面，而且涉及到为旅游者提供服务的邮电业、银行业、卫生、教育等行业的协作。其中任何一个行业的滞后或行为失误，都会造成旅游者对该主体旅游产品的不良评价，从而导致客源减少。只有各个有关行业的工作都使旅游者满意，该地的旅游业才能兴旺发达。因为发展旅游对接待地的社会提出了多种多样的需求，如资金要求、交通设施要求及服务设施要求等；同时对一些公用事业也有新要求，如水质、卫生条件的改善、空气质量的监控、垃圾处理服务等，都有可能因旅游发展的需要而得到改善。另外，由于旅游经济的发展，旅游供给中所需要的各种供应品，大都将在当地生产，所以，当地还需要出现专门生产旅游纪念品的行业、旅游一次性卫生用品的行业、旅游食品业……从而改善了旅游接待地的经济结构。

三、旅游对经济的消极影响

　　任何事情都具有两面性，旅游接待地的人们在享受旅游所带来的种种好处时，也难以避免地感受到发展旅游业给当地经济发展带来的一些问题，这些问题中较为严重的是对旅游业过度依赖形成的危险。对旅游业的过度依赖，将会导致当地经济发展偏离良性循环轨道；甚至导致产生得不偿失的结果。旅游对接待地经济可能产生的不利影响具体如下：

　　（一）引起物价上涨和地价上涨

　　大量的旅游者涌入，就意味着大量购买力的涌入。就一般情况而言，由于外来旅游者的收入水平较高或者他们为了旅游而长期积蓄的缘故，旅游者的消费能力高于旅游接待地的居民，因而他们能够出高价购买食、宿、衣及旅游纪念品为代表的各种物质商品；另一方面，对旅游接待地来说，旅游者购买是需求的增加，在供给不变的条件下，价格自然就会上升。所以，在经常有大量旅游者来访的情况下，则难免会引起旅游地的物价上涨。由于这样有可能造成当地供给的不足，不得不增加进口或从其他地方购买供给品，造成接待地旅游收入的漏损。政府发展旅游业，必然会大量建设旅游服务设施、旅游娱乐场所，这样会引起地价的上涨。很多国家的事实证明，在某些旅游目的地尚未开发或开发初期阶段，兴建旅游饭店对土地的投资只占全部投资的 1%，而这一旅游区一旦发展起来，具有一定规模时,要想修建一座饭店,则地皮的投资将会上升至全部投资的20%。这种地价的上涨,显然会影响到当地居民的住房建设与发展。显然,旅游所导致的物价上涨,除那些能从旅游业明显获益的人能够承受外,对那些没有或很少能从旅游发展中获益的人来说,这是一种变相的经济损失。

（二）旅游活动的季节性造成了一定时间内的资源闲置

作为现代旅游活动的主要组成部分的消遣度假旅游有很突出的季节性。这一方面是因为某些旅游资源具有季节性的特点,尤其是自然旅游资源,有些旅游产品是依赖自然旅游资源的;旅游活动季节性的另一个形成原因是人们普遍有在温暖的时候外出旅游的心理,而且欧美国家人们外出旅游的黄金时段——带薪假期,多集中分布在7、8这两个月份,这也客观上促使旅游活动季节性的形成。在那些旅游活动季节性表现明显的国家或地区,很多旅游企业都是分淡旺季经营的,到了旅游淡季,游客稀少,旅游企业为了不至于亏损或是减少亏损,就关门停业,从而造成了设施设备的闲置。对于旅游目的地经营者和旅游行政管理者来说,这是一个不得不正视的问题,目前,实际上各国都一直在设法通过旅游规划和开发或者是市场营销工作去减少旅游活动的季节性对当地经济发展的影响。

山西的五台山是四大佛教名山之首,在全球享有盛誉,每年吸引着大批的来自世界各地的旅游者。五台山又叫清凉山,无霜期短,山上气温比山下低将近10度左右,每年9月积雪,次年4月解冻,北台顶与中台顶背阴处有终年不化的"万年冰"。所以,五台山一般"十·一"后就要封山,山上的宾馆几乎半年是空着的,但仍要维护和修葺,增加了旅游企业的成本。

（三）旅游业的敏感性影响旅游接待地经济的稳定

1. 旅游活动对季节很敏感。几乎所有的人都喜欢在气候温暖、不冷不热时候出门,遇到隆冬季节,人们最向往的地方是自己温暖的家。同时,旅游资源以及以各种旅游资源为中心组成的旅游产品也有季节性的特点。如一个人想去河南的洛阳、山东的菏泽观牡丹,只有每年的四月中旬;去青岛、大连的海滩上晒太阳,七八月份是最佳时候;哈尔滨的冰雪旅游搞得不错,可惜赏冰灯、滑雪,也只有11月至来年的3月,这短短几个月是适合的。尽管旅游业在营销时努力减少季节性的波动,但不可能完全消失。这样,淡季时,接待国（地）会有大量的失业人口,不仅给经济带来严重问题,同时产生的还有社会问题。

2. 接待国（地）无法控制本国的经济发展。接待国（地）的经济发展很大程度取决于客源地居民的收入水平和闲暇时间,这些因素,接待国(地)是无法控制的,使本国的经济发展依赖于他国,有被人牵着鼻子走的感觉。一旦客源地经济不景气,或居民的旅游兴趣发生转移,则会使接待国(地)出现长时间的经济萧条,旅游乘数效应变成了减缩效应。旅游业越发达,产业链越长,一旦旅游业受挫,减缩效应就越明显。直接受影响的包括民航和其他客运交通业、旅行社业、餐饮业、住宿业、景点业等,而且还有与之相关的娱乐业、商业、农业和其他产业。尤其是近年那些为适应人们旅游需求而弃农业发展旅游业的旅游目的地,连立足之本也没有了,还谈何经济发展呢?

3. 旅游业对本国的政治、经济、社会乃至自然因素都很敏感。接待国(地)也时常出现意想不到的危机和变故,一旦这些不利因素出现,旅游业就难以控制,旅游需求大幅下降,旅游业乃至整个经济都会下降,如处理不好,则会产生严重的社会和经济问题。2003年的"非典"疫情,我国是重灾区,由于限制了人员流动,旅游业受到比其他任何行业都大的重创,旅游业业务量比上年同期下降70%以上,但对整个国民经济的GDP影响不足一个百分点。这很大程度上是因为经济全面发展,而不是片面强调发展某一个行业的缘故。

> 旅游业的发展过程中,危机是随时存在的。飞机失事、轮船沉没、火车撞车、山洪暴发、甲肝流行、动乱发生等,都对旅游业产生影响。但是,2003年由于"非典"引发的危机和以前所有的危机所不同的是,它对旅游活动的影响是全方位的,中国旅游的全面"冷冻"是前所未有的。国际旅游既不能出,也不能进。在疫情严重的时期,世界上曾经有113个国家对中国组团和人员采取了形式不同的限制措施。"中国人"、"北京人"被"妖魔化"了,中国和北京等地也被"妖魔化"了;与此同时,WHO(世界卫生组织)的疫情警报和一些国家的"旅游劝诫令",使海外旅游者不敢进入中国,中国也不希望他们在这个时候来,所以入境旅游的团队几乎全部退掉了。与此同时,国内旅游又出现了既不能远也不能近的尴尬局面。疫情发生的地方不能去,没有疫情的不能去,发病疫区城市内消闲设施关闭,而城郊的景区又由于"村自为战"、"乡自为战","严守死防",六亲不认,拒昔日的"上帝"于门外。既不能不考虑旅游者自身的利益,也不能不考虑目的地居民的利益,闭门在家最好,因此,这次没有"堤内"、"堤外"之分,很多地方出现了景区0游客,景点0收入的现象。
>
> 资料来源:根据中国旅游网资料整理。

四、旅游经济乘数效应

旅游经济中经常会提到一种理论——乘数理论。乘数(multiplier)是公共支出或私人资本投资增长对收入所产生的放大效应或连锁反应。在分析旅游活动时,有很多经济学家系统地运用乘数理论对旅游的经济效应进行了分析,用以评价旅游业对当地经济系统所产生的经济影响。一般计算三种乘数,即:产出乘数(output multiplier)、收入乘数(income multiplier)、就业乘数(employment multiplier)。旅游产出乘数,指单位旅游花费给整个经济系统带来的产出水平的增加量。旅游产出乘数的估计过程包含两个部分:一是对旅游者支付的每一项目所产生的收入,包括旅游全过程中吃、住、行、游、购、娱的支出进行估计;二是对当地居民将这些收入支付于当地所产生的乘数效应进行估计。为了评估这些收入,每项活动都要分别考察。一般包括:

1. 旅游者在饭店和宾馆住宿、饮食方面的支出;
2. 旅游者支付租用各种车辆所产生的费用;
3. 旅游者购物支出所产生的收入;
4. 旅游者停车费所产生的费用;
5. 流入地方税和建筑业的货币所产生的收入。

旅游收入乘数,表示的是单位旅游消费同其所带来的接待国净收入变化量之间比例关系。

据国外学者研究,经济发达的大国,旅游收入乘数总效应系数大致在1.50左右,经济发展程度较低的小国的乘数系数,大多小于1.50。

旅游就业乘数,是单位旅游花费衍生的直接就业、间接就业、诱导就业三者之和与直接就业本身的比值。我国旅游管理部门和旅游学者多年来一直用旅游直接就业与旅游次生就业之比——1:5。其他任何部门的就业效应恐怕都很难达到次生就业为直接就业的5倍,这样,旅游业的乘数效应十分显著。可以这么说,把资金投入到旅游业,回报率很高,不仅直接红火了旅游业,还带动了许多看不到的行业。

经济乘数效应理论在第二次世界大战后被引用于旅游经济对接待地经济发展的研究中,其中重要的研究是英国学者阿切尔(B. Archer)和沃恩(A. Vaughan)进行的,他们分别在英国的格温尼德(Gwyneed)地区和爱丁堡洛辛安区(Lothian region)两个地区对旅游企业的收入进行了调查,得到了近似的结果,验证了旅游收入乘数效应的实际意义。同时,他们还应用乘数理论调查研究了这两个地区不同类型的住宿业就业情况,在直接、间接和诱导就业三个层次取得了可靠的数据,验证了乘数理论在行业现象研究中的作用。

国内外旅游学者普遍认为旅游经济乘数效应是评价旅游对促进接待地经济发展最有效、最有说服力的手段。很长一段时间以来,投资旅游业是个热门话题,投资不大,见效很快。一个很不起眼的小旅游公司,注册资金不到200万元,一年能创造一个多亿的营业收入,甚至有的超过两个亿。国际上的大型旅游企业毛利率大都在1%~1.5%之间,营业收入高达数百亿美元,这股推动经济发展的现金流为各行各业提供了广阔的商机和平台,通过旅游业这个十分具有亲和力的特殊路径,大资本能够博取难以预料的社会效益和经济效益,原因就是旅游的乘数效应。

第二节 旅游的社会文化影响

现代旅游活动和旅游业的发展不仅对旅游接待地的经济产生了巨大影响,而且对旅游接待地乃至全人类的社会文化也具有不可忽视的影响。这方面的影响是由于旅游的发展,使大量外来人口在接待地之间流动,在与当地人接触中产生了一系列的交流活动和复杂的人际关系。这种关系对旅游者和当地居民都有影响,然而由于旅游者在接待地活动的时间短暂而且分散,旅游的发展对旅游者个人和其所属社会产生的影响远不如对接待地主人的影响深远和深刻。

从20世纪60年代起,西方的社会学家、人类学家和旅游学家(甚至经济学家)一起,对旅游所能产生的社会文化影响进行了广泛的研究,得出的结论也形形色色。在研究中,人们注意到了旅游者与目的地社会的相互关系,提出了旅游对接待地社会影响的理论和衡量模式,探讨了旅游主客体关系变化的心理和行为因素以及旅游所引发的道德和犯罪问题,此外还涉及到旅游与宗教、语言、社会保健等问题。通过这些研究,不仅使人们对旅游问题的认识视野得以拓宽,程度得以加深,而且也丰富了旅游研究的方法论体系。

一、旅游对社会文化的积极影响

(一)达到文化交流和了解的目的

文化的交流可以出自多种途径,但是通过旅游活动的交流更为直观和深刻。因为旅游是人口之间的移动,而人是文化的载体,不同文化背景的特征,都将在人们的举止言行中表现出来。外来旅游者和当地居民及旅游企业工作人员在较近距离中的接触,具有直观效应,虽然大部分接触并不通过语言进行,但直观接触所得到的印象,远远深刻于通过文字媒介得到的印象。

国际旅游活动的开展客观上具有民间外交的作用。由于旅游是不同国度、不同民族、不同信仰以及不同生活方式的人们之间的直接交往,而不是以文字媒体或者以个别人为代表而进行的信息传递和间接沟通,因而更有助于增进不同国家人民之间的相互了解,增强国际间的和平友好关系。实际上,只要人们通过旅游交往,彼此能更好地相互了解,人类整体和世界大同的观念就会深入人心。另外,旅游也是接待国树立良好国家形象的有效手段。俗话说"百闻不如一见",旅游者在接待国旅游过程中亲眼目睹了该国的情况,因而旅游者的信息传递有更大的可信度,并会通过他们的亲友传递到更大的范围。

旅游活动——这种直观的文化交流和接触,远远胜过电视、书籍。外国人最早了解中国是通过靳羽西的电视节目——《看东方》,通过张艺谋的在国际上屡次获奖的电影。但是通过电视、电影了解的仅仅是片面的中国,他们以旅游者的身份到了中国后,最喜欢钻进北京的胡同,到普通百姓家里,看看他们的日常生活,体验他们的起居饮食,和中国普通老百姓一起包饺子,与他们一起过中国最隆重的民间节日——春节。中国的汉族居民到了少数民族分布最多的省份云南,一方面被其美丽的自然风光吸引,赞叹不已;另一方面也喜欢到西双版纳、大理等地去体验瑰丽的民族风情、品尝地道的民族风味,喜欢登上傣家竹楼、喜欢走街串巷。

> 2004年中国旅游的主题是"百姓生活游",这个内涵丰富的主题包括了方方面面,外国人到中国参观、体验普通百姓的生活,是一项乐趣无穷的旅游项目,也是外国旅游者最喜欢的旅游项目。中国古老的习俗、礼仪和地道的餐饮吸引了无数游客。最具吸引力的是北京开展的胡同旅游,不仅外国人喜欢,中国人也很喜欢。尤其是外国人,他们到了胡同、四合院就举着相机不停地拍照,称赞北京是一个"传统与现代结合得很好的城市"。北京的胡同旅游项目中,旅游者不仅游览了胡同,还在百姓家里包饺子、吃饺子,体会普通百姓的生活,了解中国普通人的思想,看看中国人的衣、食、住、行。他们说,以前通过电视、书籍、宣传画看到、听到的中国都是片面的,通过和中国百姓如此密切的接触,他们才真正了解了现在的中国。

(二)提高旅游接待地居民的素质

旅游活动是一种开放性的现象,旅游活动的发展,有助于开放的社会更加开放,促使开放不足的社会进入开放世界的行列。开放过程是不同文化社会之间的人们接触、沟通和交流的过程,在这个过程中取长补短。虽然在旅游活动的实现过程中,也可能会给接待地社会带来一些文化糟粕,但相比之下,还是健康因素的交流处于主导地位,通过这个渠道可以使当地居民从闭塞中走出来,认识自己身外的世界,得到先进文化的熏陶,从中取得促进社会进步的效果。旅游活动对接待地社会,尤其是市场经济体制发展不足的社会,在加速市场观念意识的转变、从而推进市场经济建设进一步发展方面有明显的作用。我国的云南、贵州两个省份都是少数民族聚居的地区,当地发展旅游后,很多少数民族居民,如版纳傣家人、石林撒尼人都走出世代居住的山寨,学习了简单的外语,用英语、德语做生意,卖自己制作的工艺品或土特产,待人接客除淳朴之外,还彬彬有礼,有的青年人还到经济发达的地区打工,追求自己想要的生活方式。

(三) 促进国际商贸和科技的发展

旅游是科学研究和技术传播交流的重要手段,通过旅游活动可以促进国际商贸经济的发展。在旅游活动中,外来旅游者中的投资者,将在接待地获得第一手的投资环境信息,增强其投资信念;对科技界、教育界、医学界的旅游者来说,现代商务旅游、会议旅游是取得与接待地同行学术交流切磋的好机会。面对面的交谈讨论,其效果远远超过书面上的交流,在这种交流中,双方可以建立个人的友谊,开辟学术交流多样化的渠道,为主客双方的学术发展做出贡献。此外,旅游在发展过程中也不断地对科学技术提出新的要求,尤其是在交通运输工具、通讯以及旅游服务设施和设备方面,要求更加快速、便利、舒适和安全,从而推动了有关领域的科学技术发展。

二、旅游对社会文化的消极影响

(一) 传统文化的衰落

旅游活动中,经济不发达国家的接待地和发达国家的客源地两种文化相互接触时,当地的弱态势文化与外来的强态势文化碰撞,会出现接待地传统文化的衰落问题。所谓传统文化的衰落,也就是接待地的文化结构在精神、制度和物质三个层面上同时受到外来文化的冲击,当地居民迅速改变自己的传统文化而效仿外来文化的种种表现。集中表现在以下三个方面:

1. 服饰语言的变化

在发展中国家旅游活动中,从发达的资本主义国家来的旅游者,带来了与接待地完全不同的文化,这种外来文化常常最早引起年轻人的注意,尤其是在服饰和语言上,更多地被模仿。比较常见的是年轻人放弃自己本民族的传统着装,而开始效仿外来旅游者的着装。

2. 居民心理素质的变化

由于入境旅游者多数来自市场经济发达的国家,他们来到接待地后,所显示出来的豪华衣饰、富足生活以及购物时满不在乎的表情,给当地居民留下了贫富对比强烈的印象,这种印象使当地居民中的一部分人的心理和素质上产生了变化,一般产生二种心态:一种是自卑自贱,觉得自己所处的社会经济和文化都不如外来旅游者,导致了崇洋媚外思想,跨国婚姻盛行;另一种是自尊感上升,外来旅游者的所作所为刺激了他们的自尊心,激发他们的民族自豪感,甚至个别发展成为极端民族主义的排外色彩,这两种心态在社会上蔓延都会影响接待地居民的风俗习惯,日常生活,信念和价值观,损害接待地社会的正常发展。

3. 社会伦理的变化

英国学者阿切尔(B. Archer)曾经认为,接待地伦理道德标准的沦落是旅游发展最重要的副产物(Archer,1978)。卖淫、吸毒、赌博及其他犯罪和不健康社会方式的扩散与旅游活动的发展是不无关系的。

以赌博为例,赌博在许多国家和地区是合法存在的,如欧洲的蒙特卡罗,亚洲的澳门和美国的拉斯维加斯、大西洋城等。这些城市都是以赌博闻名的城市。同时,它们也以赌博为手段招徕游客从而发展了当地的旅游业。由于文化背景不同,东西方对于赌博的认识是有差异的。在东方,赌博被认为是一种不道德的行为,是万恶之源,在东方社会普遍处于被禁止的地位;而在西方,虽然也有一部分宗教人士认为赌博是不道德的,但仍旧在相当广泛的范围内允许经过审查注册的赌博会所合法存在,其主要理由是赌博能为当地创造大量的税收和就业机会,并且刺激旅游活动的兴旺和发展。但是赌博现象的存在引起一系列社会和心理问题,这些问题包括接待地居民的生活态度的改变,导致卖淫、暴力、吸毒等现象的泛滥等。

再比如伦理道德方面,由于旅游活动是旅游者离开自己通常居住和生活的地方,去的是异国他乡,这样旅游活动所产生的环境与位置对一些社会不文明行为的道德约束力有所下降。有的旅游者外出旅游,就有意地改变自己原来的生活方式,匿名在外过纵欲的生活;还有一些西方的旅行商,为了吸引人们报名参加本公司组织的旅游团,在广告中充满着 4S(即英文 Sea、Sun、Sand、Sex 第一个字母,中文意思为大海、阳光、沙滩和性)的宣传。所以,旅游活动难免会伴随着道德的沦落,而且会腐蚀旅游接待地居民的价值观、人生观。有很多作为旅游目的地的东方国家,由于受到西方性自由思想的影响,传统的道德观念受到冲击,其结果是婚姻破裂的增多和离婚率的上升。

（二）当地文化被不正当地商品化

旅游活动实际上是一种商品化的文化过程，在这个过程中，任何可以合法地吸引外来游客的文化因素，都可以作为商品提供给游客。在旅游发展的影响下，由于游客追求对接待地地方文化的观赏、接触，文化开始了商品化的过程，在这种商品化的过程中，事物（或服务）以它的交换价值衡量其价值，而成为商品出现在市场上。

文化商品化的过程最终也会反过来对文化本身造成影响，当这种文化越来越以外来游客为表演对象时，一些表演内容就会与真实活动有所区别，或者简化或者增添不必要的枝节以迁就客人们的偏好，而失去或降低其原来的文化价值。但是有的学者从另外一个方面看待这个问题，认为文化商品化的进程并不一定使其失去意义，因为参加这种活动的民间艺人，他们的表演是认真的，他们为自己家乡的文化传统而骄傲，没有理由指责他们的表演亵渎了本民族的文化。但是事实上，文化商品化往往失去了它本来的意义和价值。传统的民间习俗和庆典活动都是在传统特定的时间，传统特定的地点，按照传统规定的内容和方式举行的，但是，很多这种活动随着旅游业的开展逐渐地被商品化，它们不再按照传统规定的时间、地点举行，为了接待旅游者，随时都会被搬上"舞台"，为了迎合旅游者的观看兴趣，活动的内容往往被压缩，并且表演的节奏明显加快。因此，这些活动虽然被保留下来，但是很大程度上失去了传统的意义和价值，

例如山东的曲阜是孔子的圣地，历史上曾经经常举行祭孔大典，在旅游活动普遍发展起来的今天，也恢复起来，并且成为一项具有巨大吸引力可以赚到丰厚利润的旅游项目。祭孔大典的仪式定期举行，以招揽国内和国外的游客，但是当地人的兴趣并没有那么浓厚，参加表演的当地人受雇于这个活动的组织者，为了赚钱而表演，这个在旧时代庄严神圣的近乎宗教性质的大典，而现在变得成为舞台上的演出，是营利性的娱乐活动，成为当地的一种文化商品。另外在各个风景区，都有民族服装用来拍照的事情，各种民族服装是本民族工艺技巧、审美观点的代表，是最具有民族特色的东西，但是为了满足旅游者拍照的需要，在生产、制作上难免粗制滥造，有的几乎夸张得失去原来的样子，这种民族服装实际上已不再能表现传统的风格了。但是一旦旅游者误以为他们看到的就是当地传统工艺制成的民族服装，并将照片带回去给亲友展示时，便会使当地文化的形象和价值受到损害和贬低。

旅游目的地为了吸引更多的旅游者，也不断地向旅游者展示它的独特性，不断地将独特的文化搬上舞台。居民穿上他们的"民族"服装给旅游者看，而在家里却穿着普通城市服装；他们把手工艺品作为纪念品卖给旅游者，而他们自己却

已经不再使用这些物品;他们表演各种仪式,表演的时间和地点均不符合这一仪式本来的举行时间和地点。他们制造了一个与他们实际日常生活隔绝的"舞台化"旅游圈。一些专门为旅游者"设计"的景观代替了"自然"景观(即少数族群传统居住地),甚至在当地的习俗已逐渐消亡时,情形也是如此。为了取悦于旅游者而刻意制造出了文化,这只是一副冰冷的旧日世界的图画而已,这些图画仅仅具有商业的价值,供人们在闲暇时娱乐罢了。这种传统文化的不正当的商品化很大程度上是旅游带来的后果,想要避免若干年后文化旅游地物是人非、古风不再,就应该对这种行为加以限制或制定统一的规范,对文化旅游地加以保护,以维持其文化传统和特色。

第三节　旅游的环境影响

在论及旅游对接待地环境影响的时候,所谓环境既包括接待地自然环境,也包括该地经过人工建造的社会环境。

环境与旅游两者之间有着非常密切的联系,由于大多数旅游资源本身就是旅游接待地环境的组成部分,加上旅游者购买的旅游产品的最主要和最直接的构成因素就是当地旅游资源,而这些旅游资源又是以当地的总体环境为依托的。

随着旅游在全球范围内的迅速开展,旅游接待地的环境越来越受到关注,很多国家在发展旅游,制定旅游决策时,是否有利于保护环境和改善环境已成为首先要考虑的问题。当然,旅游项目的开发和旅游活动的开展在导致环境发生变化方面既有其积极的影响,也有其消极的影响。

一、旅游对环境的积极影响

旅游与环境是共生和促进关系。因为工业迅速发展,人们精神压力巨大,随之而来的是人们外出度假的需求,这时,保护环境的问题就被提了出来。人类的旅游活动强烈地依赖环境的高水平、高质量。环境保护与旅游发展形成了密切共存的关系,旅游对环境的贡献可以从以下几个方面入手:

(一)促进历史遗产、古建筑、纪念馆的修复

旅游业的发展,离不开旅游资源的开发和保护。一些过去很具有知名度的风景名胜由于历史原因而衰败,但在旅游者中仍有一定知名度和影响力,如果对其整体重新修建或增加一部分旅游设施,可以使其重新供游人游览,有的旅游目的地现在的旅游配套设施无法满足旅游业的发展,需要增加一些设施和服务。旅游促进了历史遗产、古建筑和纪念馆的修复,如武汉重修黄鹤楼、南昌重修滕

王阁、山西永济重修鹳雀楼等。

（二）对自然资源保护提供推动力

要发展旅游业，接待地的环境是不可忽视的一部分，如现在山西也在积极改变以前的能源重工业基地的形象，改变以前发展经济的代价——"挖空了地下，污染了天空"，努力解决环境污染问题，希望纯净的天空能吸引更多的旅游者的到来。非洲的坦桑尼亚1961年独立，世界很多环境生态专家说，没有欧洲的控制，非洲的野生动物会大受摧残。但是现在看来，这种担心是多余的，坦桑尼亚和其他非洲国家野生动物园数量大增，而且野生动物保护得很好，因为，政府也知道保护这些东西，能给他们带来外汇，甚至当地居民也知道靠这些动物可以使他们养家糊口，甚至发财致富。

（三）环境保护和生态科学受重视

良好的环境和生态系统是旅游活动存在的生命源泉。旅游活动是旅游者在欣赏周围物质美而获得美感的过程。全球范围内各国的各级政府都在积极宣传环境保护，提高人们的环保意识，科学家们也在积极研制对环境污染小的各种生活和生产用品，人和自然追求和平相处。各国政府也加强了对全民的环保教育，尤其对在校的中小学生加强了环境保护方面的教育。

二、旅游对环境的消极影响

旅游对环境的关系十分敏感，一有疏忽就会产生对环境方面的不利影响，这些冲突和影响一般表现在以下几个方面：

（一）对自然环境和生态系统的破坏

1. 植被的破坏。有些旅游活动对植被造成了破坏，如旅游者采集花卉影响植物生长，用火不慎造成森林火灾，乱丢垃圾改变土壤的营养结构等。此外，政府或旅游开发公司在旅游开发时也会对植被造成人为的破坏，如为修上山道路、索道，而导致山上的植被被砍伐，或者山体被毁坏。据记载，黄山的森林覆盖率在1955年是75%，经过几十年的旅游开发，现在只有56%。北京的香山饭店在香山的静宜园内选址，由建筑大师贝聿铭设计，他为了保护名木古树，几次更改设计稿，但仍有176棵百年古树被砍伐。

2. 水体的污染。旅游设施和疗养院向海滩、河道和湖泊内排放生活污水，大量的游船和汽艇把含油废水排入水中，对水中生物和鱼类造成了致死的危险。

3. 大气的污染。旅游对空气的污染主要来自交通工具的尾气排放，以及宾馆饭店、交通工具上的制冷设备如空调、冰箱等排出的氟利昂对环境造成的毁灭性破坏。

4. 噪音的污染。旅游的噪音污染也是一个不容忽视的问题,旅游交通工具,如汽车、飞机和火车运输量的增大以及旅游娱乐会所如夜总会和迪斯科舞厅的增多,都会加重旅游接待地的噪音污染。旅游城市城区噪音的平均值应该小于58分贝,并且应该用低噪音船只,禁止鸣汽笛。

(二) 对人文环境的影响和破坏

1. 建筑污染。建筑与旅游设施的建设与自然环境不符,或是使原有资源被破坏就成为建筑污染。最典型的事例就是在海滨沙滩或近水地段修建高层饭店,在20世纪80年代以前,这种事例在欧美很多国家发生,这也是当时媒体批评和报道的热点问题。尽管这类事例在当今的发达国家已经少见,但是同类错误却发生在了不少发展中国家,特别是在其旅游业迅速兴起的时期。正因如此,很多国家对此都采取了控制措施。比如毛里求斯政府规定,在海滩地区兴建有关设施时,其建筑物的高度不得超过当地椰子树的高度;印度的某些地区则规定,建筑物的兴建必须退后海滨一定距离。

2. 交通阻塞。大规模旅游活动的开展,大量的外来旅游者的涌入,必然会影响当地居民的正常生活,会使人口密度增大,交通阻塞,造成了当地居民的生活空间相对缩小。

3. 旅游者旅游活动的破坏。这个方面有两个层次的含义,一方面是旅游者的旅游活动无意间破坏了旅游环境,如过多的旅游者在旅游区内徒步游览和观赏,会造成植被的践踏破坏、土壤的板结;探险旅游的游客在旅游过程中可能会野营野炊导致幼树的减少和引发森林火灾,或是干扰野生动物的生活。另一方面是旅游者的有意破坏,如少数旅游者为了拍照而触摸攀爬名胜古迹,有的还在树木或古建筑上乱刻乱画,写下"到此一游"的字句,这都侵害了历史古迹的存在寿命,对环境造成了破坏。

第四节 旅游可持续发展

一、可持续发展的提出

可持续发展是一种新的发展观,它是第二次世界大战后经济高速增长和随之而来的人口、自然和环境的重大变化,产生了威胁人类继续生存的危机后逐渐形成的。这个发展观给人类指出了一条如何实现长期生存和发展的道路。

1962年美国女海洋学家R.卡逊(Carsen)的著作《寂静的春天》是人类对生态环境问题开始关心的标志,她提出了人类必须与其他生物共同分享地球,在人与生物之间建立合理的协调,才能维持人类健康生存的看法。1972年3月,达尼拉和同伴的《发展的极限》一书的出版,震撼了世界,他们提出地球的资源及吸纳污染的能力是有限的,并分析说,不到一个世纪,人类的活动就会受到制约,在这里已经提出了可持续发展的思想。此后,人们开始关注和研究对策。1987年联合国世界环境与发展委员会发表了《我们共同的未来》研究报告,首次提出了可持续发展原则,它是迄今为止具有较高权威的报告,从理论上阐述了可持续发展是人类解决环境与发展问题的根本原则,并且在实践上提出了比较全面的具体建议。1992年6月,里约热内卢"环境与发展"大会通过《21世纪世纪议程》,这是把可持续发展付诸实施的全球性纲领。

世界环境与发展委员会提出,可持续发展是"既满足当代人的需要,又不损害后代人满足其需要的能力的发展。"它包括两个重要概念,一是需要的概念,尤其是世界上贫民的基本需要;二是限制的概念,是技术状况和社会组织对环境满足眼前和将来需要的能力施加的限制。

二、旅游可持续发展

二战结束后,世界旅游业经过几十年的发展,现今已经是最大的产业,处于空前繁荣阶段,但同时也伴随着潜在危险,尤其是发展中国家。旅游业是资源性的产业,更应该重视可持续发展。那些掠夺性的开发,粗放式的管理,旅游设施的病态膨胀,都应改变。可持续旅游发展的概念起源于20世纪六七十年代。20世纪80年代以来逐渐出现一种思潮,它要求在旅游活动过程中强化对旅游资源的管理,要求研究者、接待者、科学家和环境保护者制定一个能得到普遍共识的规划方案。这种思潮促使人们将旅游带到自然环境中去研究,提出了与可持续旅游相关的科学旅游、生态旅游、自然旅游、绿色旅游、洁净旅游等。

可持续旅游发展通俗地讲就是:"在既满足当代旅游者和旅游地居民各种需要的同时,又保持和增进未来发展的机会,实质上就是要求旅游与自然、社会、文化和人类生存环境成为一个整体,以协调发展,实现经济目标与社会目标的统一。"

三、旅游业可持续发展的目标

20世纪90年代,加拿大的温哥华Globe'90国际大会上提出的目标如下:

(一)增进人民对旅游所产生的环境影响与经济影响的理解,加强人们的生态意识;

(二)促进旅游的公平发展;

（三）改善旅游接待地区的生活质量；

（四）向旅游者提供高质量的旅游经历；

（五）保护未来旅游开发赖以存在的环境质量。

可持续旅游发展最核心的一点，就是要确保在从事旅游开发的同时，不损害后代人为满足起旅游需要而进行的旅游开发的可能性，通俗地说，就是要从长远观点出发全面认识旅游的影响，在满足当代人发展旅游业和开展旅游活动的需要的同时，实现代际平衡。

四、可持续旅游发展的实现途径

1995年，联合国教科文组织、环境规划署和世界旅游组织在西班牙召开了"可持续旅游发展世界会议"通过了两个纲领性文件——《可持续旅游发展宪章》、《可持续旅游发展行动计划》。

中国的旅游业在1978年以后增长迅速，十分引人注目，中国有望成为世界第一旅游大国。1997年，世界旅游组织在土耳其伊斯坦布尔发表《2020年旅游发展》中说，中国在2010年会成为世界最大客源接待国，将会有1.37亿国际游客到中国来旅游，这个数字约占全球的8.6%，远远超过法国、美国、西班牙和意大利；2020年，我国出境旅游将会达到1亿人次，仅次于美国、德国和日本，居世界第四位；2020年，我国也会是全球最大的国内旅游国，国内旅游可达30亿人次。

面对发展，我们也应该看到目前还存在一些问题和不妥之处，应当深思。所以，要实现我国第一旅游大国之梦，还必须注意以下几点：

（一）旅游企业经营活动中，尽量节约能源，减少破坏和污染。具体应该注意以下几点：选择有自我更新能力的地区做旅游目的地；控制同一时间内旅游团的数量；注意实现旅游废弃物的最小化；提醒旅游者节约能源，注意随手关灯、空调，节约用水。

（二）加强对消费者的教育，提高全民素质。可以提醒旅游者：不乱丢垃圾；不用一次性饭盒；不破坏野生动物和植被。

（三）强化政府职能。具体途径是：国家相应制定法规，有法可依；对旅游资源适度开发，确定旅游资源永续利用；可以试行有偿经营，有偿开发，建立旅游资源保护基金；实施"科教兴旅"战略；建立旅游规划编制审核体制，制订旅游业可持续发展规划；建立国家调控、市场调节和企业运作相结合的旅游投资体制。

第五节 旅游容量

一、容量的概念

旅游容量(又称为旅游承载力)的概念是从生态学中的环境容量(environmental carrying capacity)的概念引借过来的。

在环境科学和生态学中的环境容量,是指在人群健康和自然生态不受危害的前提下,自然环境或其中的某一要素对污染物的最大容纳量。[①] 今天,这个概念已经是环境管理中实施对污染物总量控制的重要概念。当 Lapage 在 1963 年首次提出旅游容量概念时,由于缺乏深入的考察和当时社会背景的局限,这一概念在旅游学术界并未能引起足够的注意。直到 1971 年,Lime 和 Stankey 等人才在 20 世纪 60 年代的初步工作的基础上,对旅游容量问题提出了进一步的讨论。此后,由于世界范围内的人口、环境和资源问题日益突出,人们对发展的副产物日益关注,也由于旅游发展此时已进入了快速发展的大众化阶段,人们才开始对旅游容量问题逐渐关心起来。1986 年到 20 世纪 90 年代,旅游容量概念已经比较广泛地被运用到旅游规划、旅游管理领域,并成为旅游学科当中的重要概念。在可持续发展的主题之下,旅游容量概念逐步具有了概念和技术工具这样的双重身份,由此可以看出这一概念的重要性。

关于旅游容量的概念,有种种不同的看法和表达。在这里可以表述为:旅游容量是一个概念系统,而不是一系列具体属性的容量值之和。旅游容量是指对某一旅游地而言无害于其可持续发展的旅游活动量。

(一)旅游生态容量

旅游生态容量是指一定时间内,在不导致旅游地域的自然生态环境发生退化的前提下,该地域所能容纳的旅游活动量。一般生态环境系统都有一定的纳污自净能力,即通过稀释、扩散、淋洗、挥发、沉降等物理作用,氧化和还原、化合和分解、吸附、凝聚等化学作用,以及吸收和降解等生物作用来消除污染物,使生态环境系统达到自然净化,保持生态系统的平衡和稳定。但是,如果生态环境系统长期或超量接纳外部尤其是人为的强制输入,这种稳定性就会被破坏,平衡关系被打乱,生态系统将陷入自萎状态,自动调节能力下降,最终可能导致整个生态系统的崩溃。旅游生态容量这个指标就是从这个角度来约束旅游活动量(包

---

① 《实用环境科学词典》,上海辞书出版社,1991 年版。

括旅游者活动和旅游产业活动)的。

（二）旅游心理容量

旅游心理容量是一个十分综合的阈值。并且包括了旅游者的直接旅游心理容量和旅游目的地居民的相关旅游心理容量。不管是对于旅游者还是对于旅游目的地居民,心理容量都不能简单地用对旅游者人数的容忍量值加以反映,因为这个量值充其量仅仅是一个单纯的外在的指标。

旅游心理容量是指不导致旅游者或旅游目的地居民对旅游产生厌恶情感的旅游活动量。一般情况下,旅游心理容量可能是一个最不稳定的量数,会因时、因地、因人而呈现出很大的不同。

（三）旅游社会容量

旅游社会容量是一种建立在社会价值观、道德习俗、宗教信仰、文化传统和生活方式等社会规范基础上的量值,是衡量作为旅游互动行为主要方面的旅游者与旅游目的地居民彼此在社会价值观诸方面能够达成谅解的极限值。

（四）旅游经济容量

旅游经济容量是指一定时间内,在一定区域上由经济发展的整体水平所决定的旅游活动的极限。旅游作为一个产业,与国民经济的其他部门密切相关,旅游接待能力依赖于当地经济发展水平的制约。

具体说,在这方面包括五个因素:(1) 基础设施与旅游专用设施的容纳能力,即设施容量;(2) 投资和接受投资用于旅游开发(含基础设施)的能力;(3) 当地产业中与旅游相关的产业所能满足旅游需求程度及自区域外调入的可能和可行性;(4) 如果发展旅游业不可避免地要使某些产业萎缩甚至完全终止,旅游业与这些产业之间的比较利益如何;(5) 区域内所能投入旅游业的人力资源的供给情况。

二、旅游饱和与旅游超载

针对旅游容量这一概念,可以表达旅游活动量典型水平的还有另外两个概念,即旅游饱和与旅游超载。在旅游发展的过程中,由于发达国家和发展中国家旅游业发展所经历的道路不同,现有经济和社会发展水平也存在很大的差异,发展中国家在旅游开发中遇到的旅游饱和、超载以及旅游污染问题远比发达国家多而且更加严重,因此,总的来说,发展中国家在旅游开发中,应比发达国家对旅游容量问题更加关注。

旅游地域和场所(可以是旅游景点、景区、旅游地、旅游区域或旅游设施,一般的称之为旅游地)承受的旅游流量或活动量达到某极限容量,称之为旅游饱和。而一旦超出极限容量值,即是旅游超载。例如,如果一旅游地长期连续地或间歇地饱和与超载,其结果便是旅游资源被破坏、旅游地域的生态系统遭到损伤、旅游者与旅游地居民的和谐关系破裂。换言之,长期的旅游饱和与超载,将对旅游业造成致命的消极影响,因而,西方有人称之为"旅游摧毁旅游"。

旅游饱和与超载对于环境和设施的消极影响,主要体现在四个方面:

1. 对生态环境的影响。在我国大部分著名自然风景旅游地,重要区域皆因饱和与超载出现了小面积的生态系统的退化现象,重要景点及其附近均因游人践踏而对土壤和植物产生不良影响,使裸露地表面积日见扩大。旅游过程所产生的噪声使旅游者感觉拥挤不堪,到处充斥着游人,不能获得应有的旅游气氛,旅游的体验质量由此大打折扣,造成旅游者心理上的不满足;动物也因噪声而受到恐吓,逃离原先的栖息地。动物的这种不得已迁移,会造成生态链的断裂。

2. 对水体的影响。在以自然为基础的旅游地,旅游饱和与超载的后果,绝大多数情况下会导致对旅游地水体的污染,虽然有时旅游饱和与超载只是导致水体污染的间接原因。我国著名的旅游风景区黄山、桂林等地,旅游旺季因旅游饱和与超载所导致的水体污染现象日趋严重,甚至某些新开发不久的旅游地,也都因旅游饱和与超载导致了一定程度的水体污染。世界旅游业界引以为鉴的一个著名例子,是法国阿尔卑斯山麓的旅游小城佩里耶(Perrier)及与其同名矿泉水之兴衰史。佩里耶生产的同名矿泉水,曾是世界各大名矿泉水中销量最好、品质最佳的抢手货,佩里耶也因此从一个无名小镇一跃而成为阿尔卑斯著名的旅游地。但由于旅游旺季饱和与超载带来的一次严重污染事件,使佩里耶牌矿泉水声誉一落千丈,小镇的旅游业也从此一蹶不振。到目前为止,尽管污染早已得到治理,矿泉水品质已得到恢复,厂商也做了大量的广告推销工作,但佩里耶矿泉水仍远未恢复至它的原有销量,佩里耶小镇已不如原先繁华。

3. 对古建筑及设施的影响。在旅游饱和与超载之时,由于旅游活动场所和区域所承受的是超出其正常容纳能力的旅游活动量,所以,仅仅由于旅游者脚踏量的急增,对旅游场所就足以产生过量的重力压力和磨损,从而导致严重的后果。例如,北京故宫三大殿内,现已无法重新制作的"金砖",因长期以来的游人饱和与超载造成快速磨蚀,已经明显下凹;很多建筑物或其附属设施在接待游人时都要承受旅游者的"爱抚",日积月累的结果自然是使它们面目皆非。旅游饱和与超载也同样会给基础设施和旅游设施造成很大的压力。一般情况下,短期的饱和与超载不会对设施造成严重的损害,而持续时间较长的旅游超载,则可能使设施的运行受到影响,甚至可能因设施受到破坏而产生灾难性后果。

第八章 旅游影响

> **本章提要**

1. 现代旅游中,几乎所有的旅游者出行的过程都伴随着经济上的支出,来访游客在旅游目的地消费不仅为当地的直接旅游企业提供了商业机会,而且还通过其继发效应对当地经济中的很多其他方面产生间接影响。实际上,旅游消费的经济影响是双方的,即不仅影响到旅游目的地的经济,同时对旅游客源地的经济也产生影响。但是在旅游的研究中,人们主要讨论的是旅游发展有可能对旅游目的地国家或地区带来的各种经济影响。

2. 由于旅游的发展,使大量外来人口在接待地之间流动,在与当地人接触中产生了一系列的交流活动和复杂的人际关系。这种关系对旅游者和当地居民都有影响,然而由于旅游者在接待地活动的时间短暂而且分散,对旅游者个人和其所属社会产生的影响远不如对接待地主人的影响深远和深刻。

3. 环境与旅游两者之间有着非常密切的联系,由于大多数旅游资源本身就是旅游接待地环境的组成部分,加上旅游者购买的旅游产品最主要和最直接的构成因素就是当地旅游资源,而这些旅游资源又是以当地的总体环境为依托的。随着旅游在全球范围内的迅速开展,旅游接待地的环境越来越受到关注,很多国家在发展旅游,制定旅游决策时,是否有利于保护环境和改善环境已成为首先要考虑的问题。当然,旅游项目的开发和旅游活动的开展在导致环境发生变化方面既有其积极影响,也有其消极的影响。

4. 二战结束后,世界旅游业经过几十年的发展,现今已经是最大的产业,处于空前繁荣阶段,但同时也伴随着潜在危险,尤其是发展中国家。旅游业是资源性的产业,更应该重视可持续发展。那些掠夺性的开发,粗放式的管理,旅游设施的病态膨胀,都应改变。

5. 20世纪60年代,由于世界范围内的人口、环境和资源问题日益突出,人们对发展的副产物日益关注,也由于旅游发展此时已进入了快速发展的大众化阶段,人们才开始对旅游容量问题逐渐关心起来。1986年到20世纪90年代,旅游容量概念已经比较广泛地被运用到旅游规划、旅游管理领域,并成为旅游学科当中的重要概念。在可持续发展的主题之下,旅游容量概念逐步具有了概念和技术工具这样的双重身份。

> **补充阅读**

"洁净旅游"是旅游业稳定、持续发展的关键。何谓洁净旅游呢?洁净旅游包括所有的旅游目的地,无论是自然风景名胜区还是人造景观,都要尽最大的努

力控制污染,减少破坏,提供清洁、卫生、安全的旅游环境;所有的旅游经营者都应当提供不危害旅游者健康的产品,进行公平、正当的经营,不欺诈、不设陷阱,自觉地以诚信为本;行业协会要真正能够发挥行业自律的功能,大力提倡"绿色经营"的观念;所有的旅游者在旅游过程中要对自己的行为负责,为了自己和东道主的共同利益而进行健康有益的旅游度假,提倡"绿色消费"。

洁净旅游的提法出现在"非典"之后,人们对生命有了新的认识,对健康有了新的理解,对享受生活有新的看法,对旅游活动和环境有了新的要求,因此,我们的旅游业也应当根据这种变化了的新形势重新定位或调整。针对这一形势,应当适时地提出"洁净旅游"的观念。之所以这样做,是因为,目前旅游业还存在不少"不洁净"的地方。例如,环境不洁净,各类污染严重,旅游景区不整洁,公共设施不完备,公共秩序不理想,当地人生活习惯不卫生等,长期困扰着一些地方旅游业发展,它影响着整个旅游目的地的形象,甚至会使独特而灿烂的历史文化遗产的吸引力减弱,给人以"不来遗憾终身,来了终身遗憾"的感觉。从用餐的方式到"方便"的场所这些日常活动不可避免的事项来说,有许多做法会令人谈虎色变,在对待人类的朋友——野生动物的态度等方面也让游客颇有微词,有的甚至成为一些旅游目的地的难题。旅游是创造幸福的产业,但是,它不应当仅仅为旅游消费者创造幸福,也要为目的地社区创造幸福,实现目的地、经营者和旅游者的多赢。只有这样,旅游的发展才能实现可持续。然而,一些人们所不愿意看到的现象在很多地方依然存在,一些不太洁净的旅游产品依然在公开交易,甚至大肆宣扬。甚至将色情、赌博当成目的地的吸引力,成为一个地区的旅游品牌或形象。再有,违反道德规范的经营仍然有市场。所谓旅行社经营中的"零团费"或"负团费",企业之间的恶意拖欠,还有许许多多"宰客"的现象屡禁不止。违规经营打乱了正常的经营秩序,使消费者对经营者失去了信任感,致使一些旅游者参加旅游团归来发出"一辈子再也不参加旅游团旅游"的誓言;在旅游过程中,"宰客"之风盛行,尤其是一些商家利用信息不对称、消费者语言有障碍等缺陷屡屡得手,致使动摇了人们对"诚信"的理解,而这一点在目的地的旅游购物中表现最甚。在旅游购物活动中,名堂最多,陷阱最多,以次充好、以假乱真、偷梁换柱、强买强卖的做法比比皆是,对于一些贵重商品,在价格标签上随便加上几个"0"的做法已经成了惯例,而真正明码实价的商品更容易令人生疑,惟恐有诈。把"诚信"变成了宰客的盾牌。如此种种,实在令人生畏。另外一个值得提出的是,"绿色经营与绿色消费"的理念仍然淡薄。作为发展中国家,从节约资源、减少浪费的角度说,应当支持"绿色概念",因为这些地区原本资源就比较缺乏,更缺乏浪费的资本。而且,在传统悠久的东方文化中,也一直是崇尚勤劳节俭的。但是,奇怪的是,目前非理性的消费依然盛行,致使绿色经营的开展也步履蹒跚。最突出的是观念淡薄,眼光短浅。为了急功近利,经营者不愿意在实现绿色经营设备设施方面投资,一些经营者只是把"绿色"作为促销的标签,只愿做表面文章,不愿意下真功夫。一些消费者,尤其是刚刚摆脱贫困成为新贵的这个阶层,更追求虚荣,乐于奢侈,挥霍盛行,对"绿色消费"的观念存在抵触情绪。

有鉴于此,我们对今后的旅游应当提出洁净旅游的要求。从总体上讲,旅游目的地永久性的竞争力在于产品的质量,在于信誉,而并非仅仅是价格。花大力气,树立良好的形象,使之长期发挥作用。推广"洁净旅游",一方面为了在市场上重塑旅游业的良好形象,实现旅游业的稳定;另一方面也要利用旅游这个平台,促进社会文明和整个社会经济的稳定发展。

案例分析

简单说,安全即平安、保全,包括两个方面:一是风险和不确定因素少;二是防止和保障措施有力。在日常社会生活中,威胁人类安全的因素多种多样,如疾病、自然灾害、战争、恐怖活动、食品卫生、交通事故等,旅游业因为其敏感性,比其他任何产业都容易受上述因素影响而产生波动。当然,一个旅游目的地不可能完全避免威胁旅游者身体健康和生命安全的非预期事件的发生,但是如果建立有效危机管理、信息沟通和安全保障机制,就可以保持旅游者的安全预期和信心。

从目前全球的现状看,真正威胁世界旅游业发展的因素是动荡不安的国际局势以及其引发的全球经济不景气。在旅游安全方面,集中反映在随时可能发生的针对某些国家和地区的恐怖活动,由此带来对旅游安全预期和信心的影响,要大于局部地区发生疾病、自然灾害。美国"9·11"事件后,中国旅游业抓住机遇,创造了"安全的旅游胜地"的形象。这一形象是我们的金字招牌。目前,国际社会旗帜鲜明地反对任何形式的恐怖主义,但在世界范围内,恐怖活动却从未停止,尤其是中东地区,由于巴勒斯坦问题和阿以争端尚未解决,各种形式的恐怖主义就不可能从根本上消除。这对该地区的旅游乃至经济产生的消极影响是致命的。

中国可以说是动荡的世界里相对的一方净土,相对其他国家和地区而言,中国仍然是安全系数最高的国家之一,旅游者对中国的安全目的地的信心和安全预期也会得到最大限度的保证。旅游业的发展需要一个和平安定的环境,没有这样的基本条件也就无旅游休闲可言,因为,对大多数旅游者来说,无论如何,他们所追求的是享受生活,是幸福和欢乐的体验。危机是无时不在的,尤其是对国际旅游业来说,国际政治、经济形势的变化和天灾人祸的发生都随时可能影响旅游者的出游决策或旅游目的地旅游活动的进行。值得庆幸的是,在中国旅游业发展的20多年中,国际上出现的诸多危机为我们提供了一个良好的发展机会,在很多情况下我们是因祸得福,是受益者而不是受害者。震惊世界并对全球旅游业发展发生重大影响的"9·11"恐怖事件、印度尼西亚巴厘岛爆炸事件、阿富汗、波黑和最近的伊拉克战争,造就了中国是"世界上最佳投资沃土、最为安全的旅游目的地"的形象。即使是在世界经济影响最大的亚洲金融危机发生的年代,中国的旅游业也保持了令世界及其邻邦嫉妒的成就,以至于世界旅游组织一再表示,20年后中国将成为世界第一大国际旅游目的地和第四大旅游客源国的预测不会改变。但是我们应该进一步认识到,旅游业是充满危机的行业,"保护神"不会总是在我们左右,旅游业的发展就是要与危机"共舞"。应当看到,其中许多危机是旅游目的地没有办法控制甚至是没有办法预测的。是否还有其他类似的传染病的爆发?是否还会有其他的自然灾害出现?如果说,1989年的政治风波对旅游业的影响提高了我们市场促销的意识;2003年的"非典"疫情使我们认识到了面对危机要同舟共济,共渡难关。所以说,无论是政府、行业协会还是各个企业,都应当树立危机意识,建立健全危机管理的机制。这是我们所必须面临的一个现实,需要认真研究,做出预案,真正做到处事不惊、有备无患,将损失降低到最小。在此,呼吁加强旅游业的危机管理研究,借鉴国内外旅游业发展的经验和教训,提高我国旅游业总体抗御风险的能力。

中国的安全目的地形象是基于务实的外交策略、稳定的社会秩序和日益提高的安全保障能力上的,是经过实践检验的,我国应该对外宣传中国安全目的地形象,最大限度地保证这个形象不受损害,并进一步巩固。

请同学们看完此案例后,讨论:

有观点认为,一个大国的经济不宜过重依赖旅游业,你赞成还是反对这种观点?为什么?

案例分析

湘西在20世纪80年代初期以后迅速与外界接触发生了巨变。这一地区以湘西土家族、苗族自治州为中心,包括武陵源国家森林公园在内的湖南西部地区,从一个不久前因交通不便还是长期与外界处于隔绝或半隔绝状态的少数民族社区,因为《芙蓉镇》电影的反映,给湘西地区发展旅游做了宣传,大量的外来游客的涌入,使王村这个中心地区面貌在很短时间内大为改变,原来的古朴社会风貌、石板街、吊脚楼不见了,取而代之的是现代化建筑和马路,居民的穿戴也有巨大的变化,浓厚乡土气息的包头布、对襟衫不见了,取而代之的是夹克衫、牛仔裤和休闲鞋。这种文化冲击对湘西的居民来说,不仅仅表现自物质方面的改变,在人际关系和消费意识、价值观念等文化制度和精神层面上也产生了巨大影响而出现急剧的改变,当地人要求过现代化的生活,是无可厚非的,但是这种现代化的迅速改变,削弱了湘西地区发展旅游活动的吸引力,因而人们感叹传统文化的衰落。对传统文化衰落引起的伤感,可能出自两种不同的原因,一是对传统文化的怀旧思念所引发的失落感;另一种是对发展旅游活动所需要的文化资源流失感到彷徨。但是文化的演进是无法阻止的,一个民族之所以得到延续,就在于它的文化不断发展和演进,文化的发展必须有外来因素的促进,也就是于其他民族文化的交流和沟通,封闭社会例如中国的西夏,是不可能长期存在下去的。所谓文化发展,是一个变革更新本民族文化内涵的过程;在消化融合外来文化时,本民族文化的内涵、如观念、意识、价值、形象、方法、物质形态都会随之改变,所以,可以认可民族文化的发展是一个为适应时代发展需要从物质制度到精神三个层面的全部文化内涵进行筛选、重组的过程。广东菜系的发展,十分清楚地说明了当地文化与外来文化交流过程中产生的结果,香港的广东菜和广东的广东菜在色、香、味造型上的区别,就反映了这两个地区与外来文化沟通、交流和吸收重组程度的不同。到目前为止,广东菜或者进一步说香港广东菜在国内各大菜系中是最具活力、最反映现代观念的菜系。

文化内涵作为一种旅游吸引因素,外来游客在鉴赏历史的同时,更多的兴趣是注意到接待地的当前的文化建设,更多地想要了解接待地的"活"文化。文化发展中的新的扬弃更替,是民族文化发展的规律,不以人们的意志为转移,也就无所谓文化的兴衰。

小组讨论

对旅游接待地的居民来讲,旅游活动会引发社会变化和文化演变,在今天,从社会文化的角度贬责旅游的观点和现象处处皆是,一位夏威夷代表声明:"我们不要旅游,我们不要你们,我们不想降格为侍者和舞者。那是一种文化娼妓……",同学们如何看待旅游活动中的文化演变呢?

练习与思考

1. 试析旅游对目的地经济的有利和不利影响。
2. 有观点认为,一个大国的经济不宜过重依赖旅游业,你赞成还是反对这

种观点？为什么？
3. 试析旅游对目的地社会文化和环境的影响。
4. 可持续旅游的基本内容涉及哪些方面？
5. 在预防和控制旅游的消极影响方面，你认为应采取哪些措施？

主要参考文献

[1] 李天元:《旅游学概论》。天津:南开大学出版社2000年版。
[2] 谢彦君:《基础旅游学》。北京:中国旅游出版社1999年版。
[3] 王兴斌:《旅游产业规划指南》。北京:中国旅游出版社2000年版。
[4] 刘伟、朱玉槐:《旅游学》。广州:广东旅游出版社1999年版。
[5] 田里:《旅游学概论》。天津:南开大学出版社2001年版。
[6] 申葆嘉、刘住:《旅游学原理》。北京:学林出版社1999年版。
[7] 保继刚、楚义芳、彭华:《旅游地理学》。北京:高等教育出版社1993年版。
[8] 张广瑞、魏小安:《中国旅游业:"非典"影响与全面振兴》。北京:社会科学文献出版社2003年版。
[9] 杜江:《旅游管理硕士论文文库——2000》。北京:旅游教育出版社2001年版。
[10] 王淑良:《中国旅游史》(上、下)。北京:旅游教育出版社1999年版。
[11] 王兴斌:《旅游产业规划指南》。北京:中国旅游出版社2000年版。
[12] 申葆嘉、刘住:《旅游学原理》。北京:学林出版社1999年版。
[13] 保继刚、楚义芳、彭华:《旅游地理学》。北京:高等教育出版社1993年版。
[14] 王洪滨:《旅游学概论》。北京:中国旅游出版社2001年版。
[15] 张广瑞、魏小安、刘德谦:《2002—2004年中国旅游发展:分析与预测》。北京:社会科学文献出版社2003年版。
[16] 张广瑞、魏小安、刘德谦:《2001—2003年中国旅游发展:分析与预测》。北京:社会科学文献出版社2002年版。
[17] 约翰·斯沃布鲁克:《景点开发与管理》。北京:中国旅游出版社2001年版。
[18] 马勇、李玺:《旅游规划与开发》。北京:高等教育出版社2002年版。
[19] A.J.伯卡特、S.梅特利克著:《西方旅游业》,张践等译。上海:同济大学出版社1990年12月第1版。
[20] 马勇、周霄:《WTO与中国旅游产业发展新论》。北京:科学出版社2003年8月第1版。
[21] 蒋丁新:《饭店管理概论》。大连:东北财经大学出版社2002年3月第2版。
[22] 魏小安、沈彦蓉:《中国旅游饭店业的竞争与发展》。广州:广东旅游出版社1999年9

月第1版。
[23] 赵文明、何嘉华:《百年管理失败名案》。北京:中华工商联合出版社2003年1月第1版,第137页。
[24] 汪纯孝、蔡浩然:《服务营销与服务质量管理》。广州:中山大学出版社1996年6月第1版。
[25] 中华人民共和国国家旅游局:《中国旅游年鉴》。北京:中国旅游出版社2001年版。
[26] 中华人民共和国国家旅游局:《中国旅游年鉴》。北京:中国旅游出版社2003年8月版。
[27] 国家旅游局人事劳动教育司编:《旅行社经营管理》(第二版)。北京:旅游教育出版社2003年7月第2版。
[28] 林南芝、陶汉军:《旅游经济学》。天津:南开大学出版社1994年版。
[29] 苏勤:《旅游学概论》。北京:高等教育出版社2001年6月版。
[30] 查尔斯·R.戈尔德耐、J.R.布伦特·里奇、罗伯特·W.麦金托什著:《旅游业教程——旅游业原理、方法和实践》,贾秀海译。大连:大连理工大学出版社2003年3月版。
[31] 匡林:《政府主导型发展战略研究》。北京:中国旅游出版社2001年7月版。
[32] Victor. Middleton:《旅游营销学》第二版。北京:中国旅游出版社2001年版。
[33] 李力、章蓓蓓:《旅游与酒店业市场营销》。沈阳:辽宁科学技术出版社2001年版。
[34] 李弘、董大海:《市场营销学》。大连:大连理工大学出版社2001年版。
[35] 中国旅游报网站。
[36] 中国旅游网。

后记

2003年一场突如其来的"非典",使中国的旅游业遭受重创。然而"非典"刚刚结束,北京旅游学院教务处处长罗旭华老师就风尘仆仆赶到太原,为山西饭店协会与烹饪协会的会员授课,商讨迅速恢复中国餐饮业的良策。我有幸聆听了她的课,一下子就被她娴熟的讲课技巧、渊博的知识和风度所吸引。课后,一起吃饭和座谈,她提到北京大学出版社拟邀请全国各地高校的教师一起编写一套旅游管理方面的系列丛书,她是发起者之一,问我是否愿意参加,我欣然允诺。此后北京大学出版社的梁鸿飞先生即与我多次电话联系,于2003年11月签订了《旅游学教程》图书出版合同。

中国旅游业在改革开放的旗帜下,取得了骄人的成就,充分显示出优势产业的勃勃生机与无限活力,成为国民经济新的增长点。虽然在2003年受到"非典"的巨大冲击,但并没有动摇中国旅游业发展的市场基础和产业基础,相反,经过危机的洗礼,中国旅游业的产业素质和抗风险能力得到进一步增强,仍然保持着高速发展与持续增长的态势。面对日新月异的中国和世界旅游市场,我和我的写作伙伴们既愿为高速发展的旅游业摇旗呐喊,也愿为中国旅游教育和研究整体水平的相应提升添砖加瓦,但同时也深感肩上压力之大。

压力之大主要是因近一二年来旅游管理方面的教材层出不穷,北京大学出版社给我们这套教材又定了位:"这是一套具有前瞻性、实用性和权威性的精品教材","要突出教材的中国特色,以中国的实际材料和具体案例为叙述背景,增强教材的本土化特点。"这就需要将新形势下旅游实践活动中发生的新变化、出现的新理论、新知识、新观点、新管理模式,用时代发展的新视觉去观察、去捕捉、去总结,勇于创新,才能编写出有特色的、高质量的旅游教材。因此,我们诚惶诚恐,惟恐自己的能力不够。

2004年是难忘的一年,我们到处收集资料,一起研讨,几易其稿,尽可能每一章都编写相关案例(以中国案例为主)、相关知识,使学生一目了然;每一章均安排有知识要点、技能要求，最后是练习与思考，使学生易于理解、掌握和思考。在编写中我们力求语句精练、深入浅出，学生必需的知识点交代明确，知识范畴以本科教学范围内够用为度；突出教材的应用性和实践性，使学生易于把握核心的理论内容，同时教师讲授也有可拓展的空间。

  写作期间，我们参考了许多前辈的著作，也借鉴了他们不少的理论，对我们受益匪浅。如今《旅游学教程》已摆在读者面前，它是集体心血的结晶。参与本书编写的人员如下：第一章（李冠瑶），第二章（阮瑶），第三、四章（刘海鸿），第五章（巫敬），第六章（杨晓泓），第七章（孙焕琴），第八章（阮瑶）。全书由主编李冠瑶、刘海鸿负责最后统稿。

  在此要着重一提的是，北京大学出版社的梁鸿飞先生，是他不断通过长途电话与我们联系沟通，提出建议，鼓励我们写作，其敬业精神给我们留下深刻的印象。在此书出版之际。我们谨向梁先生及北京大学出版社表示深深的感谢。在此我们还要对罗旭华老师给予我们的支持以及其他被我们借鉴参考资料的专家、学者们表示特别的感谢。

  由于认识上的局限性与获取资料的高难度，书中难免在许多方面显得单薄和不当，在此，我们真诚地希望广大读者予以指正。

李冠瑶

2005 年 8 月 21 日